Joachim Gronau

Glocken, Ganter und Geschütze

Joachim Gronau

Glocken Ganter und Geschütze

Erinnerungen eines Ostpreußen

VERLAG HEINRICH MÖLLER SÖHNE

Titelfoto: Bildagentur Schapowalow/K & K, Hamburg
Umschlaggestaltung: Manfred Trede
Gesamtherstellung:
Druckhaus Heinrich Möller Söhne GmbH & Co. KG, Rendsburg
ISBN 3-87550-122-5

Für Dr. Groß, der mir behutsam die ideologischen
Scheuklappen abnahm.

Für Peter Brunkert, der mich ermutigte und mir half.

Für die jüngere Generation zum
besseren Verständnis der Eltern und Großeltern.

*Nach meiner Erfahrung ist der ärgste Feind und Verderber
der Menschen der auf Denkfaulheit und Ruhebedürfnis
beruhende Drang nach dem Kollektiv, nach Gemeinschaften
mit absolut fester Dogmatik, sei diese nun religiös oder
politisch.*

Hermann Hesse

Zum Geleit

Wer alt wird, lebt viel in Erinnerung, und manchen drängt es,
die Zeit der Kindheit und Jugend festzuhalten und zu bewahren,
indem er niederschreibt, was er erlebte. Was Joachim Gronaus Erinnerungen über den Rang solcher
persönlich-privater Rückblicke hinausführt, ist die Ehrlichkeit,
mit der er erzählt und lebendig werden läßt, was in jenen Jahren
in ihm und mit ihm geschah. Joachim Gronau sagt freimütig
und offen, was er als ostpreußischer Dorfjunge in der Schule, zu
Hause, als Hitlerjunge, als Arbeitsmann und als Soldat erlebt,
empfunden und was er gedacht und getan hat.
Die Geschichten, die er erzählt, sind erlebte Wirklichkeit, nicht
überlieferte. Sie wachsen, schwer und behutsam zugleich, aus
der Vergangenheit, lassen in der Sprache jener Jahre, die in
einer sehr einfühlsamen Weise wieder lebendig wird, nah werden, was versunken schien. Das Geschriebene und das Ungesagte, das den Leser in seinen Träumen und in seiner Phantasie
allein läßt, bleiben in den Wunsch eingebunden, den Dingen auf
den Grund zu gehen, den Fragen nicht auszuweichen: Was ist
damals mit mir, mit uns geschehen? Das Abgleiten in die Begrenztheit des Persönlich-Privaten meidend, verkommt das
Heitere nie zum Lustigen, wird das Grüblerische nicht zur Attitüde, sondern zur Grundmelodie des Ganzen. Es entsteht ein
Mosaikbild, das stellvertretend eine Epoche in ihrer Zeitgebundenheit und in ihrer Besonderheit lebendig werden läßt, sie
erhellt und deutet.

Peter Brunkert

Inhalt

Kindheitsskizzen

Die merkwürdige Welt der Erwachsenen

Das meiste von dem, was Erwachsene tun oder lassen, ist einem Fünfjährigen unverständlich. „Warum", so fragte ich mich verwundert im Sommer im Ostseebad Cranz, wenn der Eismann seinen fahrbaren Verkaufswagen durch den Sand schob, „warum nur kaufen sich meine Eltern nicht viel mehr und öfter Vanilleeis? Das möcht ich mal wirklich wissen. Da haben sie doch so viel Geld, so viel, daß sie sich leicht zehn Pfund oder noch mehr kaufen könnten. Aber nein, sie essen nur so ein kleines Tütchen für einen Dittchen! Aber das steht fest, wenn ich groß bin und deshalb auch Geld habe wie alle Erwachsenen, dann werde ich mir Berge von Vanilleeis kaufen und essen. Wenn das bloß nicht so lange dauern würde!" „Oder", so dachte ich, „warum gehen meine Eltern schon so früh schlafen, wo ihnen doch niemand verbietet, länger aufzubleiben? Niemand, auch meine Großeltern nicht, befiehlt ihnen: ‚Jetzt aber Abmarsch in die Posen, mein Jungchen!'" Auch gehen sie im Sommer nicht barfuß! Dabei läuft's sich doch ohne Schuhe und Strümpfe so viel schöner und leichter! Wissen die gar nicht, daß es Spaß macht, nach dem Regen im Modder zu pampeln? Oder wenn Besuch kommt! Da hucken sie bloß rum und schabbern und schabbern und schabbern. Weiter nuscht. Statt Verstecken zu spielen oder Blinde Kuh oder mit dem Flitzbogen zu schießen. Dazu kommt, daß sie ungeheuer schwere Sachen fertigbringen. Mein Vater kann z. B. ein Auto steuern. Sogar mit 80 in der Kurve. Oder nehmen wir mal den Ernst Kluwe. Der kann mit vier Pferden einen vollbeladenen Leiterwagen fahren. Und das auch noch im Trab. Oder meine Mutter. Die schaut sich ein

Blatt Papier mit 1000 verschiedenen Linien an, die alle durcheinanderlaufen. Dann fährt sie mit einem Rädchen rüber und macht sich daraus irgendwie ein Kleid.

Und da Erwachsene die geheimnisvollsten Dinge wissen, können und auch tun, ist bei ihnen alles möglich, nichts ist unwahrscheinlich. Wie in den Märchen, wo Mädchen ohne weiteres Gold aus Stroh spinnen können oder 100 Jahre lang schlafen, wo Esel mittels einfachen Schwanzhochhebens Goldtaler herstellen, und wo Tiere Hochdeutsch sprechen. Prinzen werden zu Poggen wie die im Vorderteich, und Poggen wieder zu Prinzen. Und aus irgendeinem Teich – der soll irgendwo hinter Bartenstein liegen, den werd' ich mir mal später ansehen –, aus dem holt unser Schwansfelder Adebar die Kinder. Deshalb rufe ich ihm ja auch manchmal zu: „Storch, Guter, bring mir doch 'n Bruder, Storch, Storch, Bester, bring mir doch 'ne Schwester, was, iss egal." – Und dann ist da noch der Herr Jesus, der konnte Tote aufwecken. Das muß man sich mal vorstellen! Und der liebe Gott, der sieht alles; genauso wie der Weihnachtsmann. Wenn nun Erwachsene durch bloßes Drehen am Schalter Licht in die Stube zaubern konnten, dann gab es für mich auch nicht den leisesten Zweifel an der Aussage von Otto Schalk, den ich an einem sonnigen Wintermorgen auf dem am Dorfausgang gelegenen Teich traf.

Damals gab es noch keine elektrischen Kühlanlagen, und deshalb hatte der Krugwirt, der auch Fleisch- und Wurstwaren verkaufte, einen Eiskeller. Der befand sich auf dem Hof und war durch eine meterdicke Erd- und Strohschicht isoliert. Im Winter, wenn es lange gefroren hatte, wurden große Eisblöcke aus dem Teich gesägt und im Eiskeller gestapelt. Das Eis hielt erstaunlicherweise bis zum nächsten Winter vor.

Bei einem längeren Erkundungsausflug über die letzten Häuser des Dorfes hinaus war ich bis zu dem erwähnten Teich vorgedrungen. Meinen Rodelschlitten zog ich natürlich wie immer hinter mir her, denn man konnte ja nie wissen: Vielleicht kam ein Fuhrwerk oder ein Pferdeschlitten oder auch ein Mistwagen vorbeigefahren. Dann brauchte man nur den Kutscher zu fragen: „Unkelke, dörf öck mi anbommle?" und schon kam man zu einer aufregenden Schlittenpartie durchs Dorf. In meinem ganzen Leben hatte ich es noch nie erlebt, daß ein Fahrer abwinkte. Vielleicht bommelten sich sogar noch andere Kinder an meinen Schlitten an, und bei Trab könnten wir obendrein noch schön schleudern und umkippen.

Nun stand ich also an dem besagten Teich, an dessen Rand ein Pferdewagen hielt, bereits halbvoll mit Eisblöcken beladen. Auf dem Eis arbeiteten Otto Schalk, den ich gut kannte, und ein anderer Mann mit einem Schnurrbart, aus dem kleine Eiszapfen gewachsen waren. Ich trat zu den Männern heran. Vor ihnen gähnte ein großes Eisloch. Auf dem dunklen Wasser begann sich schon wieder eine dünne Eishaut zu bilden. „Glutsch ower nich rönn, mien Jung", sagte Otto. Er war gerade dabei, mit einer Schleppsäge einen weiteren Block herauszusägen.

Ich starrte auf das dunkle, stille Wasser. Plötzlich sah ich, wie aus der Tiefe einige silberne Blasen hochstiegen. Mir wurde ganz graurig zumute. Sollten da tief unten am Ende irgendwelche bösen Wassergeister lauern? Gab's da nicht so eine Geschichte, die mir die alte Auguste Wolge erzählt hatte? Aber die beiden Männer waren ja bei mir, und die hatten offensichtlich keine Angst. Also fragte ich sie: „Da koome so Burbels hoch, wat ös da unde?" Der Otto hörte auf zu sägen, richtete sich auf und sagte: „Kannst seune, da kömmt all wedder e Burbelke hoch. Da unde öss de Willi Jugschat un titt ann'ä andre Sied von'ä Säij."

Aah, nun wußte ich Bescheid. An einer langen Schleppsäge müssen, anders als bei der Bügelsäge, immer zwei Mann ziehen, an jeder Seite einer. Das hatte ich mit dem Glöckner Ehlert auch schon ausprobiert. Und beim Eissägen muß natürlich der zweite Mann unter Wasser sein. Klarer Fall. Also nichts mit Wassergeistern. Nur, daß der Willi Jugschat so lange die Luft anhalten konnte, das hätte ich nicht gedacht. Und dann noch in dem kalten Wasser! Donnerwetter noch mal! Dabei ist er doch kein so starker Mann! Befriedigt trollte ich mich nach Hause und erzählte meinen Eltern von den erstaunlichen Leistungen des Willi Jugschat. Und meine Eltern ließen mir meine Bewunderung für den Übermenschen und schlugen nicht mit physikalischen und biologischen Gesetzen auf meinen Kinderglauben ein. Der Junge wird schon alleine dahinterkommen.

Im gleichen Alter entdeckte ich zum ersten Mal bewußt die langen Rübenmieten auf einem Feld. Auf meine Frage nach dem Sinn der Anlage erhielt ich von meinem viel älteren Freund, Heinz Mäkelburg, die Antwort: „Da ligge tweu grote Riese begrowe." Ja, das leuchtete mir ein. In den Märchen kamen dauernd Riesen vor. Beim letzten Kindergottesdienst hat uns die Frau Gräfin v. d. Groeben sogar aus der Bibel eine Geschichte von einem Riesen namens Goliath vorgelesen. Und die müssen ja auch mal sterben. Ich bedaure nur, daß mich Heinz nicht zur Beerdigung geholt hat. Aber irgendwie würde ich sicherlich einen lebenden Riesen zu Gesicht bekommen.

Mein Glaube an die magischen Kräfte der Erwachsenen war unerschütterlich. Mein Vorbild war jener Heinz Mäkelburg. Er hatte am Mittelfinger seiner rechten Hand zwei schöne Warzen. Jeder, der noch einen Funken von Erinnerung an seine Kindheit hat, wird verstehen, daß ich ihn glühend darum beneidete. Eines Tages hielt ich es nicht mehr aus. „Heinz, öck wöll ouk so e paar Warze hebbe wie du." Er war überhaupt nicht erstaunt, sondern fragte sofort: „Wo wöllst se hänhebbe?" „Na, da wo du se häst." Er nahm meine rechte Hand, tippte mit einem Finger auf die auserwählte Stelle und murmelte: „Hex, hex, hex, hexokel, Warzke huck de ropp." Nur wer keine Ahnung von der geheimnisvollen menschlichen Seele hat, wird überrascht sein, wenn er erfährt, daß ich nach einer Woche der stolze Besitzer zweier Warzen war. Für mich jedenfalls war ihr Erscheinen eine Selbstverständlichkeit.

Als ich zum ersten Mal in Bartenstein eine Litfaßsäule entdeckte und meinen Vater danach fragte, sagte er leise zu mir: „Darin werden die Mörder eingesperrt." Donnerwettter, das war hart. Aber wenn man so richtig bedenkt, dann haben die bösen Mörder das auch verdient. Diese Strafe entsprach genau meinem Gerechtigkeitsgefühl. Mir scheint, als ob die Erwachsenen jener Zeit ein viel feineres Gespür dafür hatten, in welcher Entwicklungsphase sich die Kinder befanden, und deshalb auch besser auf sie eingehen konnten als heute. Gelehrte Abhandlungen über Erziehungsprobleme hatten sie sicherlich nicht gelesen. Wenn sie Zeit hatten – und für Kinder hatten sie fast immer Zeit –, gaben sie jedem vorübergehenden Steppke oder einer Marjell ein gutes Wort oder neckten sie auf freundliche Art. („Jung, nu go na Huus, Mooder wöll de Kinder tälle.")

Allerdings wußten wir auch, daß man allen Erwachsenen im Dorf gehorchen mußte und sie ein unbestrittenes Strafrecht besaßen. Jeder von ihnen konnte ohne viel Federlesens einem Zehnjährigen einen Mutzkopp oder eine Tracht Prügel verabreichen, wenn er ihn mit einer brennenden Zigarette oder beim Apfelklauen erwischte.

Warmherzig, großmütig und doch streng, so waren die Menschen in meinem Heimatdorf zu uns Kindern.

Vor dem Sündenfall

Obwohl ich keine Schwester hatte, wußte ich schon im zarten
Alter von sechs Jahren, daß es einen entscheidenden Unter-
schied zwischen Mädchen und Jungen gibt, dazu brauchte ich
keine wissenschaftliche Aufklärung durch Erwachsene. Die
Verschiedenheit war ja nicht zu übersehen: Mädchen tragen
Kleider oder Röcke, häufig von einer Schürze abgedeckt, wir
Jungens dagegen kurze Hosen. (Im Winter schützen lange, krat-
zige, an einem Leibchen befestigte Wollstrümpfe gegen die
Kälte.) Das ist schon immer so gewesen und wird auch bis in
alle Ewigkeit so bleiben. Erst am Tage der sehnlich erwarteten
Einsegnung darf ein Junge als Symbol des Erwachsenseins in
langen Hosen wie ein Hahn durchs Dorf stolzieren. Außerdem
darf er auch rauchen. Mädchen und Frauen rauchen nie, versuchen es erst auch gar nicht.
Nach den gleichen Naturgesetzen, die den Mädchen Kleidungs-
stücke bescheren, die unten offen sind, haben sie auch langes,
schönes Haar, das die Mutter geduldig und mit viel Liebe täglich kämmt. Das scheint den Mädchen allerdings weh zu tun,
denn manchmal schreien sie: „Aua!" Danach werden die Haare
zu einem oder zwei Zöpfen geflochten, die den Rücken hinab-
hängen und beim Laufen fröhlich hin und her wippen. Ich bin
ständig versucht, daran zu ziehen. Damit die Zöpfe sich nicht
öffnen, werden die Enden durch Gummiband abgesichert, am
Sonntag durch Zopfhalter in Form von Schmetterlingen oder
großen Schleifen.
Jungenshaare dagegen hält der Vater kurz wie ein Stoppelfeld,
nur ein kleines Büschel wird vorne ausgespart und in die halbe
Stirn gekämmt. Pony nennt man diese äußerst praktische Frisur.
So können sich keine Nissen im Haar festsetzen. Kommt ein

Junge frisch geschoren zur Schule, wird er gleich von den anderen geärgert: „Na, böst de Träpp runderjefalle?" Aber nicht nur im Aussehen unterscheiden sich Mädchen von Jungen. Sie haben auch andere Spiele. Zwei oder drei Mädchen können stundenlang einen Gummiball an eine Hauswand prallen lassen. Das geschieht nach ganz bestimmten festen Regeln. Zuerst zehnmal mit den flachen Händen, dann mit den Fäusten und Armen, danach mit Stirn, Schultern, Brust und Knien. Schwierige komplizierte Variationen erschweren darüber hinaus den Wettkampf, denn wenn der Ball zu Boden fällt, ist die Nächste an der Reihe. Manchmal schauen wir Jungen den Mädchen bei ihren akrobatischen Ballkünsten zu und bewundern (im stillen) ihre Geschicklichkeit. Neulich hielt es Fritz nicht mehr aus: „Lot mi mol ran!" Gutmütig überließ Herta dem Dummkopf den Ball, wohl wissend, daß nur Mädchen in der Lage sind, ihn mit viel Feingefühl an die Wand prallen zu lassen. Und richtig, der Angeber übertreibt, der Ball prallt zu heftig ab, fliegt ihm am Kopf vorbei und rollt auf die Dorfstraße. Er bekommt rote Ohren, und wir lachen ihn aus. „Pö", sagt er verächtlich, „dat öss bloß wat fär Marjälles", und verläßt den Ort seiner Niederlage. Herta holt sich ärgerlich den Ball zurück und spielt weiter. Nach einer Weile wurde uns das Zuschauen zu langweilig, wir wollten lieber mit Pfeil und Bogen schießen. Dafür sind Mädchen völlig unbegabt und lassen deshalb auch die Finger von dieser Männersache.

Mädchen spielen mit Puppen. Sie ziehen sie an und wieder aus, reden mit ihnen, singen ihnen Schlaflieder vor und füttern sie. Einige baden ihre Puppen sogar. Sie tun so, als ob sie lebendige Kinder haben, schimpfen mit ihnen, trösten sie anschließend und wiegen sie im Arm. Weiß der Himmel, was sie davon haben! Merken sie denn gar nicht, daß die bloß aus Zelluloid sind?

Schlage ich irgendeiner Marjell vor, mit mir an den Teich zu gehen und Kaulquappen zu fangen, sagt sie: „Igitt, nee deu sönn mi to eklich, da gruä ök mi vor." Und was macht sie statt dessen? Sie pflückt Butterblumen, flicht daraus einen gelben

Kranz und setzt ihn mir auf den Kopf! Da kann man ganz deutlich den Unterschied sehen: Kein Junge käme auf einen solchen Gedanken.

Oder ich biete ihr an, für sie aus einem frischen, saftigen Weidenast eine Pfeife zu machen, mit der man pfeifen kann. Das ist ganz einfach: Man schneidet die richtige Länge ab, kerbt das Stückchen ein und löst durch vorsichtiges Klopfen mit dem Taschenmesser (Poggeritzer) die Rinde vom Stamm. Dabei darf man ja nicht vergessen zu singen: „Piepke, Piepke, jerod mi doch", sonst platzt die Rinde auf und alle Mühe war vergeblich. Ich frage also: „Sull ök die e Piepke moke?" Aber nein, das will sie nicht, zeigt weder an der Pfeife selber noch an ihrer Herstellung Interesse. Vielleicht ist sie unmusikalisch und denkt: „To wat sull ök piepe?" Jedenfalls ist das typisch, Mädchen sind eben anders. Neulich kam die Inge und wollte mir das Häkeln beibringen, ich sollte doch auch mal einen Topflappen machen! Als ob man schon jemals einen Jungen hat häkeln sehen! Da kann man ja gleich einen Rock anziehen.

Natürlich gibt es auch einige Sachen, die wir zusammen spielen: „Versteckchen", „Dreh dich nicht um, der Plumpsack geht rum", „Drittenabschlagen" oder „Kaiser, König, Edelmann, Bürger, Bauer, Prachermann". Aber wenn die Mädchen merken, daß sie gefangen werden, dann kreischen sie. Auch bei „Schlagball" spielen sie mit, obwohl sie nicht so gut schmeißen können. In der Schule helfen sie oft, lassen den Nachbarn abgucken. Unser Lehrer, der Kanter Teschner, stellt manchmal die Ruth ab, um den Kleinen, die nicht mitkommen, beim Schreiben und Rechnen auf der Schiefertafel zu helfen, wenn er etwas mit den Großen durchnimmt. Ruthchen ist im 8. Schuljahr und die Beste in der Schule. Sie setzt sich neben den Fritz, legt den Arm um seine Schultern, löscht mit dem Finger das falsche Wort aus und paßt auf, daß er es diesmal richtig schreibt. Der Fritz drückt den Griffel immer so fest auf die Tafel, daß schon ganz tiefe Rillen darin sind, aber vielleicht stammen die ja von seinen älteren Geschwistern, die die Tafel auch schon benutzt haben. Dann geht sie leise, um die anderen nicht zu stören, zum Erich und hilft ihm beim Rechnen, läßt ihn ihre Finger zählen und versteckt dann zwei Finger. Und Erich zählt bis acht. Der Kanter unterrichtet derweilen die Großen immer weiter. Er hat noch nie einen Jungen zum Helfen berufen.

Mädchen können auch viel besser Geschirr abwaschen und abtrocknen. Jungens werden für diese Arbeit erst gar nicht rangenommen, weil sie das nicht so gut können, lassen wahrscheinlich öfter die Teller fallen. Dafür müssen wir Holz hacken und sägen, denn dazu braucht man viel mehr Kraft als zum Tellerwaschen.

Komisch, die meisten Mädchen wollen nichts mit Pferden zu tun haben. Wir treiben uns viel im Pferdestall rum, helfen füttern und ausmisten, sind stolz und glücklich, wenn wir die Pferde in die Schwemme reiten oder bei der Ernte weiterfahren dürfen. Die Mädchen nicht. Die reiten höchstens, wenn sie müssen, weil gerade kein Junge da ist. Ich habe auch noch nie eine Frau reiten sehen, kann mir das gar nicht vorstellen. Meine Mutter und reiten! Na, das wäre ein Spaß!

„Mädchen schlägt man nicht", sagt mein Vater. „Warum nicht", frage ich. „Die sind zu zart und schwach, mein Junge." „Aber vorgestern hat die Frieda den Gustav ordentlich verprügelt, dem kam sogar Blut aus der Nase! Die Frieda ist viel stärker als der Gustav." „Das ist egal, ein Junge schlägt kein Mädchen!" „Aber wenn sie frech ist?" „Auch dann nicht, merk dir das!" – Na ja, den Eltern muß man gehorchen. Wie schon gesagt: Mädchen sind etwas ganz anderes.

Mädchen müssen auf ihre jüngeren Geschwister aufpassen, weil die Mütter meistens nicht genug Zeit haben bei den vielen Kindern. Sie schleppen sie umher, fassen sie unter die Arme, um ihnen das Laufen beizubringen, und wischen ihnen mit der Schürze die Schnoddernasen ab. Vorige Woche mußte Paul auf seine kleine Schwester Erna aufpassen. Er setzte sie in einen Bollerwagen und peste mit ihr im Galopp die Dorfstraße entlang, daß es nur so stöwerte. Erna saß ganz still in ihrem Wagen. Aber bei einer scharfen Kurve war er wohl ein bißchen zu schnell und schmiß den Wagen um. Erna flog in hohem Bogen raus und schrie wie am Spieß. Sie war ganz voll Dreck, und die Backe aufgescheuert hatte sie sich auch. Jetzt braucht der Paul nicht mehr auf sie aufzupassen. Seine Mutter hat gemerkt: Jungens sind zu grob für so etwas.

Das alles zeigt, daß es einen Unterschied zwischen Mädchen und Jungen gibt. Allerdings habe ich den Verdacht, daß noch mehr dahintersteckt. Manchmal sagen die großen Schulkinder irgendein Wort, das ich nicht kenne, und dann fangen sie plötzlich alle an, so komisch zu lachen oder zu gniddern, und die Mädchen werden rot. Was haben die bloß? Neulich habe ich mich mit August gezankt. Der ist viel älter als ich, und mit Steinen schmeißen tut er auch. Gestern sieht er mich, läuft auf mich zu, grabbelt dabei in seiner Fupp rum, als wollte er sein Taschenmesser hervorholen, und schreit drohend: „Utschniede, utschniede!" Na, ich aber schnell ausgebüxt. Weiß der Himmel, was er damit meinte. Was wollte er wohl ausschneiden?

Nein, ich bin fast sicher, daß es noch mehr Unterschiede gibt. Aber keine Angst, ich werde das später bestimmt noch herauskriegen.

Ausritt mit dem Steckenpferd

„Was", so fragen mich Jugendliche heute, „was habt ihr als Dorfkinder in Ostpreußen nur den ganzen Tag über gemacht? Es war doch nichts los!" In der Tat, es war bei uns nichts los am Ende der zwanziger Jahre. Es gab kein Fernsehen mit dem Gemisch aus Muppets Show, Sex und Verbrechen, kein Radio, das den ganzen Tag lief, keinen Walkman und keinen Plattenspieler. Das Dorf hatte weder einen Kindergarten mit pädagogisch und psychologisch ausgebildeten Kräften vorzuweisen, noch gab es einen Sportverein mit verschiedenen Kinderabteilungen. Nie wäre ein Landarbeiter auf die ausgefallene Idee gekommen, sein schwerverdientes Geld für Kinderspielzeug auszugeben. Wer besaß schon einen Ball? Zum Schlagballspiel benutzten wir Schulkinder einen Knüppel und einen von einer Mutter genähten „Kodderball" aus alten Flicken und Lumpen. Urlaubsreisen konnten schon deshalb nicht unternommen werden, weil die Bauern und Landarbeiter das Wort Urlaub gar nicht kannten. War irgendein Erwachsener einmal aus schwerwiegenden Gründen im „Reich" gewesen, wurde er voll Bewunderung wie ein Weltreisender betrachtet. Nein, es war wirklich nichts los in unserem Dorf. Die einzige Abwechslung bildeten die vier Jahreszeiten.

Unser Leben muß also entsetzlich eintönig, unerträglich langweilig und damit freudlos gewesen sein, so mögen Eltern und Kinder von heute denken. Aber war es wirklich so? Hier meine Erlebnisse als Sechsjähriger an einem gewöhnlichen Tag im Juni:

Die Schularbeiten waren Gott sei Dank geschafft: In Druckschrift Abschreiben einer Seite der Fibel auf die Schiefertafel (mehrmaliges Löschen von Fehlern durch naßgeleckten Finger, zweimaliges Anspitzen des stumpf gewordenen Griffels mit dem Kartoffelschälmesser), fünf Türme Rechnen auf der anderen Tafelseite mit den Karos. Nun aber schnell zum Gartentor gelaufen, wo meine Steckenpferde, selbst gefertigt aus Weidenstöcken, auf mich warteten. Das Sattelpferd, auf dem ich ritt, hatte ich, um alles realistisch darzustellen, mit dem Nebenpferd („Newepeuerd") mittels eines Bindfadens verbunden.

Jeder weiß, daß Pferde individuell verschieden sind. Mein Sattelpferd zeichnete sich durch besondere Bockigkeit aus, es scheute bei der geringsten Kleinigkeit und schlug häufig und unerwartet aus. Heute war es besonders schlimm. Um es müde und gefügig zu machen, trabte und galoppierte ich einige Male auf der staubigen Dorfstraße vor unserm Haus hin und her. Dabei achtete ich darauf, daß auch ja die beiden Gäule tüchtig Staub aufwirbelten, so wie es die echten tun. Es mußte richtig „stöwern", je mehr desto besser.

Als ich meinen Wallach müde geritten hatte, kam von rechts Arno Enuschat, ebenfalls mit zwei Pferden, angetrabt. „Wat sull wi moke?" Wir beschlossen, zur Lehmkuhle zu reiten, um uns einige Lehmklumpen zu besorgen. Unterwegs schnitten wir zwei lange, dünne Gerten von einem Eisbeerstrauch ab. Wenn man kleine Lehmkügelchen auf die Gertenspitze steckt, kann man sie weit und treffsicher verschießen.

An der Lehmkuhle trafen wir auf Heiner Waplitz, der sich auch mit Munition versorgen wollte. Heiner erregte durch zwei Eigenschaften mein höchstes Interesse. Erstens konnte er aufregende Geschichten von seines Vaters Erlebnissen im Krieg erzählen. Hatte der doch, neben anderen Heldentaten, 20 Russen an der Ostfront und ein anderes Mal sogar 30 Franzosen (mit den roten Hosen) an der Westfront alleine und eigenhändig gefangengenommen. Mein Vater nicht. Leider. Und zweitens packte er in der Schule vor dem Religionsunterricht immer seine Studienutensilien Schiefertafel, Fibel und Rechenbuch zusammen, erhob sich von der Bank und verschwand verstohlen grinsend durch die Tür. Warum? Nun, er war katholisch. Wir wußten zwar nicht, was das bedeutete, aber so viel war klar, wer katholisch ist, kann bei Religion nach Hause gehen. Schade, daß ich nicht katholisch war.

Wir ließen uns bei der Lehmentnahme Zeit, denn Heiner erzählte uns mit großem Stimmaufwand und beredten Gesten, wie sein Vater ein englisches Maschinengewehrnest erobert hatte. Ich konnte gar nicht verstehen, daß wir Deutschen den Krieg verloren hatten.

Mit den Hosentaschen voller Lehmklumpen ritten wir nun zu Mäkelburgs Scheune, wo wir von den Pferden stiegen und eine Zeitlang das Tor beschossen. Danach verabschiedete sich Heiner; er hätte eigentlich gar nicht bei unseren Schießübungen mitmachen dürfen, verriet er uns, denn sein Vater, der Dorfschuster, hatte ihm aufgetragen, die durchgelaufenen Schuhe des Inspektors abzuholen. Arno und ich begaben uns nun in die Scheune, um im gedroschenen, weichen Stroh herumzutoben und von den oberen Fächern in die unteren zu springen; ja, wir wagten sogar einige Saltos. Als wir endlich erschöpft auf die Tenne rutschten und das Stroh von unserer Kleidung strichen, sah ich in einer Ecke der Scheune ein Nest mit sechs Eiern. Da hatte doch wieder eine eigensinnige Henne, ihrem Trieb gehorchend, ihre Eier an einer geheimen Stelle deponiert, statt sie im Hühnerstall zu legen. Wir sammelten sie ein und liefen damit zu Frau Mäkelburg. Wie erwartet, freute sie sich sehr und lobte uns für unsere Aufmerksamkeit. So etwas hört man gern. Wohl wissend, daß kleine Jungs immer essen können, und daß es bei den Nachbarn stets besser schmeckt als zu Hause, holte sie ihr langes, scharfes Küchenmesser hervor, legte ein knuspriges, selbstgebackenes Brot an die Brust, schnitt jedem von uns eine große Scheibe („e Runzelke") ab und bestrich sie dick mit Schmalz. „Mmhh, dat schmäckt owä!" – „Ök go nu op de Lucht mangle, ju könnt mi hälpe de Wäsch ropdreeje." Na klar, bei anderen Leuten zu arbeiten, macht immer Spaß. Wir schleppten also einen Korb Wäsche nach oben auf den Boden.

Die Wäschemangel bestand aus einem großen Tisch und einer darauf stehenden, breiten, hohen Kiste, die mit schweren Steinen gefüllt und durch eine Vorrichtung leicht anzukippen war.

Die Bäuerin wickelte nun sorgfältig Wäschestücke um Holzrollen, legte sie unter die mit einem Griff versehene Kiste und forderte mich auf: „Huck di man ropp!" Ich kletterte freudig auf die Steine und ließ mich alsbald von ihr hin und her ziehen, dabei genießerisch mein Schmalzbrot verspeisend. Natürlich kaum auch Arno zu seiner Mangelfahrt auf den Steinen.

Nachdem wir die schönen glatten Wäschestücke in die Küche zurückgetragen hatten, bedankten wir uns und ritten in einer kleinen Staubwolke davon. Am Vorderteich hielten wir die Pferde an und ließen sie saufen. Dabei wurden wir auf Kaulquappen im Wasser aufmerksam. Wegen ihrer ungewöhnlichen Form und der schwarzen Farbe faszinierten sie uns sehr; wir konnten es fast nicht glauben, daß sie einmal grüne oder braune Poggen werden sollten, wie man uns erzählt hatte. Ich fing einige, und wir studierten ihre Bewegungen auf meiner Hand. „Wöllst se eete?" fragte ich Arno. Doch der schüttelte sich. „Schmiet se rönn, de Kräte." Das tat ich dann ja auch, aber nur zögernd, denn ich konnte mich von diesen rätselhaften Wesen kaum trennen.

Als die Pferde sich vollgesoffen hatten, trabten wir weiter zum Kirchhof. Die hohen Bäume, in denen Eulen und Krähen hausten, die Gräber, die uns kleinen Kindern den geheimnisvollen Tod ins Bewußtsein brachten, die Stille, das alles veranlaßte uns, nur flüsternd miteinander zu sprechen. Wir ritten langsam den Hauptweg entlang, verhielten oft, um mühselig die Grabsteine zu entziffern, und machten uns auf Tote aufmerksam, deren Namen wir kannten. Je mehr wir uns dem Ende des Kirchhofs näherten, desto unheimlicher wurde uns zumute, denn wir wußten, hier befinden sich vier Gräber von russischen Soldaten. Unsere Eltern hatten uns schon erzählt, daß während des Krieges russische Soldaten im Dorf gewesen wären. „Die Russen kommen!" hatte man voller Schrecken gerufen, oder auch „De Kosoke kome!", was wohl das gleiche war. Und nun standen wir vor ihren Gräbern. – Was waren das für Menschen gewesen? Sicherlich ganz anders als wir Deutschen. Viel wilder wahrscheinlich, sonst hätten die Leute nicht so viel Angst gehabt. Auch die Kreuze auf ihren Gräbern waren anders. Sie trugen oben einen zusätzlichen Querbalken, und am unteren Ende war außerdem noch ein kleines schräges Brett befestigt. Wie seltsam das aussieht! Vielleicht waren Russen auch katholisch wie der Heiner Waplitz. Schade, daß er uns verlassen hatte, er hätte uns sicher darüber aufklären können. Außerdem war ja sein Vater wegen der 20 Gefangenen, die er gemacht hatte, Experte für russische Soldaten. Und nun lagen sie da in der Erde. Tot und begraben. Da fiel mir ein: Wenn man gestorben ist, dann geht's erst ab in die Hölle, aber nach einer Weile, am dritten Tag oder so, rauf in den Himmel. „Ob de nu öm Himmel sönn?" fragte ich Arno. „Ök weut ok nich." „Öm Himmel könne seu ons seune." „Owä wi moke ja nuscht!" Trotzdem war es wohl besser, wenn wir jetzt verschwinden.

Und so verließen wir den Friedhof, ritten langsam und nachdenklich am Pfarrhaus und an der Kirche vorbei und erreichten die Dorfstraße, wo gerade Herta unsicher schwankend auf einem Herrenfahrrad dem Krug zusteuerte, der auch Kolonialwaren führte. Herta gehörte zu jenen ganz wenigen Landarbeiterfamilien, die ein Fahrrad besaßen. Zwar war es ein etwas altertümliches Modell mit Karbidlampe und ohne diesen neumodischen Freilauf, weshalb wir es auch „Ewigtrampler" nannten, jedoch konnte es zu jener Zeit in unserem Dorf zweifellos zu den Luxusgegenständen gezählt werden, denn viele Landarbeiterfrauen gingen sogar zu Fuß nach Bartenstein, um Eier und Butter auf dem Wochenmarkt zu verkaufen. Das waren 12 km hin und 12 km zurück. Da das Gehen in Schuhen für sie ungewohnt und unbequem war und vor allen Dingen die teuren Schuhsohlen verschliß, gingen sie barfuß und trugen die Schuhe in der Hand, um sie erst in der Stadt anzuziehen.

Herta hatte also die Mutter überredet, das Herrenrad zum Einkaufen benutzen zu dürfen. Sie war aber viel zu klein dafür, reichte mit ihren Beinen nicht auf die Pedalen. So steckte sie ihr rechtes Bein unter der Querstange hindurch und radelte in einer jammervoll verbogenen Haltung an uns vorüber, kaum imstande, über die Lenkstange zu schauen. „He, Herta!" Doch sie würdigte uns keines Blickes, mußte sie sich doch ganz auf die Steuerung ihres fahrbaren Untersatzes konzentrieren.

„Schietke", sagte Arno, „ök mott noch Schoularbeite moke." Traurig ritt er vondannen, ein kleines Staubwölkchen hinter sich herziehend.

Ich war gerade zu Hause angekommen, da sah ich, wie Fritz Mäkelburg drüben auf seinem Bauernhof die alte Liese, das „Kanterpeuerd", an den kleinen Arbeitswagen spannte. Auf der Stelle warf ich Sattelpferd und Nebenpferd achtlos vor die Haustür und rannte hinüber. „Wöllst mött, ök hol e Fouderke Jemäng." Ich nickte. „Huck de ropp." Ich kletterte auf das Sitzbrett, Fritz knallte mit der Peitsche, und Liese legte sich ergeben in die Siele. Nachdem wir die Chaussee nach Bartenstein überquert hatten, überredete Fritz die alte Liese zu einem Zuckeltrab und sagte: „Hier häst de Lien, fahr du man." Welch eine Freude! Nirgendwo auf der ganzen Welt gab es einen stolzeren Menschen als mich.

„Brrr", wir waren am Feld angelangt und stiegen ab. Das Gemenge diente als Futter für die Pferde, die nachts im Stall standen, und bestand aus unreifem Hafer, grüner Gerste, Wicken und jungen Erbsen. Während Fritz mähte und ab und zu innehielt, um die Sense zu schärfen, stand ich bei Liese und streichelte ihren Hals. Sie hatte eine Fähigkeit, um die ich sie beneidete. Sie konnte an vielen Stellen ihres Körpers mit dem Fell zucken, um die Fliegen zu verjagen, die sie plagten. Aber leider gab es auch noch die teuflischen Pferdebremsen. Diese verdammten Biester konnten sich dermaßen in ihre Tätigkeit vertiefen, Lieses Blut auszusaugen, daß ihnen das Zucken nichts ausmachte. Wie ich sie haßte! Mit hämischer Freude schlug ich sie tot und erntete dankbare Blicke von Liese. – Nach einer Weile sagte Fritz: „Fierowend." Wir harkten das Gemähte zusammen und luden es auf den Wagen. Diesmal setzte ich mich auf den Berg von weichem, grünem, saftigem Gemenge und beschäftigte mich auf dem Rückweg ausschließlich damit, die kleinen süßen Erbschen auszupulen und zu verspeisen. Auf dem Hof angekommen, spannte ich das Pferd aus, führte es in

den Stall und verabschiedete mich von Fritz. „Bött morje."
Vor dem Abendbrot gab es noch ein fröhliches Kindertreffen
am Teich. Wir alle waren ja den ganzen Tag über barfuß gelaufen, nun hieß es, Füße waschen. Das hätten wir natürlich auch
viel schneller und wirkungsvoller zu Hause erledigen können,
aber gemeinsam am Teich machte es viel mehr Spaß, und außerdem ließ sich das Zubettgehen ganz legal noch eine halbe Stunde hinausschieben. Mit Lachen, Necken und Herumalbern endete so mein Kindertag. Nun soll noch jemand behaupten, er
wäre langweilig und eintönig gewesen!

Angst vor dem großen Ganter

Bekanntlich verwehrte der grimmige Erzengel Gabriel den ersten Vertriebenen der Weltgeschichte, Adam und Eva, die Rückkehr in das Paradies, die dieses unglückselige Paar durch ihren bedauerlichen Mangel an Selbstbeherrschung verwirkt hatte. Kinder haben noch ihre Paradiese, jedenfalls so lange sie noch nicht vom süß-sauren Apfel der Erkenntnis gekostet haben. Mein Paradies war der Bauernhof der Familie Mäkelburg, gleich auf der anderen Seite der holperigen Dorfstraße. Doch um mir den Zutritt dahin nicht allzu leicht zu machen, und um mich in das harte und komplizierte Geschäft des Erwachsenendaseins einzuführen, hatte Gott in seiner unergründlichen Weisheit zwei Ängste vor die Einfahrt zum Hof postiert, die es für mich, den Fünfjährigen, zu überwinden galt. Da war zunächst einmal die Angst vor dem schrecklichen Ganter, der über eine weiße, unübersehbar große Gänseschar herrschte und mich aus mir unerfindlichen Gründen haßte.

Hüpfte ich also frohen Mutes und unbekümmert auf den Hof zu, konnte es mir passieren, daß hinter dem Geflügelstall hervor das gesamte Gänseheer grell schreiend, flügelschlagend, halb fliegend, halb laufend auf mich zugestürzt kam, angeführt von dem aggressivsten und größten aller Ganter der Welt, der mit endlos langem Hals und aufgesperrtem Rachen wie eine defekte Dampfleitung zischend auf mich losschoß. Ich sehe noch heute, nach 60 Jahren, die spitze Zunge züngeln. Wer will es mir übelnehmen, daß ich nach Überwindung des ersten Schreckens schleunigst Reißaus nahm und mich in andere Gefilde des Dorfes trollte, begleitet vom hämischen Gekreisch der verdammten Gänse? Ich konnte mir ihre feindselige Haltung nicht erklären, nie hatte ich ihnen Anlaß gegeben, mich so rabiat zu behandeln.

Doch aufgeschoben war nicht aufgehoben, und nach zwei Stunden versuchte ich, mit einer anderen Taktik in mein Paradies zu gelangen. Ich pirschte mich vorsichtig an den nahe gelegenen Teich, um herauszufinden, ob der verhaßte Ganter seine feindlichen Truppen auf dem Wasser versammelt hatte, um seinen Triumph durch ein gemeinsames Bad zu feiern. Und tatsächlich, da schwamm die weiße Armada, als sei nichts geschehen. Ein Bild des Friedens. Ich atmete erleichtert auf. Der Rest war ein Kinderspiel. Geschickt hinter Maulwurfshügeln und Zaunpfählen Deckung nehmend schlich ich mich fort und erreichte mein Ziel. Der Geist hatte über die brutale Gewalt gesiegt.

Aber ebenso konnte es leider auch vorkommen, daß der Erzengel Gabriel in Gestalt des alten Schäfers Weiß mit seinem Hund Fiffi am Mäkelburgschen Gartenzaun stand und mir auflauerte. Sei es, daß ihn irgendwann in seinem langen Leben Kinder übermäßig geärgert hatten, sei es, daß er von irgendwelchen Trieben beherrscht wurde, jedenfalls rief er, kaum meiner ansichtig geworden, laut und vernehmlich mit hetzendem Unterton: „Fiffich, nimm emm!" Das ließ sich Fiffi nicht zweimal sagen. Auf dieses Stichwort hin verwandelte sich der sonst so harmlose und mir wohlgesonnene Hund in den berühmten geölten Blitz, schoß auf mich los und trachtete mir mit gierigen Augen und ebensolchen Zähnen nach meinem Hosenboden, wenn nicht gar nach meinem jungen Leben. Mit hämischem Grinsen, gepaart mit Stolz auf seinen dressierten Hund, der mich wohl für ein ungehorsames Schaf hielt, beobachtete der alte Weiß meinen überstürzten Rückzug bis zur Dorfstraße, die die Grenze des Fiffichschen Herrschaftsbereiches bildete. Fiffi schlug einen großen Bogen und kehrte mit dem befriedigenden Gefühl, seine Pflicht getan zu haben, zum Hof zurück, dabei drei aufgeregte Hühner verscheuchend, die ihm im Wege waren. Höchstes Lob von seiten seines Herren für seine mutige Attacke war ihm sicher. Doch der alte Weiß war noch anderer seelischer Regungen, als kleine Jungen zu hetzen, fähig. Es kam vor, daß er mich, wenn ich ihn auf unserer Straßenseite mißtrauisch beäugte, mit der freundlichsten Stimme zu sich rief, mir eine Flasche und etwas Geld aushändigte und mich bat: „Hier häst e paa Dittke, go mol innem Krouch un keup me e Quarteerke (Viertelliter Schnaps)." Anscheinend gab es bei ihm eine seelische Barriere, sich selber in den Krug zu begeben, um den Schnaps zu kaufen. Ich erledigte den Auftrag gerne, weil ich hoffte, mit diesem Gefallen seine Dankbarkeit erweckt und mir freien, ungehinderten Zutritt zu Mäkelburgs verschafft zu haben. Doch kaum war ich am nächsten Tag frohgemut auf dem Wege dahin, hieß es schon wieder: „Fiffich, nemm emm!"

Die Schreckensherrschaft des Ganters hatte ein Ende, als ich mir ein Herz nahm, ihn an seiner langen Gurgel packte und ihn fortschleuderte. Natürlich konnte ich nicht auf diese Art mit dem alten Weiß verfahren. Sein Terrorregime wurde beendet, als Fiffi von einem Auto überfahren wurde und dabei verschied.

Und ohne Fiffi war der alte Weiß nur ein alter Mann.

Merkwürdig, rückblickend möchte ich sagen, daß mir meine Kindheit ohne diese Ängste ärmer vorkäme.

„Sitzt de nuscht, da kömmt'ä"

Glücklicherweise besinnt man sich allerorten wieder auf die alten Volkstumstraditionen. Es entstehen Volkstanz- und Volksmusikgruppen, die mit ihren Vorführungen immer mehr Besucher erfreuen. Doch wenn ich ehrlich bin, muß ich leider gestehen, daß es in unserem Dorf keine derartigen Traditionen gab. Auf der Leiter meiner Erinnerungen muß ich tief hinabsteigen, um mein erstes „volkstümliches" Musikerlebnis zu finden. Ich sehe Frauen und Mädchen an einem Winterabend in einer großen Bauernküche sitzen und Gänsefedern schleißen. Der Raum war weiß, als hätte es geschneit. Die Haare der Schleißerinnen, der Fußboden, die Möbel, die Luft, alles war mit leichten Federflocken bedeckt. Frau Holle hatte die Betten ausgeschüttelt. Es war schön wie im Märchen, aber am schönsten war der Gesang der Frauen. So sehr rührte er mich an und drang mir in die Seele, daß ich ihn bis heute nicht vergessen habe.
Und was sangen sie nun so inbrünstig und wehmutsvoll? Es war das traurige Klagelied: „Waldeslu-hu-hust, oh, wie einsam schlägt die Brust!" Ja, so war's. Wie oft hatte ich mich auch so einsam gefühlt! Mit der nächsten Zeile hatte ich allerdings meine Schwierigkeiten: „Mein Vater kennt mich nicht." Nanu? Wie ist das nur möglich? Ist der vielleicht weggezogen? Aber bevor mir eine Erklärung einfiel, ging es schon weiter: „Meine Mutter liebt mich nicht." Ja, so ist es wirklich. Erst gestern hat mir meine Mutter verboten, meinen Hund, den lieben Roland, mit ins Bett zu nehmen. Und was war vorgestern? Da fuhren sie in die Stadt nach Bartenstein und nahmen mich nicht mit. Ganz klar, sie lieben mich nicht. Und an die vorige Woche darf ich gar nicht denken. Da kam ich mit zerrissenen, schmutzigen Hosen nach Hause, und meine Mutter war böse und schimpfte

mich ordentlich aus. „Immer mußt du so wild sein, paß doch besser auf!" Dabei hatte ich überhaupt keine Schuld, wir hatten bloß Schlagball gespielt, und beim Rennen zum Mal schubste mich Gustav um, und ich fiel hin. Immer habe ich die Schuld! Und dann die traurigste Zeile: „. . . und sterben mag ich nicht, bin noch zu jung." Ja, lieber Gott, sterben will ich auch noch nicht, vielleicht kommen ja noch einmal schönere Zeiten.

Frau Schmidtke hatte wohl mein leidendes Gesicht bemerkt. Als das schöne Lied zu Ende war, pustete sie einige Federn von einem Teller und bot mir braune Plätzchen an. Dankbar für so viel Mitgefühl nahm ich eins, und während ich daran knabberte, begann sie mit lauter wehmütiger Stimme: „Es war einmal ein treuer Husar." Husar kannte ich, dem Emil sein Vater war im Krieg Husar gewesen, und auf den Zigarettenbildern von Salem war unter anderem auch ein Husar abgebildet. Aber der im Lied war ein ganz besonders treuer, denn „der liebte sein Mädchen ein ganzes Jahr". Das muß man sich mal vorstellen! Und damit nicht genug: „. . . die Liebe nahm kein Ende mehr"! Diese letzte Zeile sangen die Frauen ganz besonders inbrünstig. Liebe muß wirklich etwas Schönes sein.

Fast ohne Pause stimmte Frieda an: „Zogen einst fünf wilde Schwäne." Die Musik war ja ganz schön, aber mit den fünf Schwänen konnte ich nichts anfangen.

Die Herta mit den langen Zöpfen begann: „Drei Lilien, drei Lilien, die pflanzt' ich auf ein Grab, ja auf ein Grab. Da kam ein stolzer Reiter und brach sie ab." Schon wieder ein Kavallerist, aber einer, der eine Abneigung gegen Blumen hatte.

„Wat singe wi jötz", fragte Annelie, und Frau Mäkelburg hob an: „Mariechen saß weinend im Garten . . ." Ja, das hatte ich auch schon gemerkt, die Marjellens plinsen (heulen) leicht.

So ging es den ganzen Abend weiter. Die warme Stube, mit den weichen, weißen Federn, die Eisblumen an den Fenster, die seelenvollen Frauen und Mädchen mit ihren schönen Liedern, das alles gab mir ein tiefes, zufriedenes Glücksgefühl. Ich bin den Frauen noch heute dankbar dafür. Nur, künstlerische Volksmusik war es nicht.

Und nicht anders war es mit den Tänzen. Ich erinnere mich z. B.
an das Erntefest auf dem Gut, eine der wenigen Gelegenheiten,
an denen im Dorf öffentlich getanzt wurde. Der Saal des Dorfkruges war mit einigen Erntesymbolen geschmückt, und die
Kapelle Wuttke aus Bartenstein hatte sich an der einen Seite des
Raumes postiert, während an den anderen Wänden auf langen
Bänken die erwartungsvollen Gäste saßen. Den Tanzreigen eröffnete der ungewöhnlich große, schlanke Graf v. d. Groeben
mit der kleinen, rundlichen Frau des Kämmerers, und der Kämmerer schwungte seinerseits im Walzertakt die Gräfin ein. Ich
hatte nahe der Viermannkapelle Stellung bezogen, denn wann
gab es im Dorf schon mal Musik zu hören – außer am Sonntag
in der Kirche? Am meisten faszinierte mich der Mann, der
gleich zwei Instrumente beherrschte: die Trommel und die Pau-
ke.
Und nun ging's los. „O Donna Clara, ich hab dich tanzen ge-
sehn." Gleich zogen die Frauen die widerstrebenden Männer
aufs Parkett und sangen den Schlager mit. Ich auch, allerdings
so, wie ich den Text verstand: „O Donner Clara."
Kurze Pause und weiter: „Was machst du mit dem Knie, lieber
Hans, beim Tanz?" Ja, das wußte ich nun auch nicht, obwohl ich
lange darüber nachdachte, welche Rolle das Knie vom Hans
beim Tanzen spielen könnte. Die Erwachsenen aber schienen es
zu wissen, denn sie sangen wieder alle begeistert mit. Vorge-
wärmt von Korn und Bier zogen die Herren bereits ihre Jacken
aus und krempelten sich die Ärmel hoch. In der Pause sah ich
mit großem Erstaunen, wie der Wuttke sein Blasinstrument
auseinandernahm und eine große Menge Wasser aus einem
gebogenen Rohr goß. „Sieh mal einer an", dachte ich, „da muß
man beim Blasen also auch reinspucken und nicht bloß pusten."
Aber schon kniff er mehrmals die Lippen zusammen, setzte das
entleerte Gerät an den Mund und spielte das Lied, das ich am
liebsten mochte: „Sitzt de nuscht, da kömmt'ä, lange Schräde
nömmt'ä, sitzt de nuscht, da kömmt'ä schon, de versoop'ne
Schwiegersohn." Ach, war das ein Spaß! Diesen Text konnte
ich nun ganz und gar verstehen. Die Tänzer forderten von

Wuttke und seinen Künstlern, die selber von ihrer Musik mitgerissen waren, eine Wiederholung.

Danach gab es das Lied, in dem eine Frau voll Schrecken oder
Bewunderung – ich weiß es nicht mehr so genau – ausruft:
„August, deine Haare!"
Im weiteren Verlauf des Abends hörte ich draußen vor der Tür
plötzlich lautes Geschrei und Geschimpfe: „Du koddriget
Beust", dann dumpfe und klatschende Schläge, dazwischen ein
gellender Frauenruf: „Williiii, nich doch, o du leuwet Gottke."
– Einige Tanzpaare waren stehengeblieben, und ein Mann neben mir sagte: „De Sporwiener un de Schwonsfelder kloppe sök
all wedder, wahrschienlich wejen euner Marjell." Da kam auch
schon meine Mutter angelaufen. „Ab ins Bett!" Typisch, immer,
wenn's am schönsten ist.

Rodeln von der Hochfahrtscheune

Schon von weitem konnte ich erkennen: An der Hochfahrt-scheune, die etwas abseits vom Gutshof lag, war eine Menge Kinder beim Rodeln. Sogar das Juchen war bis hierher zu hören. Verdammt, da hatte ich doch zu lange an den Schularbei-ten gesessen!

Die Hochfahrtscheune war unter den Scheunen von Schwans-feld die höchste, hatte sozusagen ein zweites Stockwerk und war so konstruiert, daß im Sommer die beladenen Getreidewa-gen über eine lange Rampe bis in das obere Stockwerk fahren konnten. Dort wurden die Garben einfach nach unten geworfen, wo sie von den Frauen ordentlich gepackt wurden. So vermied man das mühselige Hochstaken. War der Leiterwagen leer, fuhr der Gespannführer einfach geradeaus weiter durch das andere obere Scheunentor hinaus, über die zweite Erdrampe hinunter und lenkte seine vier Pferde im Trab zum Feld.

Diese zweite Rampe war kürzer, dafür aber viel steiler und bot deshalb für uns Kinder eine ideale Rodelbahn. Die rechte Wa-genspur war zum Rodeln da, die linke zum Hinaufsteigen.

Wie zu allen Zeiten und überall auf der Welt gab es auch bei uns Dorfkindern das Zweiklassensystem: die Armen und die Rei-chen. Der Unterschied zeigte sich allerdings nur im Winter. Die Reichen, zu denen auch ich zählte, besaßen Schlitten, die ande-ren nicht. Doch mögliche soziale Spannungen wurden ohne umfangreiche Gesetzgebung oder Klassenkampf dadurch gelöst oder gemildert, daß es für die reichen Kinder (die vom Stellma-cher, Sattler, Gärtner, Lehrer, Schmied) Ehrensache war, die armen mitzunehmen.

Als ich oben am Start angekommen war, stand dort schon die Angelika Waplitz und wartete geduldig und ergeben auf einen

Schlittenbesitzer. Sie hatte ihre Arme vor die Brust gelegt und ihre Schultern zusammengedrückt. Sie fror in ihrem dünnen, abgetragenen Wolljäckchen.

Vielleicht hatte ja die bekannte Kreativität der Modekünstler schon schicke Wintermodelle für Kinder in farbenfrohem Design geschaffen; bis zu den Schwansfelder Landarbeiterfamilien war sie jedenfalls noch nicht vorgedrungen. Wir Jungen trugen kurze Hosen, lange, entsetzlich kratzende Strümpfe aus gesponnener Schafwolle, die mit schlichten Strumpfhaltern aus Gummi an einem Leibchen befestigt waren. Diejenigen, denen die Ausgaben für solchen lächerlichen Schnickschnack zu hoch erschienen, begnügten sich zum Halten der Strümpfe mit Weckringen. Tradition und leerer Geldbeutel schlossen den Gedanken an lange Hosen für Jungen (oder gar Mädchen) völlig aus. Die trug man erst vom Tage der Einsegnung an. Sozusagen als Zeichen der Mannbarkeit. Pullover, Schals, Handschkes, Pudelmützen, alle von der Mutter gestrickt, vervollständigten den Winterdreß der modernen Dorfjugend. Natürlich wurde er an die jüngeren Geschwister weitervererbt, denn das hätte den geplagten Müttern ja noch gefehlt, für jedes der fünf Kinder alles extra zu stricken. Bei der Fußbekleidung waren Holzschlorren oder mit Stroh ausgepolsterte Klumpen „in", beides von den Vätern in Heimarbeit hergestellt. Leider gestatteten mir meine Eltern nicht, Schlorren oder Klumpen zu tragen, ich mußte also Schuhe anziehen. Fast kam ich mir wie ein Aussätziger vor. Wie es sich gehört, trugen die Mädchen Kleider, darüber den Pullover und darunter dicke Wollschlüpfer. Beim Rodeln konnten wir Jungen das deutlich sehen.

Ich nickte also der blaugefrorenen Angelika zu, gab ihr die Anweisung: „Im Riederke" (Reitsitz) und legte mich bäuchlings auf den Schlitten. Sie nickte dankbar zurück, zog die Nase hoch und setzte sich auf meinen Rücken. Ab ging's. Die Bahn war glatt und schnell, der Fahrtwind schnitt mir durch das Gesicht. Unten, am Ende der Rampe, galt es, eine Linkskurve zu meistern. Obwohl es da einige Hubbel gab, die den Schlitten etwas springen ließen, verlief alles ohne Zwischenfälle. Angelika war leicht wie eine Feder und balancierte ausgezeichnet mit, eine natürliche Rodelbegabung. Jetzt drohte nur noch Gefahr von den zwei dicken Pappeln, zwischen die man hindurchsteuern mußte. So mancher Anfänger hatte sich an ihnen schon eine schorfige Nase geholt. Noch ein kleiner Absatz, und wir waren auf dem zugefrorenen Teich, der die Abfahrt sachte beendete. Wir stiegen ab, Angelika von mir und ich vom Schlitten. „Bahn frei", schrie da Arno Enuschat, der hinter mir gestartet war mit Erich Böhnke als „Rieder". Ich zog eilig meinen Schlitten aus der Spur, und der Bursche kam doch tatsächlich zehn Zentimeter weiter als ich. Na ja, der Erich war auch schwerer als Angelika, kein Wunder.

Es gab ein ungeschriebenes Rodelgesetz, wonach der Mitfahrer als Entgelt für das genossene Vergnügen den Schlitten nach oben ziehen mußte. Das fanden alle Beteiligten nur recht und billig. Während also die schmächtige Angelika den Schlitten hochschleppte und ich nebenher leichtfüßig emporstieg, rasten die anderen von diesem künstlichen Berg zu Tal, die Jungen stumm und konzentriert, die Mädchen oft zu dreien und juchzend. Welch ein Spaß, wenn jemand umkippte!

Am Start warteten bereits drei frierende Mitfahrer, an die sich Angelika anschloß. Diesmal war Kurt Kussin an der Reihe. Da er noch ganz klein war – mindestens zwei Jahre jünger als ich, ein kleiner Kruschke sozusagen –, verfügte er noch nicht über meine langjährige Rodelpraxis, und so ordnete ich zu seiner eigenen Sicherheit an: „Im Huckerke!", worauf er sich vor mich setzte und die Füße auf die eiserne Querstange stellte. (Wenn man die übrigens bei scharfem Frost mit nassen Fingern berührte, blieben sie kleben.)

Nun weiß natürlich jeder vernünftige Mensch, daß man im Huckerke nicht so gut steuern kann. An neue Rekorde im Weitfahren war somit nicht zu denken. Selbstlos und etwas lässig fuhr ich nur zu Kurts Vergnügen die Bahn hinunter. Eifrig und stolz zog er meinen Schlitten wieder zum Start. Ich hatte Glück, diesmal gab es keine wartende Schlange. Da gab es nur eins: Ich fahre im „Liggerke". Bei dieser idealen Rodelposition kann man ordentlich Anlauf nehmen und sich im Rennen auf den Schlitten schmeißen. Es bestand vielleicht die Möglichkeit, den heute aufgestellten Rekord zu brechen. Kopf und Schal riskierend schoß ich in rasanter Fahrt auf die Kurve zu, nahm sie ohne viel zu bremsen und schaffte es tatsächlich. Glücklich wischte ich mir auf dem Teich die Tränen des Fahrtwindes aus den Augen.

Allen Kindern war von den Eltern eingebleut worden: „Wenn et duster ward, kömmst na Huus, sonst jöfft wat möttem Reume!" Vaters Hosenhalter, der Riemen, diente auch als praktisches Strafvollzugsmittel. Im Dunkeln hatten Kinder draußen nichts zu suchen! Genaue Rückkehrzeiten wurden nicht gegeben, weil ja niemand eine Uhr besaß. Wir richteten uns nach dem Sonnenstand. Damit gab es für uns einen erheblichen Entscheidungsspielraum. Diejenigen, die die strengsten Eltern hatten, zogen als erste ab. Die Kussins Jungens blieben immer bis zuletzt. Ob sie so liberale Eltern hatten oder ergeben eine Tracht Prügel über sich ergehen ließen, um das Rodelvergnügen bis zur Neige auszukosten, weiß ich nicht.

Beim traurigen Abschied von der Hochfahrtscheune trösteten mich zwei Gedanken: Die erwachsenen Brüder von Fritz Rautenberg – so hatte er mir erzählt – wollten heute abend Wasser auf die Bahn gießen, damit sie richtig vereist, und zweitens freute ich mich auf Mutters Klunkersupp.

Übrigens: Merkwürdigerweise war bei uns das Rodeln ein Vergnügen nur für Kinder. Ich kann mich nicht erinnern, jemals einen Jugendlichen oder gar Erwachsenen auf der Rodelbahn gesehen zu haben. Offensichtlich gehörte sich das nicht. Na ja, vielleicht hatten die auch andere Vergnügungsmöglichkeiten. Oder gingen die etwa im Dunkeln rodeln?

Treibjagd in Schwansfeld

Als der alte Hegemeister Ehlert morgens durch den Schnee auf den Gutshof stapfte, mußte er sich gleich ärgern, und zwar über Tell, seinen Jagdhund. Der war nämlich zu der Hundebude des Inspektors gerannt: „Täll, du Krät, wat häst du da bi de Nälli vom Späkter römmtokrupe? Komm her!" Er hatte lange Filzstiefel an, trug einen dicken „Dschäckert", und über seine Mütze hatte er schwarze Ohrenschützer geklemmt. Heute war für ihn der wichtigste Tag des Jahres; Treibjagd in Schwansfeld.
Die Treiber standen an den Pferdestall gelehnt und schauten zu, wie wir Jungens uns schneeballierten. Davor hielten einige Arbeitsschlitten, die mit Stroh ausgepolstert waren. Die Gespannführer prüften noch einmal das Geschirr der Pferde. Ehlert holte seinen „Seejer", die Taschenuhr, aus der „Fupp" und rief: „Na, nu man opjesteeje, et jeit forts los." Und da kamen auch schon fünf Pferdeschlitten in scharfem Trab vom Schloß her auf den Hof gefahren. Im ersten saßen der Graf und seine Familie, dahinter fuhren die Gäste: Gutsbesitzer aus der Nachbarschaft, Offiziere und andere hohe Herren aus Bartenstein, alle dick vermummt und mit ihren Flinten zwischen den Knien. Die Kutscher sahen in ihren schwarzen Mänteln und Pelzmützen richtig würdig aus. Wir Treiber hatten es uns im Stroh der Arbeitsschlitten bequem gemacht. „Jühä", riefen die Gespannführer, knallten mit der Peitsche, und ab ging es über die schneeverwehten Feldwege in den Wald.
Der scharfe Ostwind schnitt uns in die Gesichter und ließ den Atem der Pferde wie graue Fahnen zur Seite wehen. Zusammengekauert beobachtete ich das langsame Wachsen von zwei

Eiszapfen im Schnurrbart von Hegemeister Ehlert. Niemand sprach ein Wort. Krächzend zog ein großer Schwarm Krähen über uns hinweg.

Endlich umfing uns die Stille des Waldes. Noch eine Weile im Schritt und „Brrr", wir hielten, stiegen aus und versuchten, hart auftretend die kalten Füße wieder zu erwärmen. Der Graf gab dem Hegemeister die letzten Anweisungen: „Ja, Ehlertchen, wenn's Ihnen recht ist, stellen wir die Leute hier auf bis zum Fuchsbau und treiben durchs Ellernbruch bis zum Kaddicksberg. Da stell ich die Schützen auf. Was meinen Sie, Ehlertchen?" „Jawoll, Herr Graf, das is wohl das beste. Wänn meinen Herr Graf, daß Herr Graf mit den Herrens da sind?"

„Na, in 20 Minuten, Ehlertchen, können Sie lostreiben."

„Jawoll, Herr Graf."

„Und dann noch eins: Passen Sie man ein bißchen auf, daß die Jungens nicht zu weit vorlaufen."

„Ich paß all auf, Herr Graf. Herr Graf können ganz beruhigt sein."

„Haben Sie auch genug Patronen, Ehlertchen?"

„E ganze Fupp voll, Herr Graf, danke scheen."

„Na, denn Waidmannsheil!"

„Waidmannsdank, Herr Graf!"

So fuhren nun die Schützen los, und wir wurden in einer langen Kette am Waldweg aufgestellt. Der Hegemeister wollte uns Jungens etwas Angst machen: „Nu paßt bloß op, Junges, hier sönn Kujels bönne." Wildschweine! Die gab es hier wirklich, aber Angst hatten wir nicht. – Jetzt nahm er seine Flinte vom Rücken, lud sie umständlich, klemmte sie unter den Arm, sah nach seiner Uhr und rief laut: „Nu man los!"

Darauf hatten wir Jungens nur gelauert. Unsere Holzklappern hatten wir schon längst in den Händen, und mit viel Geschrei und Geklapper stürzten wir uns in die Schonungen wie die Iltzkes in den Hühnerstall. „Hos up, hos up, hos up." Und wenn uns auch der Schnee von den Tannenzweigen pfundweise ins Genick rutschte und die Handschkes naß wurden, ganz egal: Heute war Treibjagd.

„Päng, päng." Vor uns begann das Schießen. Da plötzlich ging
dicht vor uns ein Hase hoch, flitzte an der Treiberkette entlang
und wollte durchbrechen. Ehlert riß die Flinte an die Backe:
Bum, bum, aber der Hase lief in erhöhtem Tempo weiter, schlug
einen Haken und war hinter dem Rücken der Treiber verschwunden. Der Hegemeister schimpfte: „Täll, du Krät, du
koddriget Oos! Rännt mi doch dat Beust ömmer vär'ä Flint
röm. Na wacht man, wänn wi euerscht to Huus sönn."
Allmählich wurde das Knallen lauter, und bald sahen wir die
Schützen vor uns stehen. In ihrer Nähe lagen die armen Hasen.
Die Treiber suchten sie zusammen und legten sie an einer Stelle
ab. Wir Jungens beteiligten uns besonders eifrig an der Suche,
denn wir rissen den toten Haskes die kleinen, weichen Schwän-
ze, die Zagelchens, ab, um sie morgen den Mädchen in der
Schule mit einer Klammernadel hinten anzustecken.
Nun wurde die Strecke auf einen Schlitten geladen, und der
Hegemeister stellte uns zum neuen Treiben auf.
So ging's den ganzen Tag lang durch den Wald und über die
Felder, bis es dunkel wurde und der Schnee unter unseren
Sohlen zu knirschen begann. Zum Schluß erhielten wir Kinder
noch fünf Dittchen in die Hand gedrückt und zogen mit roten
Backen glücklich und hungrig zu Mutters Klunkersupp und
Spirkeln. Abends im Bett überlegte ich mir noch lange: Welcher
Marjell wirst du morgen zuerst den Haskezagel anstecken?

Emanzipation auf ostpreußisch

Die Brüder Hans und Hermann Schmidke, Landarbeiter in unserem Dorf, wurden von jedermann als fürsorgende, fleißige, ehrliche und sparsame Familienväter geschätzt. An einem späten Sonntagnachmittag im Winter trafen sie zufällig auf der schneebedeckten Dorfstraße den Tischlermeister Fritz Stobbe. Der war nun wieder aus ganz anderem Holz geschnitzt. Er galt als hervorragender Fachmann in seinem Beruf, niemand im Kreis Bartenstein konnte bessere Möbel herstellen als er, allerdings nur, wenn er Lust dazu verspürte. Ihm hatte eine gütige Fee ein Wesen geschenkt, das ihn befähigte, allen Ärgernissen des Lebens die heitere Seite abzugewinnen. Da er durch seine Geselligkeit, seinen witzigen Humor und seine Streiche überall beliebt war, brauchte er sein Ansehen nicht durch lächerliche Unwichtigkeiten wie gepflegte Kleidung und tägliche Rasur zu stärken. Er spielte gerne einen raffinierten Skat und liebte den gemütlichen Aufenthalt im Krug, aber möglichst nur, wenn ein anderer einen ausgab.

Die beiden Schmidkes waren erfreut, ihn zu treffen, versorgte er sie doch sogleich mit den neuesten Geschichten aus der Gemeinde. Doch seine Erzählungen waren lang, und die Kälte nahm zu. Schließlich tat Fritz Stobbe kund, daß er in seinen Schlorren friere. „Mi öss all ganz hubbrig, lot ons man önn'em Krouch gone." Gesagt, getan. Als Entgelt für seinen spaßigen Bericht über den betrunkenen Wachtmeister, dessen Auto er mit anderen Freunden vor dem Falkenauer Krug mit untergelegten Holzklötzen aufgebockt hatte, und der beim Anfahren die Welt nicht mehr verstand, bestellten die Brüder drei Grog und drei Koksche (Rum mit Würfelzucker). Und um die Zeit, die für die Herstellung eines Grogs benötigt wird, nicht sinnlos zu vergeuden, holte Fritz die Skatkarten aus der Jackenfupp, und das Spiel begann. Erst den Koks und dann einen Grand mit Vieren, dann den Grog und Null ouvert. Und so weiter und so weiter. Aber bestellen taten nur die Brüder, Fritz war zu sehr mit den Erläuterungen des Nachspiels einer Runde beschäftigt.

Draußen war es bereits dunkel, die Sterne glitzerten, die Eisblumen am Fenster der kleinen Gaststube wuchsen höher und dicker, Rauchschwaden schwebten durch den Raum. Die Karten knallten auf den Tisch, daß die „Prickel" in den Groggläsern nur so klingelten. Und mitten im schönsten Spiel – Hans hatte gerade Karo angesagt – ging doch die Tür auf, und ein kleiner Butzer mit einer Schnoddernase erschien und sagte verschüchtert zum Hans: „Pappa, de Mamma sächt, du sullst na Huus kome." „Min Jung, säch man de Mamma, öck kom foarts." Er griff in die Tasche: „Hier häst e Dittke, käup de man e Bomma." Der Kruschke nahm den Finger aus dem Mund, zog die Nase hoch, legte den Dittchen auf die Tonbank und sagte zum Krugwirt: „Fär'e Dittke Bomma." Der holte einige aus dem Glas, steckte sie in eine Papiertüte, und der Junge zog freudestrahlend ab. „Wat öss Trompf", fragte Fritz. „Karo, der Hühnerhund." Und weiter ging das fröhliche Treiben.

Nach einer halben Stunde, die Uhr zeigte schon 8, öffnete sich wieder die Tür, und ein anderer kleiner Gnos kam herein, ging zum Hermann und sagte: „Pappa, de Mamma sächt, du sullst na Huus kome." „Jung, schabber nich! Hier häst e Dittke, käup de e Bomma. Ök kom foarts." Der Junge kaufte sich einen Stundenlutscher und verschwand. Ein neues Spiel, ein neues Glück.

„Bixen runter", sagte Fritz und blätterte die Karten auf den Tisch. Da ging doch schon wieder Tür auf, aber diesmal stand eine grauhaarige, große, hagere Frau im Türrahmen. Sie runzelte die Stirn, stemmte die verarbeiteten Hände in die Seite und schaute die beiden Brüder mit einem Blick an, der starke Männer zum Zittern bringen konnte. Fritz hielt die Luft an, denn die Person, die da Blitze verschleuderte, war die alte Frau Schmidke, die Mutter von Hans und Hermann. Eigentlich brauchte sie nichts mehr zu sagen, denn die beiden warfen auf der Stelle die

Karten auf den Tisch und sprangen hoch, daß die Stühle umfielen. Aber sie sagte doch noch etwas, und das hörte sich an, als hätte jemand mit der Peitsche geknallt: „Nu ritt ower Kattun!" („Nun hört sich doch alles auf!") Die Söhne zogen mit roten Ohren ihre Jacken an, bezahlten, grabbelten nach den Mützen und schossen mit eingezogenen Köpfen aus der Tür, ohne dem verblüfften Fritz „Auf Wiedersehen" zu sagen. Bevor sie würdevoll das Lokal verließ, warf Frau Schmidke noch mißbilligende Blicke auf Fritz und den Krugwirt.

Ja, so ist das Leben: Bis zuletzt mußt du auf deine Kinder aufpassen, daß sie keine Dummheiten machen.

Aber nun soll noch jemand behaupten, daß es keine Emanzipation in Ostpreußen gab.

Sonntags in der Kirche

Glöckner Ehlert steckt seine Taschenuhr ein: „Nu ward Tied!"
Wir gehen an den mächtigen grauen und altersrissigen Balken
vorbei zu unseren drei Glocken, die hoch im Turm der Ordenskirche hängen. Ehlert nickt uns bedeutungsvoll zu, spuckt in
seine großen Hände, ergreift das dicke Seil und beginnt, die
große Glocke in Bewegung zu setzen. Nach einigen Schwin-
gungen lege auch ich mich ins Zeug, um die mittlere anzutrei-
ben, und einen Augenblick später fällt Arno Enuschat mit seiner
kleinen ein. Und wie es sich für gute Glöckner gehört, schlagen
auch alle drei Klöppel zur gleichen Zeit an. Der Glockenturm
dröhnt und zittert, mein ganzer Körper schwingt und bebt mit,
die verschiedenen Klänge verschmelzen harmonisch ineinander
und ergießen sich wie ein brausender, gewaltiger Strom aus den
Turmluken über die Häuser unseres kleinen Dorfes, überspülen
die Felder bis zu den Vorwerken des Gutes und verlieren sich in
den Wäldern. Ich bin ein Teil meiner Glocke, mit ihren Schwin-
gungen durch das Seil verbunden, sie beherrscht mit ihrem
Rhythmus sogar mein Atmen. Ich beuge mich vor und zurück,
neige und strecke mich wie ein Muselmann in seinem Gebet.
Doch darf ich mich dem Dröhnen der Glocken nicht ganz hingeben, denn nach einer Weile schaut Ehlert auf seine Uhr und
gibt uns das Zeichen, die Glocken langsam ausschwingen zu
lassen. Noch einmal schlägt die große Glocke an, ein helles
„Bim" von Arnos kleiner antwortet, aufatmend schauen wir uns
zufrieden an. Gut gemacht.
Wir schließen die Luken und steigen die steilen Treppen zum
Kirchenschiff hinunter, mitten hinein in die einsetzende Orgelmusik. Neben einem Treppenabsatz tritt Grete Ehlert die großen
Pedale des Blasebalgs für die Orgel. Sie ist bereits 13, drei

Jahre älter als ich, und hilft ihrem Vater bei seinen Aufgaben als Glöckner und Küster. Während sie bei ihrer Arbeit wie ein Uhrpendel hin und her springt, verspeist sie dabei genüßlich einen Apfel. Wir nicken uns zu, und da ich heute keine Lust verspüre, sie abzulösen, gehe ich weiter und betrete leise den Orgelchor. Dorfschullehrer Teschner, unser „Kanter", hat gerade auf der alten ehrwürdigen Orgel das Vorspiel beendet; nun zieht er irgendein Register und setzt mit dem starken Wind von Grete Ehlert ein: „Wer nur den lieben Gott läßt walten." Der sonntägliche Gottesdienst hat begonnen. Ich setze mich auf die harte Bank und gerate ins Träumen, angeregt von den Jahreszahlen, die einige gelangweilte Christen – Generationen vor mir – in das Eichenholz der Brüstung eingeschnitzt haben. Hier: 1783. Wie mag das wohl in unserem Dorf damals ausgesehen haben? Was war das für ein Mensch, der hier auf meinem Platz gesessen hat? Besaß er ein Taschenmesser? Neid überkommt mich. Heiner Waplitz, der Sohn des Schusters, hat ein prima Messer, sogar mit einem Pfriem zum Stechen von Löchern dran. Mein Vater will mir nicht so eins kaufen: „Wozu brauchst du einen Pfriem?" Na, das ist eine Frage! Übrigens muß ich mir aus der Mirjelskuhle noch Lehm besorgen, um meinen Backtrog zu verschmieren; der ist an einer Stelle leck, und ich bekomme nasse Hosen, wenn ich damit auf dem Vorderteich herumpaddele und Kriegsschiff spiele. Verdammt, wann mach ich bloß mein Schularbeiten?

Und während Pfarrer Schmidt predigt, schaue ich mir das Dekkengemälde an. Da knien links und rechts neben einem kleinen Hügel elf Jünger (der Judas fehlt, der verfluchte Verräter) und blicken mit gefalteten Händen traurig Jesus nach, der soeben in einer Wolke verschwindet; nur seine Füße mit den schrecklichen Löchern schauen noch hervor. Der arme Herr Jesus muß aber vielleicht Schmerzen gehabt haben! Ich habe mir vorige Woche ein Stückchen Glas in die linke Fußsohle getreten, Mensch, tat das weh! – Was haben die Jünger bloß für komische Kleider an? Keiner trägt Hosen! Nur so Laken haben sie sich umgehängt.

Ich höre Wortfetzen. „Liebe Brüder und Schwestern", ruft der Pfarrer, und ich denke, es muß doch herrlich sein, so wie Jesus in den Himmel zu entschweben! Ich werde nach dem Gottesdienst doch gleich mal ins obere Turmluk steigen und den Störchen beim Fliegen zuschauen.

Jesus schaut mich von einer Glasmalerei des gegenüberliegenden Fensters an. Er hat gute, aber sehr ernste Augen. Bin ich immer artig gewesen? Ach, warum ist er nicht von dem steilen Berg gesprungen, als ihn der Teufel dazu aufforderte? Hätte er es getan und wäre er dann lebendig geblieben, ja, dann könnte ich auch glauben, daß er Gottes Sohn ist. Aber so? Man wird mir wohl wegen meines Unglaubens eines Tages einen Mühlstein um den Hals binden und mich in einen Brunnen stoßen, in so einen Ziehbrunnen vermutlich, wie der im Garten von Fritz Stobbe; der ist ganz duster, und wenn man hineinruft, klingt die Stimme ganz unheimlich.

Außerdem sollen wir Gott lieben, sagt die Bibel, und die Frau Gräfin im Kindergottesdienst betont es auch immer. Wenn wir das nicht tun, dann geht es nach dem Tode ab in die Hölle. Ich habe meine Eltern lieb, und Roland, meinen Hund. Der freut sich, wenn er mich sieht, und springt an mir hoch. Aber Gott? Ich seufze, meine Zukunft sieht nicht so rosig aus. Was wird bloß aus mir werden? Und jetzt auch noch die Schularbeiten!

Die Predigt ist beendet. Der Kanter spielt die Orgel, und die Gemeinde singt: „Jesus, meine Zuversicht." Wie sehr ich mich auch bemühe, ich kann ein Lachen kaum unterdrücken. Hatte doch da neulich einer in der Schulpause angefangen, dieses Lied zu singen, aber er sang: „Jesus, meine Kuh frißt nicht." Wir haben uns alle erst erschreckt angeguckt und dann losgeprustet. Ich glaube, das war der Fritz Kussin. Von dem kann man überhaupt viel lernen.

Während wir singen, geht der Ehlert durch die Reihen und hält den Leuten den schwarz-samtenen Klingelbeutel vor die Nase. „Nun lasset uns beten!" Geräuschvoll erhebt sich die Gemeinde. Zwar senke ich meinen Kopf wie alle anderen und falte sorgfältig meine Hände wie es sich gehört, doch beobachte ich heimlich die Anwesenden dabei. Ich kenne sie alle. Die meisten sind Landarbeiterfrauen, natürlich dunkel gekleidet. Daneben stehen die Kinder, mit denen ich die einklassige Dorfschule besuche, die Mädchen mit ihren steifen Zöpfen und sauberen Schürzen, die Jungen mit kurzgeschnittenen Haaren, in Sonntagshosen und mit ungewöhnlich sauberen Händen. Die Männer haben sich das „Hälske" unter die Jacken gebunden, eine Art Chemisett. Das sieht würdig aus und spart Oberhemden. Dort rechts, im gräflichen Chor, beten der Graf von der Groeben und seine Familie. Die Gräfin hat die Augen fest geschlossen, spricht laut und inbrünstig das Vaterunser mit; ihre Stimme durchdringt das schwache Gemurmel der übrigen Gemeindemitglieder. Der Graf bewegt die Lippen, doch siehe, er blinzelt verstohlen umher, neugierig wie immer. Jetzt beugt er sich sogar vor, um zu sehen, wer alles da ist. Sein Sohn Hans, so alt wie ich, betet gehorsam mit. Und Agnes, seine Schwester? Sie schaut kurz zu mir her, lächelt sie sogar? Fried, der Jüngste der Familie, ist nicht da, ich weiß, er ist krank.

„Und führe mich nicht in Versuchung." Auch der Pfarrer hat die Augen geschlossen. Nein, die Augen zumachen, hat meine Mutter gesagt, das braucht man nicht. Neben der Kanzel schaut das Standbild des ersten Grafen von der Groeben auf seinen Nachfahren. Doch ganz im Gegensatz zu dem heutigen Patron der Kirche ist er ein sehr korpulenter Mann. Wie es scheint, verstand er nicht nur mit dem Schwert gegen die Türken vor Wien, sondern auch mit Messer und Gabel umzugehen. Mitten auf seinen steinernen Bauch fällt durch das südliche Kirchenfenster ein Sonnenstrahl und wandert im Laufe des Gottesdienstes langsam über die Rundung hinweg.

Der Pfarrer Schmidt hat das Gebet beendet, schlägt die Augen auf und spricht mit erhobenen Armen den Segen. Er ist noch ziemlich jung, sein Gesicht zeigt deutlich frische Narben. Mein Vater hat mir einmal erzählt, daß die Studenten mit scharfen Säbeln gegeneinander kämpfen – nur so zum Spaß, wie beim Boxen – und sich dabei die Gesichter zerschneiden. Schmisse nennt man solche Narben. Du lieber Himmel, muß das weh tun! Und das viele Blut! Nein, Student will ich nicht werden. Der Gottesdienst ist zu Ende, die Gemeinde verläßt unter Orgelmusik die Kirche. Einige Besucher lassen mit einem Dittchen (Groschen) die kleine Negerfigur auf der Opferbüchse nicken.

Ich möchte jetzt noch gerne allein sein, und so steige ich noch einmal in den Glockenturm, nur höher, diesmal bis zur obersten Luke. Ich öffne sie, und mein erster Blick fällt auf das nahe Storchennest, das unser Adebar am Ende des Längsschiffes der Kirche auf eines der kleinen Türmchen kunstgerecht aufgebaut hat. Ach, wir Kinder lieben ihn alle. Wenn im Frühjahr seine Ankunftszeit in den Vormittag fällt und ein Schüler ihn durch das Fenster der Schulstube entdeckt, jubeln alle: „Herr Kanter, de Odebar ös da!" Und auch der Kanter freut sich und läßt uns auf den Schulanger laufen, um ihn nach seiner langen Reise laut zu begrüßen.

Das Storchenpaar ist anwesend. Sie huckt gemütlich auf ihren Eiern und brütet, er steht daneben und stochert mit seinem langen Schnabel in den Zweigen seines Nests herum. Ich schaue ihn mir ganz genau an. Wenn wir am Donnerstag „Zeichnen" haben und der Kanter zu unserer Abteilung sagt: „Heute zeichnet ihr mal, was ihr wollt", dann zeichnet der Willi auf seiner Schiefertafel immer einen Storch. Keiner kann das so gut wie er, jeder kann gleich sehen, das ist genau ein Storch. So möchte ich auch zeichnen können! – Ah, jetzt fängt er an zu klappern. Das sieht aber zu komisch aus, wenn er seinen Kopf ganz nach hinten schmeißt und mit dem langen Schnabel klappert. So kann ich das gar nicht nachmachen. Jetzt fängt auch seine Frau an. Sogar im Hucken! Dabei legt sie den Kopf vollständig auf den Rücken. Ob die sich was erzählen? Der Storch verstummt, tritt an den Nestrand, hebt die Flügel und stößt sich ab. Er fliegt davon, legt sich über unserem Haus in die Kurve und schwebt Richtung Bauernwiese. Oh, mein Gott, muß das schön sein, so hoch am Himmel fliegen zu können, die Arme auszustrecken und loszusegeln über Felder und Wiesen! Ich weiß auch ganz genau, wie ich es machen müßte, um eine

Kurve fliegen zu können. Das ist ganz leicht, man braucht nur den Körper ein bißchen zu drehen, so, den rechten Arm hoch, und schon fliegt man nach links. Aber ich weiß, leider, leider geht das nicht. Zu schwer. Traurig schließe ich die Luke und klettere aus dem Turm. Der Storch kann so schön fliegen, überall dahin, wo er will. Und ich? Ich muß jetzt Schularbeiten machen! Aber am Nachmittag, so nehme ich mir vor, da werde ich mit meinem reparierten Backtrog in See stechen. Wie der Graf Luckner. Hoffentlich muß ich mich nicht mit meinem kleinen Bruder abplagen.

Dörfliche Gaumenfreuden

Die Ernährung der Dorfbewohner während meiner frühen Kinderzeit unterlag noch den ehernen Gesetzen der Natur und nicht den veränderlichen Vorschriften der modernen Ernährungswissenschaftler. Frisches Gemüse wurde nur in der Zeit von Anfang Juni bis September verzehrt, mit Salat beginnend und mit Hülsenfrüchten endend. Dank der Strenge des Alten Fritz, der die Kartoffel mit Gewalt einführte, war die Zufuhr von gewissen Mineralien und Ballaststoffen von September an gesichert. Einen kräftigen Vitaminstoß, der aber nur bis Anfang Januar andauerte, erhielt die Bevölkerung im Herbst durch Obst. Zum Verspeisen von Äpfeln und Birnen bedurfte es allerdings erheblicher Kenntnisse. Man mußte nämlich diese Vitaminträger vor dem Reinbeißen einer sorgfältigen Prüfung unterziehen, denn Würmer (oder waren es Maden?) hatten sich meistens von außen braune, bitter schmeckende Tunnel gegraben, waren bis zum Kerngehäuse vorgedrungen und hatten sich dort häuslich niedergelassen. Deshalb hieß es, um den Tunnel herum essen und einen unüberlegten Biß in die Residenz der Würmer (Maden) vermeiden. Heute sind diese Tiere, wie so viele andere auch, zum Bedauern der Naturfreunde ausgestorben. Begüterte, von denen es nur sehr wenige gab, konnten sich im Dezember noch dem Genuß von Weintrauben, die in Korkstückchen lagerten, hingeben. Vorausschauende Hausfrauen servierten ihren großen Familien neben Kartoffeln selbstgemachten Sauerkohl (Kommst) als Gemüse. Das Fleisch des im Winter geschlachteten Schweines wurde durch Räuchern oder Einsalzen haltbar gemacht und erforderte sparsamen Verbrauch. Hähnchenbraten gab es im Juni, während er für den Rest des Jahres auf den Speisezetteln fehlte. Ähnlich erging es den Gänsen, die die Ehre hatten, zur feierlichsten Zeit des Jahres, zu Weihnachten, verspeist zu werden. In den übrigen Monaten konnten sie sich eines gefahrlosen Lebens erfreuen und langsam fett werden. Enten allerdings standen von Juni bis zum Winter für besonders festliche Familienereignisse zur Verfügung. Auch Kinder trugen dann und wann zur Ernährung der Familie bei, indem sie ihre Freunde, die Kaninchen, opferten. Milch und Eier waren stets vorhanden; doch sie dienten oft nicht dem eigenen Verzehr, sondern waren für die Landarbeiterfrauen eine kleine Quelle zur Aufbesserung der kümmerlichen Haushaltskasse. Sie schöpften die Sahne von der Milch, schütteten sie in ein Butterfaß und stampften sie zu Butter. Einige Frauen verkauften im Kaufmannsladen ihre Butter und Eier und erstanden gleich für den erzielten Erlös Margarine. Damit wurde auch das Schulbrot der meisten Kinder bestrichen, meines dagegen mit Butter. Nachdem ich das erste Mal die Margarine von Erna Kussins Brot gekostet hatte, vermochte ich der Butter keinen Geschmack mehr abzugewinnen, Ernas Brot schmeckte eindeutig besser. Ich bat meine Mutter, mir auch eine Margarineschnitte mitzugeben. Vergeblich. „Butter ist gesünder." Die gute Frau war noch völlig ahnungslos gegenüber der Gefahr, die von Cholesterin und gesättigten Fetten ausgeht. Zum Glück für mich war Erna ganz auf Butter versessen, was mir ganz und gar unverständlich war, und so kam es, daß wir regelmäßig unsere Pausenbrote tauschten. Wissenschaftler nennen das Naturalwirtschaft.

Nur bei den ganz seltenen Besuchen in der Kreisstadt Bartenstein erfuhr ich von der Existenz der Zunft der Bäcker, denn Brot wurde selber gebacken. Zu diesem Zweck gab es für die Gutsarbeiter (Instleute) ein gemeinschaftliches Backhaus. Nie werden die nach uns kommenden Generationen erfahren, wie gut Brot schmecken kann.

Ob unsere Lebensmittel die zum Leben notwendigen Vitamine des Alphabets einschließlich der untergeordneten Zahlenreihe enthielten, ob die Mineralien mit den wichtigen Spurenelementen in ausreichender Menge vorhanden waren, und ob genügend

Ballaststoffe unsere Verdauung in der richtigen Weise regelten, vermag ich nicht zu sagen.

Bedauerlicherweise fehlten uns, um die Höhepunkte der Gaumengenüsse zu erleben, Früchte und Gemüse wie Brokkoli, Kiwis, Avocados, Auberginen, Paprika, Nektarinen, Litschies, Netzmelonen und andere abenteuerliche Spezialitäten, ohne die heutzutage das Essen zur bloßen Nahrungsaufnahme degradiert wird.

Angesichts dieser saisonalen Selbstversorgungssituation ist es nicht verwunderlich, daß unser Kaufmannsladen, der meiner Mutter unterstand, keine große Auswahl an Lebensmitteln hatte, von Fleisch- und Wurstwaren, Salzheringen (Armeleuteessen), Margarine, Zucker (Farin) und Mehl abgesehen. Dagegen waren, der Nachfrage entsprechend, 1000 nützliche Dinge im Angebot, als da sind: Holzschuhe und -pantoffeln für Damen und Herren, Peitschen und Äxte mit und ohne Stiel (hingen an der Ladendecke), Petroleum zum Füllen der Stallaternen (Taschenlampenersatz), farbige Bonbons (Bommas) in Gläsern, Tabak in allen Formen zum Rauchen, Kauen (Priemke) und Schnupfen (Schniefke), Sauerkohl, Sicherheitsnadeln, Bier, Schiefertafeln mit Griffeln, Schnaps, Damenschlüpfer (auch Übergrößen), Gummiband für dieselben, Nägel und Krampen, Gummistiefel, Puddingpulver, Streichhölzer, Messer, Schmierseife und so weiter. Für Toilettenpapier bestand keine Nachfrage. Alles Wägbare wurde auf einer Waage gewogen. Dazu benutzte man Gewichte verschiedener Größen, die alle zwei Jahre von einem amtlichen Herren aus der Stadt geeicht wurden.

Da das Geschäft florierte, stellten meine Eltern einen Verkäufer ein. Diesem – später unserem polnischen Kriegsgefangenen – oblag von Zeit zu Zeit die aufreibende Aufgabe, den in einem großen, eisernen Faß angelieferten, unverschnittenen, hochprozentigen Schnaps in Flaschen abzufüllen. Zu diesem Zweck mußte ein roter Gummischlauch oben in das Faß eingeführt und mit dem Flaschenhals verbunden werden. Doch aus physikalischen Gründen läuft die Flüssigkeit nicht von alleine hinein. Man muß sie ansaugen, bevor der Strahl sich ergießt. Dabei bleiben natürlich kleine Mengen dieses stark wirkenden Wässerchens gewollt oder ungewollt im Munde des Saugers. Sie auszuspucken wäre reine Zeitverschwendung, man muß sie runterschlucken. So kam es, daß die betreffenden Herren nach dem Abfüllen von 40 Flaschen so sehr mitgenommen waren, daß sie von kräftigen Männern zu Bett geleitet oder gar getragen werden mußten.

Der Handel mit diesem Feuerwasser bedurfte einer speziellen Lizenz, die aber in unserer Gegend als Gewohnheitsrecht ohne Schwierigkeiten seitens einer Behörde gewährt wurde. Den Transport begleitete ein Zollbeamter, dessen Funktion ich erst Jahrzehnte später begriff. Die von mir verkorkten Flaschen wurden auch nicht als Ganzes verkauft, sondern die Kunden brachten ein leeres Fläschchen mit und ließen sich ein „Quarteerke", einen Viertelliter, abfüllen und verschnitten ihn zu Hause selber mit Saftwasser. Aber wir verkauften auch handelsübliche harte Ware. Ich erinnere mich da an einen älteren Mann, der jeden Tag nach Feierabend im Laden erschien und ein Koks-che verlangte. Er war Steineklopfer, hatte also einen Beruf, mit dem man uns Schulkindern Angst machte, wenn unsere Seelen keine Lust zum Lernen hatten. „Wenn de wieder so fuul blöffst, warscht bloß Steuneklopper." Er saß den ganzen Tag allein am Straßenrand, durch ein Halbzelt aus Persenning gegen Wind und Regen geschützt, und schlug mit einem Hammer, dem Bildhauer nicht unähnlich, wildes, hartes Gestein zu brauchbarem Material. Da ihn weder Vorgesetzte in Gestalt von Obersteinklopfern, noch Kunden bei seiner Arbeit hetzten, führte er seine Schläge bedächtig und umsichtig aus. Und in gleicher Weise verfuhr er auch mit dem Koks, bestehend aus einem Gläschen Rum mit einem Würfel Zucker. Zunächst wischte er seine Rechte an der Hose ab, dann hob er das Glas an die Nase, schnupperte genüßlich daran, schloß die Augen und kippte den Rum mit einem jähen Ruck des Kopfes nach hinten in seinen Schlund. Verhaltenes Stöhnen und Schulterschütteln. Doch der Genuß war noch nicht vorüber, denn nun zerkaute er lustvoll den getränkten Zucker. Zur weiteren Zeremonie gehörte das

Schneuzen, Abwischen des Schnurrbartes und Zwirbeln der Enden. Dann legte er einen Dittchen auf die Tonbank und verschwand wortlos. Ich wette, er hatte von diesem Koks für zehn Pfennige mehr Lustgewinn als andere von einer Flasche französischen Champagners.

Da ich gerade beim Thema Essen und Trinken bin, muß ich noch erwähnen, daß die medizinische Betreuung der Dorfbevölkerung in den Händen einer Gemeindeschwester lag. Sie war eine hagere, ältere, unverheiratete Dame, die ich sehr mochte. Erst sehr viel später im Kriegslazarett erlebte ich, daß Krankenschwestern nicht immer hager, ältlich und ledig sein müssen. Der nächste Arzt praktizierte zwölf Kilometer entfernt in der Kreisstadt. Ich kann mich nicht erinnern, ihn jemals in unserem Dorf gesehen zu haben, außer zur Pockenimpfung in der Schule.

Der Lauf des Lebens eines Menschen begann gewöhnlich nicht in einem Krankenhaus, sondern zu Hause in der elterlichen Wohnung, wo unsere Hebamme, selber mit einer großen Kinderschar gesegnet, allererste Hilfe leistete; und er endete meistens auch da.

Von Gutsbesitzern und ihren Tieren

Voller Neid erlebt man im Fernsehen, wie J. R. Ewing aus Dallas Schecks in Millionenhöhe ausstellt, oder andere Gangster mit Koffern hantieren, die bis zum Platzen mit Erpressergeldern gefüllt sind. Jedoch verliert das erhebende Gefühl, Millionär zu sein, seinen Reiz, wenn auch alle anderen Mitbürger Besitzer von vielen Millionen Mark sind und damit um sich werfen. Diese deprimierende Erfahrung mußten die Deutschen während der großen Inflation machen. Wollten sie nämlich im Jahre 1923 auch nur ein einziges Hühnerei kaufen, mußten sie den erwähnten Koffer voller Scheine herbeischleppen, denn ein Ei kostete 80 Milliarden Mark (in Ziffern: 80 000 000 000). Noch erheblich mehr Muskelkraft benötigten sie für den Kauf von einem Pfund Butter, das mit 6 Billionen (6 000 000 000 000) zu Buche schlug. 160 Milliarden mußte hinblättern, wer dann noch Lust auf ein Glas Bier hatte. Die Betriebe zahlten die Löhne (das Geld wurde in Eisenbahnwaggons transportiert) täglich aus, da sie innerhalb eines Tages nur noch den Bruchteil des Wertes vom Vortag hatten. Sparsamkeit, die wesenstypische Tugend der Deutschen, war wirtschaftlicher Selbstmord. Kaufen und blitzschnell verkaufen, hieß die Devise.

Mein Vater, in der Kunst des Spekulierens ungeübt, geriet wie viele andere harmlose Geschäftsleute in diesen irrsinnigen ökonomischen Strudel und erlitt Schiffbruch: Er wurde arm wie eine Kirchenmaus. Durch Zufall erfuhr er, daß in einem Dorf im Kreis Bartenstein (Ostpreußen) ein Krug mit einem Kaufmannsladen zu pachten sei. Er kratzte sein restliches Geld zusammen und fuhr kurz entschlossen zu dem Verpächter, dem Gutsbesitzer Graf v. d. Groeben, einem großen, hageren Herren, um sich persönlich vorzustellen. Es entspann sich ein Dialog, der in Form und Inhalt heute ganz und gar unmöglich wäre.

„Wo haben Sie gedient, Herr Gronau?"

„In Berlin, Herr Graf."

„In welcher Einheit und wann?"

„Kaiser Alexander Grenadierregiment Nr. 1. Von 1912 bis 1918, Herr Graf."

„Aber bitte, nehmen Sie doch Platz, Herr Gronau. Welcher Dienstgrad?"

„Sergeant, Herr Graf."

„Trinken Sie einen Schluck Wein mit mir, lieber Herr Gronau?"

„Jawohl, Herr Graf, gehorsamsten Dank, Herr Graf."

„Dann kennen Sie vielleicht den Regimentskommandeur, den Oberst Finck v. Finckenstein, einen Verwandten meiner Frau?"

„Ich war vor dem Krieg lange Zeit sein Bursche, Herr Graf."

Damit war das Pachtproblem gelöst, und die anderen Bewerber konnten sich nach einer anderen Stelle umsehen. Dazu kam, daß mein Vater neben dem Vorzug, ein ehemaliger Gardesoldat gewesen zu sein, noch eine Ehefrau vorweisen konnte, die Lehrerin war, ein Beruf, der damals noch in hohem Ansehen stand. Aus dieser ersten Begegnung entstand ein enges, bis nach dem Krieg dauerndes Vertrauensverhältnis, das besonders für den politischen Bereich galt.

Als die Not in Deutschland am größten war, etwa in den Jahren um 1930, organisierten irgendwelche Wohlfahrtsverbände Erholungsaufenthalte in Ostpreußen für unterernährte bedürftige Großstadtkinder. Meine Eltern nahmen Hardy auf, einen waschechten Berliner Jungen aus dem Wedding. Eines Tages standen wir gerade vor unserer Haustür, als der Graf mit seinem klapprigen Arbeitswagen vorgefahren kam und sich mit meinem Vater unterhielt. Der Wagen war hinter dem Sitzbrett mit Steinen beladen, die der Graf von den Feldern gesammelt hatte – ich habe ihm oft dabei geholfen – und sie dazu benutzte, seinen Gutshof zu pflastern und auszubessern. Seine Kleidung war nicht anders als die eines Bauern. Als er sich verabschiedet hatte, fragte Hardy meine Mutter: „Wer war det denn?"

„Das war der Graf v. d. Groeben."

„Watt, det soll'n Jraf sien? Det jlob ick nich, Frau Jronau."
„Wie soll denn deiner Meinung nach ein Graf aussehen?"
„Na, mitt'em dunklen Anzug, Nelke im Knopploch, wa? Lack-
schuhe, Monokel, wa, so'ne Jlasscherbe im Ooge, Melone auf-
'em Kopp und 'nem Stöckchen, det er imma so in'ne Luft
wirbelt. Det wär'n Jraf, aber nich so eena!"
„Ja, lieber Hardy, solch einen Grafen findest du in ganz Ostpreußen nicht." Hardy wollte auch nicht glauben, daß die Gräfin die Landarbeiterkinder versorgte, wenn ihre Mutter krank zu
Bett lag, daß sie sie wusch, kämmte und ihnen das Schulbrot
machte. „Ne Jrefin, die hat'n langet weißet Kleid an, wa. Hat'n
jroßen Hut uff un trägt 'n Sonnenschirm, wenn se spazieren
jeht." Bei uns im Dorf ging jedoch niemand spazieren. Hardys
phantasievolles Bild vom „ostelbischen Junkertum" spukt noch
heute in den Köpfen vieler deutscher und ausländischer Dreh-
buchautoren herum. Wüßten sie doch etwas von der spartanischen Einfachheit und Bescheidenheit des ostpreußischen
Landadels! Als sich z.B. Agnes, die Tochter der Groebens, zum
Geburtstag ein Bleylekleid wünschte, wie es die Tochter des
Gärtners trug, wurde ihr Wunsch von der Gräfin abgelehnt mit
der Begründung, es sei zu teuer.
Der einzige Gutsbesitzer, der nicht umhin konnte, seine Blau-
blütigkeit nach außen zu kehren, war Herr von Menges aus
Wangritten. An den beiden Türseiten seines Automobils, Marke
Opel P 4, das billigste der Firma, prangte stolz sein Familien-
wappen, aber nur ein ganz kleines.
Obwohl, wie gesagt, die Not der deutschen Bevölkerung in
jener Zeit groß war, hatten die Menschen die Gewohnheit, zu
essen, nicht aufgegeben, und Ostpreußen als Agrarprovinz versorgte die Großstädter mit Fleisch. Mein Vater knüpfte in Berlin
Geschäftsbeziehungen an und begann neben dem Krug einen
Viehhandel. So kam er in engen kaufmännischen Kontakt mit
den Großgrundbesitzern der Umgebung. Trainiert durch seine
Dienstzeit bei der Garde, wußte er, wie man mit hochgestellten
Persönlichkeiten umgeht und hatte sogar Zar Nikolaus II., Herrscher aller Reußen, bei seinem Staatsbesuch 1912 in Berlin haut-

nah erlebt. Das „Kaiser Alexander Garderegiment" hatte seinen Namen zu Ehren des russischen Zaren Alexander erhalten, und so kam es, daß das Regiment mit dem hohen Herrn bei dessen Visite häufig in gesellschaftlichen Kontakt kam. Meinem Vater wurde bei dieser Gelegenheit die große Ehre zuteil, Nikolaus beim Besteigen seines edlen Rosses den Steigbügel halten zu dürfen. Zwar residierte kein Monarch in unserem stillen Dorf, auch kein ehemaliger, dafür aber viele Adlige im Umkreis, und so behielt mein Vater die Berliner Umgangsformen bei.

Da war z. B. der Freiherr v. Mirbach, der die Menschen nach ihrer Fähigkeit zur Pünktlichkeit beurteilte. Außerdem legte er weniger Wert auf seinen Adelstitel als auf seinen militärischen Dienstgrad. Erhielt mein Vater einen telefonischen Anruf von ihm, drückte er sofort seine Zigarette aus und nahm eine respektvolle Haltung an. Während Bismarck und Friedrich der Große als Wandschmuck wohlwollend auf ihn herabschauten, entspann sich folgender Dialog:

„Hier Mirbach. Sagen Sie, Gronau, ich habe einige Ochsen zu verkaufen, können Sie morgen nachmittags mal vorbeikommen?"

„Jawohl, Herr Oberstleutnant. Wann meinen, Herr Oberstleutnant, soll ich bei Herrn Oberstleutnant sein?"

„So um 3, lieber Gronau."

„Jawohl, um 3 Uhr, Herr Oberstleutnant, vor dem Gutstor. Herr Oberstleutnant können sich auf mich verlassen."

„Das weiß ich, lieber Gronau."

Für seine Geschäfte brauchte mein Vater ein Auto, und so kam es, daß er im Dorf der erste Besitzer eines Kraftfahrzeuges wurde, eines Brennabors, der mangels eines Anlassers vorne mit einer Handkurbel angeworfen wurde, was oft zu Unmutsäußerungen des Besitzers führte. Im Winter fuhr man im dicken Pelz, weil keine Heizung vorhanden war und weil man bei 20 Grad minus alle paar Kilometer anhalten und aussteigen mußte, um das Eis von der Frontscheibe zu entfernen. Im Sommer durfte ich meinen Vater oft auf seinen Fahrten begleiten. So auch dieses Mal zu Herrn Oberstleutnant.

Um Viertel vor 3 kamen wir vor dem Tor des Gutshofes an und
hielten. Vater schaute auf die Uhr. Um 10 vor 3 stieg er aus dem
Wagen. Etwa um dieselbe Zeit trat der Gutsherr vor seine Haustür, bemerkte meinen Vater am Auto und spazierte auf der
Zufahrt hin und her. Irgendwo schilpten Spatzen, krähte ein
Hahn. 3 Minuten vor 3. Mein Vater näherte sich mit der geöff-
neten Taschenuhr in der Hand dem Tor, klappte Punkt 3 den
Deckel zu und schritt dem Herrn Oberstleutnant entgegen, der
gerade seine Uhr einsteckt. „Ah, da sind Sie ja, mein lieber
Gronau, pünktlich wie immer", hörte ich ihn noch sagen, bevor
die beiden in Richtung Kuhstall verschwanden.

Zu den Tieren, denen ich auch heute noch sehr wenig Zunei-
gung entgegenbringe, gehören Rinder, was sie sich allerdings
selber zuzuschreiben haben. Im Zusammenhang mit dem Viehhandel mußte ich manchmal helfen, eine Herde Ochsen über
viele Kilometer Landweg zum Bahnhof Wöterkeim zu treiben.
Die glotzäugige Dummheit dieses Hornviehs trieb mir fast die
Tränen der Wut in die Augen. Wenn das verblödete Leittier mit
unvergleichlicher Sturheit ständig vom Kurs Richtung Bahnhof
abwich, auf Nebenwege oder verbotene Felder trabte, und die
Masse ohne Sinn und Verstand hinterherdrängte, mußte ich in
schnellstem Galopp an der Herde vorbeipreschen und es mit
einem Knüppel wieder in die richtige Richtung lenken. Ich
wußte damals noch nicht, daß auch Menschen besinnungslos
einem Leithammel folgen können. Als Cowboy mit Pferd und
Lasso hätte mir das Treiben des Hornviehs wahrscheinlich Spaß
gemacht, doch hat dieser attraktive Beruf bis heute noch nicht
in die Landwirtschaft der EG Eingang gefunden.

Meine tiefe Abneigung gegenüber den ständig kauenden Rin-
dern erfuhr noch eine drastische Verstärkung, als Vater Weiden
pachtete und selber Jungvieh hielt, es sich fett fressen ließ und
dann nach Berlin verkaufte. Diese Weiden hatten aber keine
zum Tränken erforderlichen Teiche. So mußte also täglich eine
Riesenmenge Wasser für die Wiederkäuer aus einem benach-
barten Teich herbeigeschafft werden. War unser Knecht mit
anderen Arbeiten beschäftigt, mußte ich in den sauren Apfel

beißen. Dazu spannte ich unser Pferd vor ein Wagengestell, auf dem ein großer, länglicher Flüssigkeitsbehälter ruhte, fuhr bis zu den Achsen in den Teich und schöpfte mit einem Zinkeimer stundenlang Wasser in den Behälter. Dann zurück zur Weide, wo die schwarzweißen Rinder bereits voller Sehnsucht auf mich warteten. Voller Spannung ließ ich das Wasser in den leeren Holztrog laufen. Der war so lang, daß bequem sieben Rinder gleichzeitig daraus tanken konnten. Aber nein: Kaum plätscherte das Wasser in den Trog, stürzte sich ein einzige Kuh, und zwar immer dieselbe, an den Tresen und soff sich voll. Wagte es eine Kollegin, sich auch mal einen Schluck zu genehmigen, wurde sie durch wütende Hörnerstöße vertrieben. Im Gegensatz zum Menschen lieben Kühe beim Saufen keine Geselligkeit. Mir taten die anderen durstigen Seelen, besonders die jüngeren, leid, und ich versuchte, das rücksichtslose Biest mit einem Hagel von Erdklumpen zu verjagen. War es mir zu meiner Freude gelungen, es für kurze Zeit zehn Meter von der Quelle zu entfernen, so blieb die feige Gefolgschaft trotz meiner ermunternden Zurufe und Befehle dennoch im Halbkreis um die Oase stehen. Nicht vor mir, der ich doch nur ihr Bestes wollte, hatten die Rinder Respekt, sondern vor ihrer gewalttätigen rabiaten Führerin. Hätte ich doch damals mehr aus ihrem Verhalten gelernt!

Doch nicht nur das Rindvieh machte mir Verdruß. Vaters Geschäfte liefen gut, und deshalb expandierte er weiter und eröffnete eine Fleischerei. Zu diesem Zweck wurde ein Schlachthaus und eine große Kühlkammer gebaut, in der ich mich an heißen Sommertagen minutenlang gerne in Gesellschaft von Rinderhälften bei –20 Grad durchfrieren ließ. Von Zeit zu Zeit wurde mir aufgetragen, die zum Schlachten verurteilten Schweine von den Gütern zur Exekution abzuholen. Wieder den Wagen angespannt und auf der Asphaltstraße (mit „Sommerweg") nach Paßlack gefahren. Dort laden kräftige Knechte zwei fette, schrecklich quiekende Borstentiere auf meinen Wagen und spannen ein dickes Netz darüber. Zurück nach Hause. Da die Chaussee bergab geht, ermuntere ich das Pferd mit leichter

Peitschenberührung und Schnalzen der 11jährigen Zunge zum Trab. Die Straße ist bis zum Horizont leer, die Lerchen trillern, und Störche stolzieren bedächtig über die Wiesen, nach Fröschen und Maulwürfen Ausschau haltend. Das gleichmäßige Knallen der trabenden Pferdehufe auf die Chaussee animiert mich zum Pfeifen eines Liedchens im gleichen Takt. Alles ist friedlich, und Gott ist im Himmel. Nur die Schweine hinter mir intonieren ein ärgerliches Grunzduett. Doch allmählich läuft das Pferd immer schneller, ich komme taktmäßig kaum mit dem Pfeifen nach. Ich ziehe an der Leine, aber anstatt die Geschwindigkeit zu drosseln, gibt der Gaul kräftig Gas. Die Schweine fangen an, laut zu schreien und sich zu entleeren. Ich rucke an der Leine und stelle mich auf, worauf das Pferd in Galopp verfällt. Wir vier rasen keuchend durch Ostpreußen. Lautes Quieken und Rumoren bei den Schweinen, deren Aroma in meine Nase zieht. Ich habe Angst, was soll ich nur machen? Einen Köpper in den Straßengraben? Ich reiße die Leine hin und her. Das Pferd reagiert mit einer Art Slalomlauf und bringt den Wagen zum Schleudern. Die Schweine sind außer Rand und Band und kreischen das hohe C im Fortissimo. Ich bange um mein Leben. Da biegt vor uns aus einem Nebenweg ein Fuhrwerk auf unsere Straße ein, und der Kutscher sieht schon von weitem, daß mein Pferd in Panik durchgeht. Er springt von seinem Wagen, stellt sich mit ausgebreiteten Armen wie ein Pfarrer auf die Chaussee, und mein Pferd kommt tatsächlich zum Stehen. Es zittert und schwitzt ebenso wie ich. Die Schweine stinken und jodeln noch immer. Der Kutscher stellt fest, daß meinem Pferd aus irgendeinem Grunde das Gebiß (die mit dem Zaum verbundene dünne eiserne Stange) aus dem Maul gerutscht ist, was das Durchgehen verursacht hat. Wir wissen alle: Ungewöhnliches macht ängstlich, zumal wenn man Scheuklappen trägt. Der Kutscher beruhigt das Pferd, mich und die Schweine. Er bringt das Zaumzeug wieder in Ordnung. Im Schritt ging's friedlich weiter, und nach einer Weile kamen wir alle vier gemeinsam zu Hause vor dem Schlachthaus an, wo wir jeder unserer Wege gingen, die Schweine zum Schafott.

Ich hatte übrigens wie die meisten Landkinder auf der ganzen Welt keinerlei Abscheu vor dem Schlachten von Tieren. Es ist mir mein ganzes Leben lang merkwürdig vorgekommen, daß sich Menschen stundenlang über die Zubereitung von Braten unterhalten und genüßlich Wurst verspeisen können, aber entsetzt die Vorstellung von sich weisen, beim Schlachten der entsprechenden Tiere auch nur zuzuschauen, geschweige denn selber zu schlachten oder gar Blut zu rühren. „Guten Appetit" wünschen sie sich gegenseitig und stecken die Fleischgabel in den Schweinebraten.

Telefonische Bestellungen der Gutsherrinnen für Fleisch- und Wurstwaren gingen immer häufiger bei uns ein. „Junge, ist dein Rad in Ordnung? Du mußt nach Beyditten fahren und ein Paket abgeben." Voller Freude schlug ich meine Schulbücher zu: Da haben sie selber schuld, wenn ich die nächste Klassenarbeit verhaue.

Leichten Herzens radelte ich an den im Wind knisternden Getreidefeldern mit ihren blauen Kornblumen und ihrem roten Mohn vorbei, aber je mehr ich mich meinem Ziel näherte, desto schwerer wurde es mir. Ich dachte an Harras, den großen Gutshund, der sich höchstwahrscheinlich auf dem Hofe liegend in der Sonne langweilte und es dankbar und freudig begrüßen würde, wenn sich ihm endlich einmal die seltene Gelegenheit bot, die nackten Beine eines kleinen, fremden Jungen zu kosten. Und richtig, schon von weitem sah ich meinen Feind sich erwartungsfroh erheben und langsam schnuppernd auf mich zukommen. Vielleicht hatte er auch nur das Bukett aus meinem großen Fleischpaket in der Nase. Ich beschloß, ihm christlich gegenüberzutreten nach der Devise: „Du sollst deine Feinde lieben, auch wenn es Hunde sind", stieg vom Rad, legte all meine tiefste Innigkeit und Liebe, zu der ich fähig war, in meine Stimme und rief schmelzend, als wolle ich meine Liebste rufen: „Haaaaraaas!" Unchristliches, wütendes Bellen war die Folge. Ich glaubte schon, den heißen Atem der Bestie zu spüren. Hochgezogene Lippen, blitzende Zähne, gesträubte Nackenhaare. Mehrere Hühner hielten mit dem Scharren nach Eßbarem inne, hoben einen Fuß und schauten sich erstaunt um. Ein Dutzend Spatzen schwirrte schimpfend hoch und nahm auf dem Kastanienbaum Platz, wo sie wie in einer Theaterloge das Geschehen da unten beobachten konnten. Irgendwo gluckte ein erschreckter Puter. Ich meinerseits nahm hinter dem Fahrrad Deckung und merkte, wie meine Knie weich wie gekochte Makkaroni wurden. Was, du Feigling, du willst einmal Soldat werden und böse Feinde bekämpfen und hast vor einem elenden Hund Angst? Ja, aber Soldaten haben ein Gewehr oder vielleicht ein Maschinengewehr, und ich habe gar nichts. Wenn ich wenigstens eine Handgranate hätte! Aber so? Ich beschloß also, vorsichtig abzuwarten, vielleicht kommt ja bei dem infernalischen Gebelle Verstärkung aus dem Haus und hilft mir. Und siehe, ich hatte mich taktisch richtig verhalten. Ein fremder Mann trat vor die Haustür, sah mich stehen und rief energisch: „Harrrrass! Marsch in die Bud!" worauf das Biest beleidigt das Feld räumte und mit hängendem Schwanz um die Ecke verschwand. Die Menschen mißgönnen einem auch den schönsten Spaß! Wann bekomme ich sonst schon mal ein Jungensbein zwischen die Zähne? Ich übergab dem Retter mein Paket und verließ auf jede Weise erleichtert im Höchsttempo das Beyditter Gut.

Von allen tierischen Geschöpfen Gottes liebte ich am meisten die Pferde. Ich konnte mich nicht satt sehen an ihren schönen, großen, gütigen Augen, konnte mich nicht genug wundern über ihre unendliche Geduld, Fügsamkeit, Gutmütigkeit und Kraft. Sie ließen sich ebenso willig von kleinen Jungs wie von starken Männern führen, gaben bis zur totalen Erschöpfung keuchend ihre letzte Energie beim Ziehen von Getreidewagen, fielen in Trab, wenn der Kutscher es wollte, ließen schlechte Behandlung von herzlosen Menschen demütig über sich ergehen, warteten ergeben stundenlang im Winter vor dem Krug, ließen sich verkaufen und dienten bis zum Ende treu ihren Besitzern. Wie viele Soldatenpferde sind wohl stumm und qualvoll im Kriege gestorben? Wie viele ostpreußische Bauernpferde sind auf dem Eis des Frischen Haffes eingebrochen und umgekommen? Und die Fohlen erst! Die Bauern trennten sie nie von ihrer

Mutter. Auch wenn diese mit drei anderen Pferden vor einen schweren Wagen gespannt war, lief das Fohlchen munter und graziös nebenher, ein Anblick, der mich auch bei größtem Kummer fröhlich stimmte.

Erziehung im „Schloß"

Nachdem ich im Alter von 10 Jahren meine Studien in der Grundschule beendet hatte und die zuständigen Gremien, aber vor allem ich selber, mit meinen Leistungen zufrieden waren, entschlossen sich alle Beteiligten, meine geistige Bildung auf einem Gymnasium fortzuführen. Ich freute mich schon sehr darauf, Fremdsprachen zu lernen, die auf mich eine große Faszination ausübten. Bei meiner ersten längeren Eisenbahnreise nach Königsberg hatte ich am Fenster ein Schild entdeckt, auf dem die folgenden rätselhaften Wörter geschrieben standen: „Ne se pencher en dehors." Hat man so etwas Verrücktes schon gehört? „Mamma, was ist das, ne se pencher en dehors?" „Mein Junge, so sprechen die Franzosen."

„Sind das die mit den roten Hosen, gegen die der Pappa im Krieg gekämpft hat?"

„Ja, und was du da liest, ist Französisch, aber das wird so ausgesprochen: nö ße pangschee ang dö oor." Meine Mutter hatte Abitur.

„Und was heißt das?"

„Nicht hinauslehnen."

In der darauffolgenden Konsultation erklärte mir meine Mutter, warum die komischen Franzosen nicht einfach sagen: „Nicht hinauslehnen", sondern so unverständliches Zeug reden. Aber immerhin, das Kauderwelsch regte meinen Geist an, und ich lernte es auswendig.

Meinen zweiten Kontakt mit einer Fremdsprache hatte ich zwei Jahre später beim Besuch meiner Tante in Memel, die in Süderspitze, der äußersten Ecke der Kurischen Nehrung, ein Haus in der Nähe eines Kiefernwäldchens besaß. Ich wußte bereits, daß ich mich im Ausland befand, und zwar in Litauen, obwohl dort

alle Leute Deutsche waren. Dort fiel mir sofort ein Schild am
Waldrand auf, das befahl: „Miske rucketi drauziama!" oder so
ähnlich. Natürlich zog ich sogleich Erkundigungen ein. Im
Gegensatz zu heute, wo ich fast den Namen meines Nachbarn
vergesse, behielt ich auch diese fremden Wörter sofort im Kopf
und brachte sie nach 14 Tagen Aufenthalt mit nach Hause. Nach
der freudigen Begrüßung fragte ich siegesbewußt meine Eltern:
„Was heißt, miske ruckete drauziama?" und siehe da, sie wußten es nicht. Welch eine Genugtuung! Ich weiß etwas, was sie
nicht wissen. Ich ließ sie erst ein bißchen zappeln und betteln,
doch dann verriet ich es ihnen großzügig. „Das ist Litauisch und
heißt: Rauchen im Walde verboten."
Mit diesen nützlichen Kenntnissen in zwei Fremdsprachen im
Gepäck war ich gerne bereit, das Gymnasium zu besuchen, um
mein Wissen in diesen Disziplinen noch zu vergrößern und
anzureichern. Doch die etwas unterentwickelte Infrastruktur
des Landkreises machte den Besuch der höheren Lehranstalt in
Bartenstein, unserer 12 km entfernten Kreisstadt, etwas schwierig. Die einzige der Allgemeinheit zugängliche Verkehrsverbin-
dung dahin war der Lastwagen, der die Milchkannen transpor-
tierte, und das Postauto. Die Eltern der bildungsfähigen und
bildungshungrigen Jugend gaben deshalb ihre Sprößlinge „in
Pension", d. h. gutbürgerliche Ehepaare in der Stadt nahmen
diese Kinder gegen Entgelt in ihren Haushalt auf, versorgten
und betreuten sie wie ihre eigenen. Am Wochenende kehrten
die ausgeflogenen Vögel wieder in ihren heimischen Schlag
zurück.
Ich teilte die zweisitzige Dorfschulbank mit Hans Graf v. d.
Groeben, dem ältesten Sohn des Gutsbesitzers. Er war im gleichen Alter wie ich und sollte nun ebenfalls die Weihen der
höheren Bildung erhalten. Doch seine Eltern fanden, daß die
Trennung für ihren Sohn mit 10 Jahren noch zu früh sei und
engagierten deshalb einen Hauslehrer mit dem Auftrag, Hans
nach dem Lehrplan des Gymnasiums zu unterrichten. Damit er
aber nicht so ganz allein den vollen Breitseiten des Lehrers
ausgesetzt wäre, fragten sie meine Eltern, ob sie nicht Lust

hätten, mich zu dieser Privatschule zu schicken. Kostenlos natürlich. Selbstverständlich waren sie einverstanden, denn es war ja auch eine Ehre für sie, und auch ich stimmte gerne zu. Die Stadt mit ihren vielen großen Häusern und noch mehr Menschen war mir unheimlich. Die Leute eilen da so zielbewußt auf ihren harten Bürgersteigen hin und her, haben keinen Blick füreinander. Die sehen durch dich durch und sind so unerzogen, daß sie sich nicht einmal gegenseitig grüßen. Sagt man „Guten Tag", schauen sie dich erstaunt an. Außerdem habe ich den Verdacht, daß die Stadtkinder frecher sind als wir Dorfkinder. Und wer weiß, wie am Gymnasium die Lehrer sind; es soll ja viele davon geben, fast für jedes Fach einen extra. Unser Lehrer Teschner dagegen kann sämtliche Schüler vom 1. bis 8. Schuljahr in allen Fächern unterrichten, der braucht keinen anderen zusätzlich. Außerdem ist er der Vater meiner Schulfreunde Dieter, Annelie und Ursel, mit denen ich oft spiele. Also, auf in die Privatschule! Nun war Agnes, die Schwester von Hans, nur ein Jahr jünger als wir beide, und mit besonderer Erlaubnis der Schulbehörde durfte sie bei uns Jungs mitmachen. Ein Mädchen und zwei Jungen? Nun, das geht doch nicht, da wird die arme Agnes ja untergebuttert. Deshalb schloß sich uns noch Annelie, die gleichaltrige Lehrerstochter an.

Ich kann nicht leugnen, daß ich zunächst jeden Morgen mit der typischen Arroganz eines Intellektuellen an meiner alten Dorfschule vorbeiging, um mich im „Schloß" dem Studium der lateinischen Sprache hinzugeben, die, so hieß es, den Verstand schärft und von deren geistiger Höhenluft die armen Volksschüler natürlich keine Ahnung haben. Allerdings war ich vom Lateinunterricht arg enttäuscht, hatte ich doch angenommen, ich würde in kürzester Frist lernen, was die Römer sagten, wenn sie Anweisungen gaben wie: „Nicht hinauslehnen" oder: „Das Rauchen im Walde ist verboten." Auch hätte ich gerne meine Mutter bei der Rückkehr von der Schule mit der Frage in Erstaunen versetzt: „Was gibt es denn heute zum Mittagessen?" oder: „Darf ich ein Glas Limonade haben mit Waldmeistergeschmack?" Doch leider mußte ich statt dessen das Konjugieren von Verben üben, die mir ohnehin nicht sympathisch waren: amare = lieben, delere = zerstören.

Rückblickend muß ich sagen, daß ich ein leichterziehbarer Knabe war, denn meine Eltern hatten mich gelehrt, jedem Erwachsenen Respekt entgegenzubringen. Was die Erwachsenen, ganz besonders Lehrer oder Pfarrer, sagen oder anordnen, ist zwar manchmal für Kinder unverständlich, aber immer richtig, und deshalb hat man sich nach ihnen zu richten, ihnen zuzuhören und zu gehorchen. Grundsätzlich sprachen meine Eltern in meiner Gegenwart nie herabsetzend von einem Erwachsenen, von einer Frau schon gar nicht. Nur wenn meinen Vater der Ärger über einen miesen Kerl übermannte, benutzte er ein Wort, in das er seine ganze Verachtung legte, und das war „Knecht".

So lernte ich ergeben und deshalb leicht: amo, amas, amat = ich liebe, du liebst, er liebt, und der Hauslehrer, Herr Freyer, war zufrieden mit mir. Zunächst. Als Student hatte er nach einer beträchtlichen Anzahl von Semestern sein Studium unter- oder abbrechen müssen, um sich auf diese Weise Geld zu verdienen. Was ist Bafög? hätte er gefragt. Er trug, wie unser Pfarrer, die Zeichen akademischer Würden im Gesicht, und zwar in Form von Schmissen. Das sind Schnittnarben, die sich Studenten der damaligen Zeit bei Mensuren (Zweikämpfe mit scharfen Säbeln) unter strenger Beachtung gewisser Rituale gegenseitig zufügten. Schmisse im Gesicht waren bei der männlichen akademischen Jugend genau so üblich wie bei der heutigen geistigen Elite das Tragen von Turnschuhen, und beides muß wohl bei den Mädchen auf seine Weise Wirkung (gehabt) haben. Schmisse bewiesen, daß die Träger dieser Narben Mut und Selbstbeherrschung besaßen, wohingegen Turnschuhe Symbole der Selbstverwirklichung sind.

Freyer hatte keinen langen Schulweg, sein Zimmer befand sich gleich neben dem Unterrichtsraum. Um den dadurch hervorgerufenen Bewegungsmangel auszugleichen, hielt er sich einen Dackel. Er besaß Humor, den er gelegentlich mit scharfer Ironie würzte.

In der ersten Zeit seiner Tätigkeit vernachlässigte er die Kontrolle der schriftlichen Hausarbeiten. Meine angeborene Faulheit witterte Morgenluft, und ich begann, meine täglichen lateinischen Übersetzungen nur unvollkommen abzufassen. Zunächst ließ ich die letzten Sätze aus, dann die Hälfte. Da alles gutging, machte ich mich daran, meine Arbeitszeit ohne langwierige Tarifverhandlungen weiter zu verkürzen, meine außerschulischen Aktivitäten dagegen auszudehnen und zu intensivieren. Schließlich übersetzte ich jeweils nur den ersten Satz, um auf diese Weise, sozusagen symbolisch, meinen guten Willen zu demonstrieren. Aber wie nicht anders zu erwarten, trat die Situation ein, welche Dichter nicht müde werden zu kommentieren. Schiller erkennt: „Mit des Geschickes Mächten ist kein ew'ger Bund zu flechten, und das Unglück schreitet schnell." (Die Glocke) Auch Wilhelm Busch erkennt die drohende Gefahr und ruft mahnend aus: „Aber wehe, wehe, wenn ich auf das Ende sehe!" (Max und Moritz) Eines Tages rüttelte das pädagogische Gewissen an Freyers Seele, und er verlangte, meine Arbeiten zu sehen. Mein Herz setzte für einen Augenblick aus, der Magen erstarrte zu Beton. Ich schob ihm mein Heft hin und vergrub meinen Kopf schamhaft in den Händen. Nachdem er beim Durchblättern des Heftes nur Übersetzungsspuren gefunden hatte, verspritzte Freyer seine gesamte Monatsration an Ironie über mich. „Na, hier waren wir aber einmal besonders fleißig! Und bei Lektion 7, da bist du wohl vor Anstrengung zusammengebrochen." Ein altes Sprichwort behauptet: „Ohne Fleiß kein Preis." Doch er nahm diesen Lehrsatz nicht zur Kenntnis, sondern griff geruhsam zum Zeigestock und zählte mir aus der Armenkasse zehn saftige Preise auf den Hosenboden, ohne lange nach Menschenwürde zu fragen. Belohnungen dieser Art nimmt ein echter Junge wortlos entgegen, doch das Resultat seiner gymnastischen Übungen war: Von Stund an erledigte ich meine Hausaufgaben perfekt, und das gegenseitige Einvernehmen war am nächsten Tag wiederhergestellt. Da wir beide der Meinung waren, dieser kleine Zwischenfall sei für eine breite Öffentlichkeit und die Medien uninteressant, erfuhren meine Eltern nichts davon.

Weitere Einzelheiten meiner geistigen Befruchtung sind mir nicht mehr im Gedächtnis, doch lebhaft erinnere ich mich an die allmorgendlichen kurzen Andachten, zu denen uns die Gräfin mit einem Gong rief. Etwa gegen 9 Uhr versammelten sich die Groebensche Familie und das Personal, das aus Mamsell und zwei Hausmädchen bestand, in einem Raum des unteren Stockwerks. Dazu kamen wir vier Zöglinge, Herr Freyer und die Hausdame, eine junge Schweizerin, die den Kindern beigegeben war und ihnen Manieren und Alltagsfranzösisch beibringen sollte. Ich habe in meinem Leben nur von einigen wenigen Menschen gelesen, die nicht nur christlich dachten und sprachen, sondern das Christentum auch lebten. Kennengelernt habe ich nur einen: die Gräfin v. d. Groeben. Tiefe Gläubigkeit schenkte ihr eine Heiterkeit der Seele und ein Gottvertrauen, das sie alle Schicksalsschläge klaglos hinnehmen ließ. Den Sinn ihres Lebens sah sie im stillen Helfen. Es war ihr ein Bedürfnis, täglich Gott um Hilfe zu bitten, ihm zu danken und ihn zu preisen. Das geht am schönsten und innigsten mit Kirchenliedern. Doch ein Gesang allein wirkt wenig eindrucksvoll, zumal es immer und überall zaghafte Menschen gibt, die nur zögernd und gehemmt ihre schwache Stimme erheben und sie nicht so richtig von Herzen kommend erschallen lassen, und sei der Text auch noch so schön. Deshalb hatte sie sich ein Harmonium gekauft, obwohl die Familie sonst sparsam wie Schotten lebte. Doch leider war ihr Wunsch, Gott angemessen zu loben, größer als ihre Fähigkeit, dieses Instrument in herkömmlicher Weise zu bedienen. Aus diesem Grunde waren dem Harmonium neben den üblichen Tasten zusätzlich Knöpfe beigegeben worden, die mit Nummern versehen waren. Drückte sie einen dieser Knöpfe, bewegten sich gleich mehrere Tasten und ein ganzer, herrlicher Akkord schlug an. Mit den entsprechenden Nummern waren ihre Notenblätter der Kirchenlieder ausgestattet. Dadurch wurde das Spielen dieses orgelähnlichen Instruments zum Kinderspiel. Sie brauchte z. B. nur 5, 7, 1, 12, 6, 4, 2 zu drücken, und schon ertönte es vollmundig: „Wer nur den lieben Gott läßt walten . . .“, und die sonst so schüchternen Sänger wurden zum Crescendo mitgerissen. Nach dem erfrischenden Gesang verlas die Gräfin die Tageslosung mit einem erläuternden Zusatz, stimmte ein weiteres, die Seele aufrichtendes Lied an und beendete mit einem innigen Gebet die Andacht. Ich habe sie schon als Junge um ihre Gläubigkeit beneidet. Vielleicht sollte ich noch erwähnen, daß über dem Eingang zum Schloß das Wappen der Groebens prangte mit dem Spruch: „Gott allein die Ehr'."

In den Pausen tobten wir im großen Schloßpark umher, veranstalteten Radrennen auf den kurvenreichen Wegen oder suchten die angrenzende Gutsgärtnerei heim, wo wir uns über diejenigen Früchte hermachten, die uns die Jahreszeiten boten. Auf die Idee, den Gärtner zu fragen kamen wir erst gar nicht. Bei schlechtem Wetter versetzten wir sämtliche Bewohner des Schlosses in Angst und Schrecken, weil wir, unserer Entwicklungsphase entsprechend, den Drang verspürten, Verstecken zu spielen und dabei durch die vielen Räume hetzten. Der gutmütige Graf schaute nur etwas irritiert von seinem Schreibtisch hoch, wenn wir zu der einen Tür seines Arbeitszimmer hinein- und zur anderen Tür wieder hinausstürmten.

Zu den Bewohnern des Hauses gehörte auch die Gräfin Finck v. Finckenstein, die Mutter unserer Gräfin. Aus irgendeinem Grunde wurde sie die „alte Exzellenz" genannt. Sie lebte recht zurückgezogen, und ich bekam sie selten zu Gesicht. Einer ihrer Söhne war der Schriftsteller Ottfried Graf Finck v. Finckenstein, an den ich mich schwach erinnere, weil er gelegentlich seine Mutter besuchte. Im Dorf hieß er nur „der Dichter". An einem ihrer Geburtstage rief mich die alte Exzellenz in ihr Zimmer und zeigte mir, nachdem ich artig meine Glückwünsche ausgesprochen hatte, einen Brief ihres Freundes, des Reichspräsidenten und Generalfeldmarschalls Paul v. Hindenburg, der von Gut Neudeck in Westpreußen stammte. Sie kam aus dem Nachbarort Schönberg, dessen Schloß zu den bekanntesten Herrensitzen Ostdeutschlands zählte. So kann ich denn mit Stolz behaupten, daß ich mit sehr berühmten Menschen in Kontakt kam, die wiederum noch weit berühmtere Zeitgenos-

sen kannten. In dieser Zeit lernte ich etwas eingehender den
Gutsbetrieb und dessen Organisation kennen. Neben den Arbeitern, den „Instleuten", gab es die „Scharwerker", ledige junge
Leute beiderlei Geschlechts, die bei den Instleuten lebten. Meistens waren es die eigenen schulentlassenen Kinder. Die Gespannführer waren wegen ihrer Verantwortung für „ihre" vier
Pferde höher angesehene Arbeiter. Sie setzten ihren ganzen
Ehrgeiz daran, ihr Vierergespann in bestem Zustand zu halten
und wollten stolz sein, wenn sie mit Getreide in die Stadt fuhren
und die Leute in den anliegenden Dörfern sich zuriefen: „Da
koome de Schwonsfölder."
Zum Gut gehörten auch Handwerker. Da war zunächst der
muskulöse Schmied, dessen Tätigkeit mich besonders faszinierte. Schon von weitem konnte man den hellen Klang seines
Hammers, mit dem er abwechselnd auf den Amboß und auf das
zu bearbeitende rotglühende Eisen schlug, hören. Vor der
Schmiede, aus deren schwarzem Inneren man die Glut des
Kohlefeuers leuchten sah, standen meistens ein oder zwei Pferde, die beschlagen wurden. Gebannt schaute ich zu, wie der
Schmied in seiner schwarzen Lederschürze den Huf des Pferdes
mit einem scharfen, gebogenen Messer beschnitt und auskratz-
te, ihm danach das rotglühende Hufeisen anpaßte und dabei
gelbgrauer Rauch aufstieg. Ich roch den unangenehmen scharfen Geruch des verbrannten Horns, hörte das Zischen des feurigen Eisens, wenn es im Wasser abgeschreckt wurde, und konnte
mich nicht genug wundern über die gelassene, fast gelangweilte
Ruhe der Pferde, wenn der Schmied ihnen die Stahlnägel durch
die Hufe trieb, ihre Spitzen mit einer Zange abkniff und sie mit
Hammerschlägen umbog. Neben dieser düsteren Werkstatt
stand eine alte hohe Eiche, in deren Geäst eine Glocke hing. Zu
den Aufgaben des Schmieds gehörte es, sie zu Arbeitsbeginn,
zu den Pausen und zum Feierabend zu läuten, denn kaum ein
Gutsarbeiter besaß für den täglichen Gebrauch eine Taschenuhr.
Die wurde höchstens am Sonntag an einer Kette in der Westen-
tasche getragen. Und Armbanduhren für Männer habe ich –
auch bei den wohlhabenden Herren jener Zeit – nie gesehen.

Die gab es wohl gar nicht. Im Gegenteil: Je wohlhabender, desto goldener die Taschenuhr und desto länger die goldene Kette, die sich als Girlande über der Weste wölbte.

Um ein Gut so unabhängig wie möglich von der Außenwelt zu halten, gab es neben dem Gärtner den Stellmacher, der für die Reparatur und Herstellung der Wagen zuständig war. Was der Sattler zu tun hatte, ergibt sich aus seiner Berufsbezeichnung – die Reparatur des gesamten Ledergeschirrs der Pferde gehörte auch dazu.

Eine für den Betrieb besonders wichtige Person war der Schweizer, denn immerhin unterstand ihm die Herde von 70 Kühen, die, wie jeder weiß, glücklich sein müssen, um ihre Euter füllen zu können. Seine Bedeutung war schon daran zu erkennen, daß er neben seinem Lohn zusätzlich einen gewissen Prozentsatz des Milcherlöses erhielt. Nun ist es schlechterdings für eine Person unmöglich, zweimal am Tag eine so große Anzahl von Eutern zu melken. Er hatte deshalb für seine Arbeit die Wahl, a) selber einen oder mehrere Gehilfen einzustellen, oder b) eine Menge Kinder zu zeugen. Mir ist eigentlich nur der letztere Fall bekanntgeworden. Da ich damals die wirtschaftlichen Zusammenhänge nicht durchschaute, folgerte ich: Alle Schweizer haben viele Kinder. Das kommt, so erklärte man mir, vom vielen Milchtrinken, das macht die Männer stark. Schaurige Geschichten wurden mir als Kind von der Stärke und Wildheit der Bullen erzählt. Sie waren deshalb für mich furchterregender als Panzer. So betrachtete ich den Schweizer mit gebührendem Respekt, wenn ich ihn mit seinem Wagen voller Milchkannen zum Melken fahren sah, und hielt einen angemessenen Abstand. Er hatte nämlich den Gutsbullen davorgespannt und – fast unglaublich – ritt dabei auf diesem prallen Ungeheuer, das bedächtigen Schrittes, manchmal etwas brummend, mit einer durchschnittlichen Geschwindigkeit von etwa 2 km/h durch die ostpreußische Landschaft stapfte. Ähnlich den Damen, welche Ringe in den Ohrläppchen führten, trugen die Bullen solche Gegenstände in den Nasen. Während erstere die Ringe von ihren Ehegatten als Schmuck erhielten, bekamen letztere sie von ihren Schweizern verpaßt, um sie gefügig zu machen; für beide sozusagen als Weichmacher gedacht. An den Bullenringen war eine lange Holzstange befestigt, mit deren Hilfe die Schweizer, auf dem Rücken des Bullen sitzend, diese Kolosse leicht steuern konnten. (Daß Bullen nicht nur zum Ziehen der Wagen gezüchtet wurden, sondern auch mit Freuden noch weit wichtigeren, ihren natürlichen Trieben mehr entsprechenden Tätigkeiten nachgingen, wußte ich schon lange.)

Eine weitere, aus den gewöhnlichen Landarbeiten herausgehobene Stellung hatte der Kutscher Rautenberg inne. Er war für die Kutschpferde verantwortlich, die dem Grafen zur persönlichen Verfügung standen. Doch der nahm ihn höchst selten in Anspruch; er fuhr lieber selber täglich mit seinem „Klapperwagen" zu den Vorwerken, um die anfallenden Arbeiten mit dem dortigen Kämmerer, einem vertrauenswürdigen Vorarbeiter, zu besprechen. Ich begleitete ihn oft und half ihm beim mühseligen Sammeln der Feldsteine, die er zum Ausbessern des Gutspflasters benutzte. Hatte er es besonders eilig, ritt er auch dorthin. Nur bei ganz besonders festlichen Gelegenheiten zog Rautenberg eine Art Livree an und fuhr – jeder Zoll ein herrschaftlicher Kutscher – die Familie zur Kirche.

In diesem Zusammenhang sei noch eine Geschichte erwähnt, die sich aber viel später zutrug. Während des Krieges war der Graf eine Zeitlang eingezogen und diente in der Wehrmacht als Major. Wenn er die Möglichkeit hatte, fuhr er an den Samstagabenden nach Hause. Da er es aber verabscheute, den „armen" Rautenberg nach Feierabend zu belästigen, kündigte er seine Ankunft am Bahnhof Wöterkeim nicht an, sondern marschierte die 8 km zu Fuß. Das wiederum mißfiel der Gräfin sehr, und sie schickte den armen Rautenberg trotzdem zu dieser Zeit zum Bahnhof. Notgedrungen mußte unser Graf das Fuhrwerk besteigen und sich wie ein ordinärer Bundesminister oder Manager nach Hause fahren lassen. So ging es nicht weiter. Deshalb entschloß er sich, das nächste Mal den Zug auf dem Bahnhof Korschen zu verlassen und von dort nach Schwansfeld zu gehen. Damit nun kein leicht durchschaubares System in die Rei-

seangelegenheit kam, stieg er mal in Wöterkeim, mal in Korschen aus, überlistete auf diese Weise die Gräfin und ersparte dem armen Rautenberg eine Fahrt zu später Stunde.
Auf keinen Fall darf ich den alten Hegemeister Ehlert vergessen, der einen Schnurrbart à la Graf Zeppelin trug. Auch Clemenceau bevorzugte diesen Bartschnitt. Als junger Mann war er Diener beim verstorbenen Grafen gewesen. Jetzt betreute er den 2000 Morgen großen Schwansfelder Wald. Im Sommer plante und beaufsichtigte er das Pflanzen von Schonungen. Im Winter organisierte er die Treibjagden, zeichnete die Bäume an, die von den Waldarbeitern geschlagen werden sollten, vermaß und registrierte die gefällten Stämme, die anschließend zur Gutssägerei transportiert wurden, und fuhr mit einem Arbeitsschlitten geschnitzelte, mit Häcksel vermischte Rüben zu Futterstellen für das Wild. Natürlich mußte ich auch hier dabeisein, ohne mich ging es damals nicht. Da der Hegemeister im Laufe des natürlichen Alterungsprozesses an Gewicht und Umfang etwas zugelegt hatte, war er mir dankbar, wenn ich ihm das Vermessen und Numerieren der Stämme abnahm, denn da brauchte er sich nicht so oft zu bücken. Er trug nur die Daten in sein Notizbuch ein, wobei er zu meiner Verwunderung immer den Blaustift anleckte. Jugendliche Ungeduld überkam mich, wenn er sich während der Mittagspause zu lange bei den zwei Waldarbeitern aufhielt, die sich unter einer breiten Tanne niedergelassen hatten, um an einem Feuerchen ihren Malzkaffee und ihre klammen Hände zu wärmen. Auch wir beide holten unser gefrorenes Brot hervor, tauten es daran auf und verspeisten es geruhsam. Doch hielt ich es für reine Zeitverschwendung, daß die Männer danach ihre Pfeifen stopften oder einen „Schniefke" nahmen und sich unterhielten.
Interessant wurde es für mich erst wieder, wenn sie die Schleppsäge ergriffen und sich, im Schnee kniend, daranmachten, die nächste Kiefer zu fällen. Zunächst wurde ein Keil herausgeschnitten: In diese Richtung sollte sie fallen. Dann sägten sie von der anderen Seite zügig in den Stamm hinein, was erhebliche Kraft und Zeit kostete. An einer bestimmten Stelle hielten

sie an, setzten einen Eisenkeil in den Schnitt und schlugen mit der stumpfen Seite der Axt darauf ein. Jetzt hieß es für das Publikum zurückzutreten. Plötzlich gab es ein scharfes Knakken in der Wunde, und gleich darauf rauschte der Baum unter mächtigem Krachen dumpf stöhnend zu Boden. Ich war immer ergriffen, wenn ich auf diese Weise einen Baum sterben sah und hörte. Sogleich traten die Arbeiter mit den Äxten an die Leiche und schlugen ihr die Äste und den Wipfel ab. Wir fuhren zur nächsten Futterstelle weiter, wo schon einige geheimnisvolle Rehe mit großen dunklen Augen auf uns warteten. Unterwegs lehrte mich der Hegemeister Hasen-, Reh- und Fuchsfährten zu unterscheiden.

Ehlerts Bruder August war Küster. Vielleicht komme ich langsam in den Ruf eines Angebers, wenn ich sage, daß ich auch ihm bei seiner Tätigkeit half, allerdings nur an Sonntagen beim Läuten der Glocken. Ich erinnere mich besonders an die Beerdigung des Reichspräsidenten v. Hindenburg. Während der Feierlichkeiten am Ehrenmal Tannenberg, wo er unter großer Anteilnahme des ganzen Volkes beigesetzt wurde, läuteten im ganzen Lande die Glocken. Für mich deshalb erinnerlich, weil wir noch nie vorher so lange die Glocken zum Klingen gebracht hatten. Heute weiß kaum jemand etwas von diesem Mann, lediglich Straßennamen erinnern noch an ihn.

Zum Gut gehörten über 200 Menschen. Politiker und Gewerkschaftsfunktionäre bzw. -innen fahren heutzutage in funkelnden Wagen zu Veranstaltungen und beklagen die neue „Armut". Hätten sie gesehen, wie die Gutsarbeiter am Ende der zwanziger Jahre lebten, würden sie ehrlicherweise dieses deprimierende Wort nicht benutzen. Und doch ging es diesen Menschen besser als den einfachen Arbeitern in den Großstädten jener Zeit, die ihr Leben in Not und Elend verbrachten. Instleute auf dem Lande bekamen Deputatlohn, d. h. sie hatten Wohnung, Licht und Heizung frei. Jede Familie erhielt eine Kuh, die im „Leutestall" stand; im Sommer graste sie auf der „Leuteweide". Sowohl für die Kuh als auch für Schweine, Gänse, Hühner und Enten lieferte das Gut die Futtermittel. Der eigene Garten ver-

sorgte sie mit Kartoffeln und Gemüse. Im Gemeinschaftsback-
haus wurde Brot gebacken. Bargeld allerdings war eine Rarität,
deshalb verkauften viele Arbeiterfrauen Eier und selbstgemach-
te Butter an die Bevölkerung der nächsten Stadt, wobei sie
natürlich zu Fuß dorthin liefen. Wer konnte sich schon ein
Fahrrad leisten? Außerdem hätte man Radfahren erst lernen
müssen. Und wer will als erwachsene Frau damit anfangen und
sich womöglich das Genick brechen? Da bekanntlich zur Hüh-
nerproduktion viele Hennen, aber nur sehr wenige Hähne benötigt werden, wurde der überschüssige männliche Nachwuchs
abgeschlachtet und verspeist. In der Hähnchensaison gab es
einen Boom an diesem todgeweihten Federvieh, und meine
Mutter konnte sich kaum vor Angeboten an diesen leckeren
Konsumgütern retten. Gefriertruhen und Kühlschränke für den
Haushalt warteten noch auf ihren Erfinder.
Es sei hier noch erwähnt, daß für die alten Menschen ein besonderes Haus zur Verfügung stand, das „Hospital" genannt wurde.
Wohlhabende Leute meinen oft, Armut sei mit ständiger Trau-
rigkeit verbunden. Ach, sie irren sich. Ich glaube, es wurde
mehr gesungen, gescherzt, gelacht und fröhlicher gefeiert als in
der modernen Wohlstandsgesellschaft. Doch zurück zu meiner
Teilzeitbeschäftigung im Schloß.
Nach zwei Jahren begann Freyer meine Eltern dahingehend zu
beeinflussen, meine Erziehung an anderer Stelle fortzusetzen;
er könne die naturwissenschaftlichen Fächer Physik, Chemie,
Biologie nicht ausreichend unterrichten, außerdem sei ich nicht
genügend gefordert (was ich weit von mir gewiesen hätte).
Hinzu käme, daß zu einer guten Erziehung eine echte Klassen-
gemeinschaft gehöre. Meine Eltern sahen das auch ein; und so
hieß es eines Tages Abschied nehmen von der Wärme des
Dorfes und hineinspringen in das eiskalte Wasser einer neuen
Umwelt.
Niemand kann im einzelnen sagen, welchen Einfluß Personen
und Erlebnisse auf die Entwicklung eines Menschen haben,
doch weiß ich mit Bestimmtheit, daß mein Elternhaus, meine
Freundschaft mit den Arbeiter- und Bauernkindern und deren

Eltern und meine Erziehung im Hause des Grafen v. d. Groeben mich gelehrt haben, was preußische Tugenden sein können: Pflichterfüllung, Bescheidenheit, Zurückhaltung, Selbstbeherrschung, Sparsamkeit, Hilfsbereitschaft und Dienen. Alle diese Tugenden werden heute in Frage gestellt. Doch kann es mir niemand verdenken, wenn ich sie noch immer als erstrebenswerte Ideale betrachte.

Harte Landarbeit

Lassen wir doch einmal unsere Phantasie spielen und stellen wir uns vor, im Jahre 1810 sei ein Bauer wiedergeboren, der 1410 gestorben war. Natürlich hätte er sich über viele Neuerungen gewundert, vor allem über den fabelhaften Fortschritt in der Waffentechnik, doch zu seinem Beruf, besonders zur Erntemethode, hätte er wohl gesagt: „Sieh an, alles beim alten." Vielleicht hätte er anerkennend zur Kenntnis genommen, daß die Sensen besser geworden waren, vielleicht hätten ihm die leichteren Ackerwagen gefallen, und auch die Pflüge wären ihm sicherlich effektiver vorgekommen; doch hätte er sofort in die Hände spucken und anfangen können zu arbeiten, ohne viele Fragen stellen zu müssen, denn das Korn wurde 1810 genauso wie 1410 von den Männern mit der Sense gemäht, von den Frauen zu Garben gebunden, in Hocken gestellt und mit Pferdewagen eingefahren. Nichts Wesentliches hatte sich in den langen 400 Jahren verändert, in denen er sich im Grabe ausruhte. Doch welche umwälzende Revolution hat sich in der Landwirtschaft in dem kurzen Zeitraum der letzten 60 Jahre vollzogen. Mein Großvater wäre starr vor Staunen. Sicherlich können Fachleute bis auf zwei Stellen hinter dem Komma genau ausrechnen, wie viele 100 Arbeitsstunden durch eine moderne Maschine gespart werden; aber leider werden sie nie erforschen, wie viele Hektoliter Schweiß bei der Anwendung eines Mähdreschers n i c h t vergossen wurden, von den Schwielen an den Händen ganz zu schweigen.
Ich habe noch als kleiner Junge in Ostpreußen gesehen, wie die 15 oder 20 Gutsarbeiter, hintereinander nach rechts gestaffelt, ein Roggenfeld mähten, wie sie in gleichmäßigem Schwung die Sense durch das Getreide zogen, ruhig und rhythmisch, den

Oberkörper ihrem Schritt angepaßt, hin und her wiegend, habe erlebt, wie die mannshohe Mauer von Halmen vor ihnen bei jedem Schritt rauschend niedersank, in Schwaden zur Seite fiel und das Stoppelfeld hinter ihnen freigab. Welche Kraft und Harmonie ging von diesen arbeitenden Menschen aus! Dann und wann hält der vorderste Mann inne, richtet sich auf, und die anderen folgen seinem Beispiel. Sie holen das Strichholz aus ihrem Gürtel und schärfen sorgfältig ihre Sensen, den linken Arm auf die stumpfe Kante gelegt. Ich höre noch heute den schleifenden Klang des Metalls. Dann stecken sie das Strichholz zurück, wischen sich den Schweiß von der Stirn, der Vorarbeiter gibt ein Zeichen, und wieder fallen die Männer gemeinsam wie einzelne Glieder eines Ganzen in den ruhigen, rhythmischen Schwung des Mähens. Und das Feld ist so breit und lang! Die Frauen binden die Schwaden mit einer Handvoll gedrehter Halme zu Garben. Bücken, Aufsammeln, Binden, Bücken, Aufsammeln, Binden. Bei der Gerste sind Disteln dabei, die Hände und Arme sind zerkratzt, es ist heiß, der Schweiß rinnt, und doch ruft man sich Scherzworte zu. Es ist halb vier, barfüßige Kinder kommen mit Körben, und die Arbeitenden setzen sich auf den Garben in einem Kreis zusammen. Kaffeepause. Große belegte Brote werden ausgepackt, Flaschen mit Malzkaffee oder Saft geöffnet, und man ißt und trinkt. Beim Essen wird erzählt, gefragt, gescherzt, gelacht. Die Kinder spielen Greifen, fallen hin, rangeln sich, setzen sich neben Vater oder Mutter und plappern. Auf den Stoppeln schreitet gelassen ein Storch und sucht nach aufgeschreckten kleinen Fröschen. Über allem der Geruch frischgemähten Getreides. Der Vorarbeiter erhebt sich, die Frauen schließen die Flaschen mit Korken, decken die Körbe zu und schicken die Kinder nach Hause. Und weiter geht das Mähen und Binden, Rhythmus und Schwung, Bücken und Aufrichten.
Und sind die Gutsarbeiter und ihre Frauen, die Instleute, zum Feierabend nach Hause zurückgekehrt, dann ist die Arbeit noch lange nicht beendet. Die eigene Kuh muß gemolken, das Schwein und das Geflügel gefüttert, die Kinder versorgt wer-

den. Nach dem Abendessen stopfen, flicken und waschen die Frauen, während die Männer draußen vor dem Haus ihre Sensen dengeln, indem sie auf einer eisernen Unterlage die Scharten ausklopfen. Der helle Klang der Hämmer übertönt das beginnende Quaken der Frösche im Teich. Die Störche auf dem Kirchturm klappern gelegentlich, im Stall erzählen sich die Enten und Gänse noch etwas, bevor sie ihre Köpfe unter die Flügel stecken und einschlafen. Mauersegler jagen schwirrend durch den goldenen, weichen Abendhimmel auf der Suche nach Insekten. Wenn die Zeit des Mähens und Dengelns vorbei ist, sägen die Männer abends auf den Schragen die schweren Holzkloben, die sie als Deputatfeuerung vom Gut erhalten haben. Wenn das Geräusch des Sägens verstummt, beginnt das Krachen des Holzhackens, denn der Herd frißt täglich Körbe voll Holz zum Kochen und Waschen, und welche Mengen erst der Kachelofen im langen Winter! Deshalb ist es nötig, einen großen Vorrat anzulegen, der kunstvoll in hohen Diemen am Haus gestapelt werden muß. Drüben sitzt Opa Puck auf einem bockähnlichen Gestell, in das er ein flaches Stück Holz eingespannt hat, und fertigt Holzpantinen (Schlorren oder Klumpen) für die Familie an. – Erst beim Dunkelwerden verstummen die Abendgeräusche, zieht Stille in das Dorf ein.

Es gibt keine scharfe Trennung zwischen Arbeit und Freizeit. Tätigkeit und Muße gehen unmerklich ineinander über, und weder bei dem einen noch bei dem andern zerstören Hektik, leere Betriebsamkeit oder die Jagd nach der Fata Morgana eines imaginären Glücks die Harmonie des Lebens.

Kinderarbeit ist verboten. Aber was bedeutet Arbeit für ein Kind? Es kann doch nicht eine Tätigkeit sein, die man sich sehnlichst erwünscht, auf die man sich schon lange vorher gefreut hat, die man von Eltern oder Nachbarn erbettelt. Das kann doch nicht Arbeit sein.

Ich bin acht Jahre alt, wir haben Sommerferien, und ich trabe leichten Herzens im Dorf umher. Die Welt gehört mir. Da ruft mich Heinz Mäkelburg, der Bauer von nebenan, herbei und sagt: „Wenn de wöllst, kannst morje bi ons wiederfahre." Das

Glück ist vollkommen. Weiterfahren, ich darf weiterfahren! Ich
stürme nach Hause und berichte meinen Eltern atemlos die unglaubliche Neuigkeit. Meine Mutter lächelt, streicht mir über
die Haare und fragt: „Wirst du das auch können?" Ich bin
beleidigt. „Ich und nicht können?! Ich bin doch schon acht."
Als am nächsten Morgen die taunassen Felder von der Sonne
abgetrocknet sind, sitze ich mit zwei Frauen und einem Arbeiter
auf dem langen Leiterwagen, der Ladebaum, der später das
Fuder zusammenhält, liegt in der Mitte, zwei Forken daneben.
Die zwei Hinterpferde sind schon angespannt, Heinz – die
lange Leine um den Nacken gelegt – führt die beiden Vorderpferde an das Deichselende und hakt die Bracke (Querholz) mit
den zwei Schwengeln über. Er steigt auf das Sattelpferd, nimmt
die Peitsche aus dem Ledergeschirr des Nebenpferdes, knallt
einmal kräftig, daß die Hühner verschreckt gackern, und fährt
mit einem scharfen Ruck an. Die Frauen juchen auf und
schimpfen lachend. Genau das hatte er beabsichtigt. Die vier
Pferde traben, Heinz hebt sich rhythmisch im Einklang mit der
Bewegung seines Wallachs vom Sattel. Der Weg ist holperig, es
„stukert", so daß wir uns mit beiden Händen festhalten müssen.
Hinter uns folgt Gustav, der Instmannssohn, mit der großrädri-
gen Hungerharke. Lotte, die Stute, ist zu alt, um im Gespann zu
gehen, die Harke kann sie aber noch ohne große Anstrengung
ziehen. Wir biegen auf das Feld, auf dem die Hocken wie
Soldaten in langen Reihen stehen, die Ähren der Garben wie
voll Trauer zur Seite geneigt. Heinz fährt zwischen die ersten
zwei Garbenreihen. „Brrr." Halt. Der Arbeiter zieht den Ladebaum vom Wagen, befestigt ihn mit einem Seil am hinteren
Ende, so daß er beim Fahren nachschleppt. Nun kommt der
große Augenblick: Heinz hilft mir in den Sattel. Oh, wie ist das
hoch, und wie breit ist der Rücken des Pferdes! Ich reiche mit
den Füßen nicht in die Steigbügel und sitze wie auf einem
großen Faß. Macht nichts. Jetzt die Zügel des Sattelpferdes und
die Leine der Vorderpferde in die Hand und umgeschaut. Die
beiden Männer, jeder auf einer Seite, haben schon mit dem
Aufstaken der Garben begonnen, die Frauen packen sie auf den

Wagen, die Ähren nach innen. „Fertig", sagt Heinz. „Jüä", rufe ich laut und stoße leicht mit den Beinen gegen den runden Bauch des Pferdes. Und tatsächlich, die großen, starken Tiere gehorchen mir, setzen sich in Bewegung, tun genau das, was ich von ihnen verlange. Fahre ich auch richtig? Sind wir nicht ein bißchen weit nach links gekommen? Ich ziehe etwas an der Leine der Vorderpferde, willig folgen sie meinem Zeichen. Ich wünschte, meine Eltern könnten mich jetzt sehen. Und meine Freunde auch. Oder die Leute aus der Stadt. Die würden aber staunen!

Je weiter wir in das Feld eindringen, desto höher wird die Ladung Getreide, die Männer müssen sich schon strecken, um den Frauen da hoch oben die Garben zuzureichen. Ist das Fuder womöglich schief geladen? Die Wege sind voller Schlaglöcher, der Wagen kann ins Schaukeln kommen und dabei leicht umkippen. – So nun ist's genug. Heinz hebt mit der Forke das eine Ende des Ladebaumes auf das Fuder, die Frauen ziehen ihn weiter nach vorne. Jetzt liegt er richtig und wird mit Seilen am Wagen festgezurrt. Die Männer und ich lachen, als die Frauen in ihren Röcken juchend vom Fuder rutschen und dabei mehr Bein zeigen als es in unserem Dorf schicklich ist. Während Heinz noch einmal um den Wagen geht und die Ladung prüft, steige ich vom Pferd. Plötzlich kommt mir das Gehen komisch vor, meine Beine scheinen breiter auseinander zu stehen als vorher. Sollten das „Reiterbeine" sein, von denen ich gelesen hatte?

Heinz besteigt das Sattelpferd, ergreift die Peitsche, „jüä", und kräftig stemmen sich die Pferde in die Sielen und ziehen den schweren Wagen nach Hause in die Scheune, wo vier andere Frauen warten, um die Garben in die Fächer zu packen. – Wir halten Ausschau, und da kommt auch schon der nächste leere Wagen im Trab aufs Feld gefahren mit Fritz im Sattel. Und ich darf erneut weiterfahren, den ganzen Tag und morgen auch!

So wie Arbeit und Freizeit der Erwachsenen unmerklich ineinander übergingen, so wuchsen wir Kinder allmählich aus dem Spiel in die Arbeit. Es gab keinen Bruch zwischen Schulzeit und Erwachsenenwelt, kein Abkapseln oder gar Gegeneinander der Generationen. Und das nenne ich immer noch „Heile Welt".

Ideologische Verführung

Ein ostpreußischer Dorfjunge wird Hitlers Pimpf

Obwohl am Ende der zwanziger Jahre in Berlin, der Hauptstadt Deutschlands, die Stürme der Politik das Fundament des Reiches fast zum Einsturz brachten, war äußerlich in unserem kleinen Dörfchen, sternenweit von Berlin entfernt, davon fast nichts zu bemerken.

Lkw-Kolonnen, besetzt mit fanatischen Kampfgruppen der verschiedenen Parteien, mieden unseren staubigen, löcherigen Dorfweg, der auch für das Austragen von blutigen Straßenkämpfen denkbar ungeeignet gewesen wäre. Der markige Aufschrei: „Deutschland erwache!" hätte nur das Geflügel aufgeschreckt, denn wie eh und je belebten neben Ernte- und „duftenden" Mistwagen nur freundliche Enten, majestätisch schreitende Gänse und kratzende Hühner das friedliche Straßenbild. Die einzigen gewalttätigen Auseinandersetzungen waren gänzlich unpolitischer Natur und fanden gewöhnlich einmal im Jahr aus Anlaß des Ernteballes im Saal des Dorfkruges statt, wenn die jungen Landarbeiter, die Scharwerker, durch ungewohnten Alkoholgenuß in ihrem Selbstgefühl gestärkt, handgreiflich um die Gunst einer attraktiven Marjell warben. So brauchte der Dorfpolizist, der ohnehin selten an Arbeitsüberlastung und Aktenstreß litt, nicht häufiger als sonst in Aktion zu treten. Und wie eh und je bestimmten die Jahreszeiten, das Wetter und die Gesetze des Wachsens und Erntens der Feldfrüchte das schwere Leben der Bauern oder der Landarbeiter des Gutes.

Doch ein wenig schlugen die hohen Wogen der Politik von Berlin, wenn auch in abgeschwächter Form, als kleine Wellchen an unser Ufer. Das konnte sogar ich als Sechsjähriger wahrnehmen.

Auf der unserem Haus gegenüberliegenden Straßenseite befand sich ein roter Ziegelbau, der die Kühe und Pferde des Bauern Mäkelburg beherbergte. Immer häufiger wurden dort, gut sichtbar, Wahlplakate angeklebt. Sie zeigten nicht, wie unsere heutigen Poster, die sympatischen, vertrauenswürdigen, ehrlichen, gütigen und intelligenten Riesengesichter der Kandidaten, die auch dann noch lächeln, wenn das Papier schon vom Regen aufgeweicht und zerrissen ist, sondern es waren stilisierte Zeichnungen von kühnen Arbeitern, kräftigen Bauern oder entschlossenen Männern in Uniform, die den Wähler kategorisch aufforderten, die Liste 1, 2, 3, 4, 5 oder 6 zu wählen. Wenn nicht, dann: Armes Deutschland.

Eines Tages kehrte ich vom Spielen nach Hause zurück. Vor der Haustür stand mein Vater und schaute verdrießlich auf Mäkelburgs Stallwand, wo wieder einmal Wahlplakate klebten, diesmal allerdings nur zwei. – „Na, was hast gemacht?" „Schwenteks Jungens haben ein Hornissennest im Kruschkebaum ausgeräuchert." „Hast mitgemacht?" „Nein, bloß zugeguckt." Damit war das Vorspiel zu Wichtigerem beendet. „Hör mal, mein Jung", sagte mein Vater flüsternd und zu mir heruntergebeugt, als wolle er mir ein Geheimnis anvertrauen, „geh in den Stall und hol die Harke. Dann lauf rüber zum Kuhstall von Mäkelburgs und kratz das Wahlplakat da ab." Irgendwie spürte ich: Das ist ein besonderer Auftrag, sonst hätte er nicht geflüstert. Er ging ins Haus und ich rannte los, um die Harke zu holen. Das Entfernen des Plakates war gar nicht so einfach. Doch von der Bedeutsamkeit der Aufgabe durchdrungen, kratzte ich wie wild darauf los, und endlich war von der Liste 3 nichts mehr zu sehen. Freudig und in Erwartung eines Lobes rannte ich zu meinem Vater ins Haus und meldete: „Das Plakat ist ab, Papa." „Schön, mein Sohn." Er trat mit mir vor die Tür, und ich zeigte mit der Harke auf den Kuhstall. Vater schlug die Hände zusammen und rief mit gequältem Lachen: „Oh, Gott, Jung! Was hast gemacht? Du hast das falsche Plakat abgerissen." – Ja, damals wie heute wurde und wird das politische Verständnis der Jugend überschätzt.

Ich erinnere mich an weitere kindliche Kontakte mit der Politik
jener Tage. Meine Eltern waren mit dem Dorfpfarrer und seiner
Ehefrau befreundet. Da alle vier Personen politisch sehr interessiert waren, erlebten sie damals aufregende Zeiten, denn die
Politiker brachten das Kunststück fertig, die Regierungen so
häufig zu stürzen, daß alle paar Monate Reichstagswahlen abgehalten werden mußten. Dazu kamen noch die Wahlen des
Reichspräsidenten. Ich liebte diese politisch chaotischen Zu-
stände, denn an den Wahlabenden luden meine Eltern ihre
Freunde ein, und ich durfte bei dieser Wahlparty länger aufblei-
ben.

Heute sind die Ergebnisse zwei Stunden nach der Wahl bekannt,
der Bürger kann erfreut oder deprimiert den Fernseher zu einem
Krimi umschalten. Aber welch eine Spannung in unserer Wohnung damals, wenn im Radio (meine Eltern gehörten zu den
ganz wenigen Familien im Dorf, die ein Radio besaßen) der
Reichssender Königsberg die Musik unterbrach und die ersten
Teilergebnisse der großen Städte verkündete! Die Erwachsenen
saßen dicht am Apparat, meine Mutter sagte: „Pscht", und der
Pfarrer schrieb die Zahlen mit. Ich verstand von alledem fast
nichts, freute mich aber, wenn sich die Männer bei den Ergeb-
nissen von Breslau gegenseitig auf die Schultern schlugen,
wurde bekümmert wie die Großen, wenn die Leipziger falsch
gewählt hatten, war verblüfft, wenn der Pfarrer bei den Stim-
menzahlen der Hamburger leise „Schiet" sagte und bei der folgenden Musik mürrisch weiter addierte. Den Dresdenern und
Würzburgern war ich besonders dankbar, denn nach der Durch-
sage ihrer Ergebnisse schenkte mir mein Vater ein Glas von
meinem Lieblingsgetränk, grüne Waldmeisterbrause, ein, weil
er so begeistert über deren Votum war. Leider mußte ich viel zu
früh zu Bett, ich hätte den sonst so zurückhaltenden Großen
noch gerne viel länger bei ihren Gefühlsausbrüchen zugeschaut.
Am nächsten Tag fragte ich: „Haben wir gewonnen, Papa?"
„Noch nicht, mein Junge." Ich war Optimist und gab die Hoff-
nung nicht auf.

Mein Vater war, wie fast alle Kriegsteilnehmer des Ersten Welt-

krieges in unserer Gegend, Mitglied des „Stahlhelm", einer Organisation, die sicherlich in den Städten des Reiches viel Einfluß hatte, sich bei uns aber nur darauf beschränkte, gelegentlich Bierabende zu veranstalten und einmal im Jahr am Kriegerdenkmal ihrer gefallenen Kameraden zu gedenken.
Etwa zu jener Zeit erschienen eines Tages zwei Unteroffiziere der Reichswehr im Dorf, ein unerhörtes Ereignis für mich, denn bei 100 000 Mann im ganzen Reich verirrten sich nicht oft Soldaten in unsere stille Abgeschiedenheit. Und um die Sensation perfekt zu machen, versammelten sich am späten Nachmittag über ein Dutzend junger Männer im Saal des Kruges und erhielten an vier Tagen eine Ausbildung in der Handhabung von Karabinern und Maschinengewehren. Welch ein Abenteuer! Nach einigem Betteln erlaubte mir Vater, den Übungen zuzusehen. Ganz besonders faszinierte mich das Exerzieren am Maschinengewehr und das Auseinandernehmen und Zusammensetzen des Schlosses. Ich ließ keine Handbewegung des Unteroffiziers aus den Augen. Als sich einmal ein junger Bursche ungewöhnlich schusselig dabei anstellte, fragte er mich: „Na, Kleiner, kannst du das denn?" „Jawoll, Herr Unteroffizier!" „Na denn man ran!" Und in Null komma nix hatte ich das Schloß auseinandergenommen und wieder zusammengesetzt. Nach heutigen Erkenntnissen machte sich also bei mir schon früh eine natürliche Begabung für das Kriegerhandwerk bemerkbar.

Die „Machtergreifung" Hitlers am 30. Januar 1933 bewirkte zunächst keinerlei sichtbare Veränderung im alltäglichen Leben des Dorfes. Es gab keine „braunen Horden", die rachsüchtig durch die Gegend zogen. Die Menschen arbeiteten in derselben einfachen Weise wie seit Jahrhunderten, und der Storch verkündete wie immer im Frühling seine Ankunft auf der Kirche durch lautes Klappern. Doch die Verführung kommt auf leisen Sohlen. Allmählich wurde es üblich, mit „Heil Hitler" zu grüßen, und bald fand man es nicht lächerlich, wenn es im Kaufmannsladen hieß: „Heil Hitler, ök wöll e Pundke Blotworscht." Eines Tages sah ich den ersten kleinen Trupp junger SA-Männer singend auf dem Sportplatz umhermarschieren. Ihre braunen Uniformen gefielen mir ganz und gar nicht, das schlichte Grau der Reichswehr kam mir würdiger vor. Diese Männer hatten aber nichts Bedrohliches an sich, denn ich kannte sie alle als fröhliche und freundliche Bauern- und Landarbeitersöhne, mit denen ich so manchen Spaß erlebt hatte.

Jetzt gab es auch schon dann und wann Parteiversammlungen im Saal des Dorfkruges, bei denen ich als kleiner neugieriger Steppke zuschauen durfte. Zu Beginn der Veranstaltung kommandierte der dicke, grimmig dreinschauende Ortsgruppenleiter, den Daumen der linken Hand unter das Koppel geklemmt, das die gelbe Uniformjacke wie ein Faßreifen umspannte: „Fahne hoch – Fahne marsch!" und schon stampfte der Fahnenträger, begleitet von zwei Mann, aus dem Vorraum des Saales durch die Reihen des ländlichen Publikums, das angesichts der Fahne aufstand und willig die rechte Hand zum „deutschen Gruß" hob. Als die Fahnenmänner das Rednerpult erreicht hatten, trampelten sie eine Weile auf der Stelle, was mir besonders lächerlich vorkam. Wie kann man treten, ohne sich vorwärts zu bewegen? Dann hieß es: „Fahne halt, links um, Fahne ab." Den „deutschen Gruß" nahm ich ohne großes Staunen zur Kenntnis, ich hielt ihn für eine Art Geste, so wie das Falten der Hände beim Beten in der Kirche. Außerdem war das Grüßen im Winter bequemer, man brauchte nicht dauernd die Mütze abzunehmen, wenn man einem Erwachsenen begegnete.

Der Herr Ortsgruppenleiter hielt nun seine Rede, von der ich nichts verstand, in der aber viel vom Kämpfen die Rede war. Ich mochte den dicken Kerl mit seinem Doppelkinn nicht leiden, widersprach er doch völlig dem Bild, das ich mir aus Fotos von einem Frontkämpfer gemacht hatte. Da war der Hitler doch ein ganz anderer Mann: vier Jahre Weltkrieg an der Front, Meldeläufer, verwundet, Eisernes Kreuz erster Klasse! Alle Achtung! 1934 durfte ich endlich mit 10 Jahren in das „Jungvolk", die Kinderorganisation der Partei (NSDAP), eintreten und stolz die

Uniform mit der Siegesrune (einem Blitz) am Ärmel anziehen, darüber ein Stoffdreieck mit der Aufschrift „Ost-Ostland". Am schönsten aber war das Fahrtenmesser am Lederkoppel. Auch das dunkle Halstuch, von einem Lederknoten gehalten, sah gut aus.

Die Verführung kommt nicht nur auf leisen Sohlen, sie schmeckt auch süß.

Das „Jungvolk" war streng hierarchisch organisiert, die kleinste Einheit war die „Jungenschaft", die aus zehn „Pimpfen" bestand und der Befehlsgewalt eines Jungenschaftsführers (mit Führerschnur) unterlag; in meinem Falle war es ein 12 Jahre alter Bauernsohn aus dem Nachbardorf. Alle meine Schulkameraden über 10 Jahre waren nun auch zu Pimpfen avanciert. Einmal in der Woche hatten wir nachmittags auf dem Sportplatz „Dienst", wo wir marschieren und Singen lernten. „Es zittern die morschen Knochen", schallte es begeistert von unseren Kinderlippen. Wessen Knochen da zittern sollten, war mir egal, nur morsch mußten sie sein. Natürlich stand das Horst-Wessel-Lied, die zweite Nationalhymne, als wichtigstes Liedgut auf dem Lehrplan. Darin befand sich eine Zeile, der ich meine eigene Auslegung gab, obwohl sie ganz anders gemeint war. Da hieß es: „Kameraden, die Rotfront und Reaktion erschossen, marschiern im Geist in unsern Reihen mit." Ich faßte die Sache wegen der verrückten Grammatik so auf, daß die Kameraden – also wir – laut aufgerufen wurden, die Rotfront und Reaktion zu erschießen. Dies zu tun, war ich mit 10 Jahren auch gerne bereit. Was allerdings „Rotfront" und „Reaktion" bedeuteten, davon hatte ich nicht die geringste Ahnung. Höchstwahrscheinlich waren es äußerst böse Menschen. Und was von dem Rest der Zeile „marschiern im Geist" zu halten war, wußte ich auch nicht. Darüber machte ich mir allerdings keine Sorgen, war ich es doch von den alten Kirchenliedern gewohnt, mir unverständliche Sätze zu singen. Was sollte ich schon mit der Aufforderung im Gesangbuch anfangen: „Befiehl du deine Wege"? Später habe ich, wann immer sich die Gelegenheit ergab, dagegen gekämpft, unverständliche, mit Emotionen beladene, Haß oder

Begeisterung erzeugende Wörter zu benutzen. Vergeblich, wie man weiß; sie vermehren sich auch unter Demokraten immer rasanter.

Im selben Jahr bemerkte ich ein deutliches Abkühlen des Wohlwollens meines Vaters für Hitler. Das hatte anscheinend etwas mit dem SA-Führer Ernst Röhm zu tun, der geputscht hatte und erschossen worden war, soviel war mir klar. Aber immer, wenn er mit seinen Freunden in meiner Anwesenheit über Politik zu sprechen begann, sagte er lächelnd zu mir: „Jung, geh in die Küch' und sieh nach, ob das Feuer im Herd brennt!" Dann wußte ich, daß ich offiziell zur unerwünschten Person erklärt worden war und verduftete. Kinder müssen nicht alles hören, besonders, wenn sie lange Ohren haben. Auch schien unser Pfarrer in politische Schwierigkeiten geraten zu sein; für einige Zeit war er aus dem Dorf verschwunden, und meine Eltern redeten so komisch um den Brei herum, wenn ich sie danach fragte. Und bald erschien er ja auch wieder und predigte wie immer.

Und Juden? Das sollten auch böse Menschen sein, hatte ich von irgendwem gehört, aber davon gab es keine in unserem Dorf, wie ja überhaupt Bösewichte in unserer Gegend nicht vorkamen.

Doch es mehrten sich auch die Anzeichen, daß es den Menschen wirtschaftlich besser ging und die entsetzliche Armut allmählich geringer wurde. Immer mehr Kinder trugen im Winter feste Schuhe statt der Holzschlorren, mit denen man im Winter allerdings auf dem Eis besser schlorren konnte. Fast jedes Kind konnte mit einem eigenen Schlitten rodeln, die Kleidung wurde besser, und fast jede Familie besaß ein Fahrrad und sogar ein Radio, Marke Volksempfänger. Kleine Mädchen standen abends nicht mehr mit einer Kanne beim Krugwirt an, der auch eine Fleischerei betrieb, um gratis Wurstsuppe, das heiße, leicht fettige Wasser, in dem die Würste gekocht werden, abzuholen. Und es dauerte auch nicht lange, da knatterten die ersten Traktoren, Marke Bulldog, mit den Pflügen über die Felder oder zogen die ersten Selbstbinder durch den reifen

Roggen. Ja, einige Bauern benutzten nun sogar statt des Einspänners für die Fahrt in die Stadt das neue Automobil, Marke Opel P 4.

Die Einführung der allgemeinen Wehrpflicht wurde nicht nur von uns Jungs begrüßt. Man fühlte sich am Rande des Reiches in Erinnerung an den Einfall der russischen Armeen 1914 nicht mehr ganz so bedroht. Im Gefolge der Wehrpflicht setzte die Wehrmacht im Sommer nach der Ernte Manöver an. War ein solches Ereignis in unserer Gegend angesagt, herrschte im Dorf helle Aufregung, denn dann gab es eine Einquartierung. Das bedeutete, daß die Soldaten einer Einheit auf die Häuser verteilt wurden und während einer zweitägigen Manöverpause bei den betreffenden Familien lebten. Welch ein Freude für alle! Es wurde jegliche Art von Geflügel geschlachtet („die Soldatchen haben Hunger") und Kuchen gebacken wie für die Hochzeit des einzigen Sohnes. Die konfirmierten Mädchen überprüften kritisch ihre Sonntagsgarderobe und brannten sich mit heißen Scheren Locken in ihre schönen Haare. Ich weiß von Fällen, in denen einige Familienväter zum Bürgermeister rannten und sich empört beschwerten, daß sie keinen Soldaten abbekommen hatten.

Und dann rückte sie ein, die Kompanie. Wir Jungen standen mit offenen Mündern am Straßenrand und tranken das seltene aufregende Bild in uns ein. Ich ließ „unsere" Soldaten nicht aus den Augen und genoß ihren Geruch von Leder und Schweiß. Abends gab es dann den Höhepunkt der Einquartierung, den Manöverball. Auf einer von Bäumen umgebenen Viehweide wurde eine Tanzfläche angelegt, eine Musikkapelle aus Bartenstein kam angereist, und der Krugwirt stellte unglaubliche Mengen an Bier und Schnaps parat. Schon am Nachmittag erschienen die gastgebenden Arbeiter und Bauern mit ihren Frauen, erwartungsfrohen Töchtern und hochwillkommenen Gästen, die gar nicht wußten, wie ihnen geschah. – Tusch, Begrüßung, Tanzbeginn: „Lore, Lore, Lore, Lore, schön sind die Mädchen von 17–18 Jahr." Ja, das fanden die Soldaten auch, als sie dieselben im Arm hatten, und sangen lauthals mit. Die einheimischen Jungmänner in Zivil hatten natürlich angesichts der vielen Uniformen und Tressen schlechte Karten bei der Weiblichkeit und hielten sich mißmutig an den Getränken schadlos. Das Fest war gerade im Begriff, so richtig in Schwung zu kommen, als plötzlich eine Stimme neben mir sagte: „Ab ins Bett, mein Junge!" Mutter hatte mich gefunden. Ich hätte mich besser verstecken sollen. Schade, zu gerne hätte ich doch gewußt, wie es weiterging. Heute kann ich es mir denken.

Die wirtschaftliche Lage auf dem Lande wurde natürlich Adolf Hitler, dem neuen Reichskanzler, zugeschrieben, und die warmherzigen Ostpreußen, vor allem die Frauen, sprachen schon bald von „unserm Führerche" oder „unserm Adolfche", der alles zum Besseren gekehrt hatte. Auf den ist Verlaß.

Als ich 12 Jahre alt war, organisierte die „Hitlerjugend" eine Fahrt an den Rhein, und ich durfte mit. Westdeutschland mit den Städten Köln, Düsseldorf, Bonn, das war für die Menschen unseres Dorfes, in deren Wortschatz die Vokabel „Urlaub" nicht vorkam, wie ein fremder Kontinent, und eine Fahrt dorthin glich einer Expedition in unbekannte exotische Länder. Nun durfte ich die große weite Welt sehen.

Eine Woche lang wanderten wir mit dem „Affen" (Tornister) auf dem Rücken durch die Eifel und trafen mehrmals mit gleichaltrigen englischen Pfadfindergruppen in Jugendherbergen zusammen. Trotz der Sprachschwierigkeiten fühlten wir uns sofort mit ihnen verbunden, trugen sie doch ebenfalls Uniformen, marschierten sie doch wie wir diszipliniert unter einem flatternden Wimpel durchs Land. Wir sangen uns abends unsere Volkslieder vor und schworen beim Abschied feierlich, nicht so dumm wie unsere deutschen und englischen Väter zu sein und vier Jahre lang aufeinander zu schießen. Nein, wir werden es besser machen als die verknöcherte alte Generation. Frieden und Freundschaft, peace and friendship, das ist die Parole der Jugend, der ja, wie der weise Hitler sagt, die Zukunft gehört. Und ich, Joachim Gronau, werde Hitler helfen, eine neue, gesunde Welt zu schaffen, und sollte er auch Opfer von mir verlangen. Ach, wie ist es schön, in dieser Zeit zu leben!

Drei Jahre später, nur drei Jahre später, begannen die Kanonen zu sprechen, begann das Töten und Leiden von Millionen, begann der Untergang meines stillen, friedlichen Dorfes und des Deutschen Reiches. Für mich persönlich fing alles mit dem Abkratzen des falschen Wahlplakates vom Kuhstall an.

„Zu Kruppstahl geschmiedet"

Der Nachschlag, den Jeddam als Tischdienst für uns von der Essensausgabe am Ende des großen Speisesaales geholt hatte, reichte noch nicht einmal für alle am Tisch, obwohl Gehrmann, unser Zugführer, großzügigerweise auf einen zweiten Teller Erbsensuppe verzichtet hatte. Jeddam hieß eigentlich Jedamczik und war ein gutmütiges Luder. Er kam aus Masuren und hatte einen kugelförmigen Kopf, weshalb wir ihn auch manchmal Football nannten. Deutsch war damals noch kein Wort, dessen man sich schämen mußte, und der Name Jedamczik klang doch allzu slawisch. Deshalb ließen seine Eltern ihren Namen eindeutschen, und eines Tages hieß unser Football „Hellmann". (Zur selben Zeit ließen viele Amerikaner ihre deutschen Namen anglisieren.) Gehrmann war Studienassessor und unser Klassenlehrer, doch da die Klassen „Züge" genannt wurden, war er unser „Zugführer". Alle Zugführer, ob verheiratet oder nicht, nahmen zusammen mit ihren Zügen das Mittagessen im Speisesaal ein.

Zwar hatten wir noch Hunger – so richtig satt waren wir eigentlich nie –, die Stimmung aber war heiter und ausgelassen, denn es war der erste Schultag nach den Sommerferien, und alle waren glücklich, wieder beim alten Haufen, inmitten der Freunde, zu sein. Wir befanden uns in dem Alter, in dem man glaubt, daß Schulfreundschaften ewig halten würden, in dem man sich unvollkommen fühlt, wenn man nicht von vielen gleichaltrigen Freunden umgeben ist. Man braucht die Gemeinschaft Gleichgesinnter wie der Fisch das Wasser. Wie schön, daß sie alle wieder da waren: der Alfred, der Theo, der kleine Prüß und der lange Sigi. Selbst über Werner freute ich mich, obwohl ich ihn sonst eigentlich gar nicht leiden konnte.

Und in das laute Stimmengewirr der 400 fröhlichen Jungen hinein klang plötzlich Klaviermusik. Wir verstummten und schauten zu dem niedrigen Podest an der Fensterseite des Saales, auf dem ein Flügel stand. Davor saß Bahr, unser Musikerzieher. Freudig erregt warteten wir die Einleitung zu dem Lied ab, das wir alle mochten und fielen nun lauthals ein: „Hoch auf dem gelben Wagen . . ." Herrgott, ist das schön! Ich war stolz darauf, dieser Gemeinschaft anzugehören, Jungmann der „Nationalpolitischen Erziehungsanstalt" in Stuhm (Westpreußen) zu sein. Mit Jungs wie uns mußte es doch gelingen, ein besseres, saubereres Deutschland aufzubauen! Wir jedenfalls waren zu jedem Opfer bereit. – Bahr leitete zu einem neuen Lied über. Was kam nun? Aha, „Winde wehn, Schiffe gehn . . ." Wir konnten gar nicht genug davon bekommen, und so sangen wir fast eine Stunde lang begeistert hintereinander weg. Unser Repertoir an Liedern war unerschöpflich.

Auf unseren Stuben hielt die Stimmung an, und da heute nachmittag unterrichtsfrei war, beschlossen Eberhard und ich, mit unseren zwei Jollen auf dem Stuhmer See zu segeln.

Eberhard war ein fröhlicher, impulsiver Draufgänger. Da er jedoch dem Unterricht kein fruchtbares Interesse abgewinnen konnte, steckte er ständig in Schwierigkeiten mit seinen Zensuren. Nun gab es bei uns kein Sitzenbleiben, bei schlechten Leistungen drohte der Abgang von der Anstalt. Dieses Schwert des Damokles zwang ihn zu sporadischen Anfällen von Fleiß, und er lavierte immer so, daß er – im Kompromiß zwischen Faulheit und Zwang – dauernd am Rande einer Katastrophe schwebte. So waren z. B. vor der Osterversetzung seine taktischen Pläne dadurch zunichte gemacht worden, daß der Gegner unerwartet zum Angriff angesetzt hatte . . . „Morgen schreibt ihr eine Arbeit", hatte der Mathe-Erzieher offen angekündigt. Als wir auf der Stube berieten, wie es anzustellen sei, diesen Schritt zu parieren, d. h. sich zu drücken, sagte der kleine Prüß zu Eberhard: „Schade, daß du keinen Bluterguß am Knöchel hast." Bluterguß am Knöchel! Das war keine schlechte Idee, so etwas hatten wir bei unserem vielen Geländedienst, unserem Sport und Turnen alle schon gehabt. Man kam in diesem Falle für einige Tage in das Anstaltsrevier, das von der resoluten Schwester Selma betreut wurde, und brauchte sich nicht den Gefahren des Unterrichts auszusetzen. „Wenn du 'nen Bluterguß willst, schlag ich dir einen mit dem Besen", schlug Walter vor, „du mußt mir nur zeigen wohin." Wortlos zog Eberhard seine Schuhe und Strümpfe aus, stellte seinen linken Fuß auf den Stuhl, zeigte neben den Knöchel und rief: „Los!" Wir schauten Eberhard ungläubig an, meinte er es ernst? „Na los, Mensch", schrie er. Eberhard schrie oft. Walter holte sich den Besen. Bei ihm gab es keinen Zweifel, wir wußten, Walter schlägt. Er nahm Maß, holte aus – ein unterdrücktes Stöhnen, und Eberhard behielt in Mathe ein „ausreichend" im Zeugnis. Übrigens war er der erste aus unserem Zug, der im Kriege fiel.

Jetzt aber segelten wir auf dem See, an dem die Anstalt eine Badeanstalt und ein Bootshaus mit Booten und Jollen besaß. Ich hatte Alfred als Vorschotmann mit. Er war mein bester Freund und stammte aus Tilsit. Wir brauchten uns nur anzusehen, um zu wissen, was der andere dachte. Wir waren zur selben Zeit albern und fröhlich, traurig oder verträumt. Uns gab es nur im Plural.

Eberhard segelte wieder ein bißchen zu riskant, und wir blieben in seiner Nähe, um ihn und Theo aufzufischen, falls sie kentern sollten, was wir schon einmal erlebt hatten. Um halb fünf mußten wir allerdings wieder zur Arbeitsstunde auf der Stube sein. Unser Zug bewohnte, als wir etwa 14 Jahre alt waren, drei Stuben. Jeder Zug führte einen Namen, der unsere hieß „Zug Ordensland". Deshalb waren die Stuben nach den Hochmeistern des Ritterordens benannt. Das Domizil, das ich mit neun anderen Jungen teilte, hieß „Winrich v. Kniprode", für die anderen hatten wir uns die Namen der Herren Heinrich v. Plauen und Hermann v. Salza ausgeliehen. Die Stuben waren mit Spinden, Tischen, Stühlen und Bücherborden möbliert. Gewisse Macht hatte der Stubenälteste, äußerlich erkennbar an einer kurzen Schnur. Bei den kleineren Jungen hatte diese Stellung ein älterer Jungmann inne, der den gesamten Dienst bei den jüngeren

Kameraden mitmachte, bei ihnen wohnte, mit ihnen schlief und den Geländedienst leitete. Nur den Unterricht besuchte er in seiner eigenen Klasse. Nach ein bis zwei Jahren kehrte er wieder in den Verband seines Zuges zurück. Bei den älteren Jungen wurde der Stubenälteste aus dem eigenen Zug bestimmt, nach welchen Gesichtspunkten ist uns nie klargeworden. Eine Stufe höher auf der hierarchischen Leiter stand der Jungmannzugführer, der für das Ganze verantwortlich war. Diese „Führer" besaßen viel Macht, die aber nirgendwo schriftlich fixiert war. Hatte man Pech, lebte man für eine Weile unter einem jugendlichen Tyrannen. Die Erzieher hielten sich zurück, ahnten sicher, daß es auch Machtmißbrauch und Übergriffe gab, griffen aber selten ein, wohl in der pädagogischen Absicht, eine Gemeinschaft müsse sich selber reinigen.

Wenn jemand beim Stubendienst öfter unangenehm aufgefallen war oder als „Schlamper" Schande über die Stube „Winrich v. Kniprode" gebracht hatte und Zureden nichts half, griff man zu etwas radikaleren Mitteln.

Ich war entsetzt, als ich solche Selbstjustiz zum ersten Mal erlebte. Es war nach dem Abendessen, als ich gerade dabei war, meinen Spind aufzuräumen. Plötzlich ging das Licht aus, und ich hörte einen unterdrückten Schrei. Eine Taschenlampe leuchtete auf, und ich erkannte schemenhaft vier Jungen, die den Willi festhielten, ihn nackt auszogen und mit Linealen verprügelten. Zunächst wehrte er sich, Stühle fielen krachend um – Keuchen, Stöhnen, Klatschen. Willi ergab sich. Dann holte jemand eine große Schachtel Schuhwichse aus seinem Spind, und zwei Jungen cremten Willi von Kopf bis Fuß ein, vergaßen auch nicht die Benutzung der Blankputzbürste als krönenden Abschluß.

In meinem ostpreußischen Dorf kannte man keine Duschen. Hier gab es sie. Um uns aber nicht zu verweichlichen, spendeten sie nur eiskaltes Wasser. So stand Willi bis zum Abendappell unter der Dusche, um wieder einigermaßen sauber zu werden. Am nächsten Tag zeugten blaue Flecken – auch im Gesicht – von der ungewöhnlichen Therapie, die man ihm hatte angedeihen lassen. Er und seine Widersacher taten so, als sei nichts geschehen, die Erzieher schauten ihn prüfend an und fuhren fort zu unterrichten. Überflüssig zu sagen, daß Willi beim Stubendienst nie wieder auffiel.

Nach dem spartanischen Abendessen: Kurze Freizeit, die dem Alter entsprechend genutzt wurde. Vor unserem Fenster lag der Sportplatz; es gab Leseräume, eine Bücherei mit Kamin (der nie benutzt wurde) und Musikräume im Unterrichtsgebäude. Alfred und ich suchten sie häufig auf, wenn wir versuchten, unseren Waldhörnern schöne Töne zu entlocken. Wir verdrehten vor Genuß die Augen wie die Kater, wenn wir zweistimmig „Martha, Martha, du entschwandest" bliesen.

Ausgang wurde nur am Sonnabend- und Sonntagnachmittag gewährt; die Primaner konnten sich an einer längeren Leine ausleben: Sie brauchten erst um 22 Uhr im Bau zu sein. Am Mittwochnachmittag gab es bis zur Arbeitsstunde frei; die Zeit reichte gerade für einen Gang zum Friseur oder zum Bäcker, um für zehn Pfennig ein Stück Kuchen zu erstehen.

Das Angebot an Möglichkeiten, die Freizeit sinnvoll zu verbringen, war also nicht groß; der Mangel wurde aber nicht beklagt, da es nicht viele freie Zeit gab. Für die Älteren waren abends noch Arbeitsgemeinschaften in Philosophie, Literatur und Geschichte angesetzt. Ich wählte mit Theo und Alfred Philosophie bei Gehrmann, den ich in fortschreitendem Alter immer mehr verehrte. Wir trafen uns einmal in der Woche in der Bücherei, die architektonisch wie alles in der Anstalt im „nordischen" Stil gehalten war: Viele braune dicke Balken, viel Schmiedeeisernes und viel Eiche. Wir acht Jungen, begierig, die höheren Weihen des Geistes zu empfangen, saßen im Halbkreis um den nicht brennenden Kamin und lasen und diskutierten Nietzsche „Vom Nutzen und Nachteil der Historie für das Leben". Uns war recht weihevoll zumute, und die weichen Sessel – für unsere mageren Hinterteile ganz ungewohnte Möbelstücke – gaben uns das ersehnte Gefühl des Erwachsenseins. Ich war von diesem Unterrichtsfach wie magisch angezogen und beschloß, später diese Königin der Wissenschaft zu studieren.

Damit schied die aktive Offizierslaufbahn aus meinen Zukunftsplänen aus.

Aber zurück zu unserer Tagesroutine: Um 21 Uhr pfiff der Jungmann vom Dienst (JvD) „Raustreten zum ersten Schlafengehen!" Wir traten auf den Korridoren im Trainingsanzug an – die Stubendienste kamen wie immer als letzte angewetzt – der JvD meldete dem Zugführer (ZvD) die Vollzähligkeit, der machte Stichproben bei den Fingernägeln und rief dann: „Gute Nacht, Jungmannen!" Wir grölten zurück: „Gute Nacht, Zugführer!" und flitzten hinauf zu den Schlafsälen, die Platz boten für 100 Betten. Ich schlief jahrelang zwischen Alfred und Theo. Neben den Betten standen Schemel für das Trainingszeug, das exakt gefaltet werden mußte. ZvD und JvD inspizierten noch einmal den Saal. Draußen auf dem Sportplatz blies Jensen, unser Trompeter, den Zapfenstreich, der so schön sehnsüchtig machte. Den Text dazu hatte mir mein Vater beigebracht, er hatte ihn schon 1912 bei der Garde in Berlin gelernt: „Ins Bett, ins Bett, wer eine hat, wer keine hat, muß auch ins Bett, ins Bett, ins Bett, ins Bett." Hatte Jensen seine Kunst beendet, flüsterte man seinem Nachbarn noch einen Witz zu, unterdrückte ein Kichern, und dann war Ruhe. Wirklich absolute Ruhe. 100 kleine Spartaner fest im Schlaf.

Wer sich allerdings unkameradschaftlich benommen hatte, schlief nicht ungestört. Einige Burschen hielten sich mit Gewalt wach, schlichen zum Bett des Übeltäters und „stülpten" ihn, d. h. kippten sein Bett um, so daß es mit lautem Krach zusammenstürzte. Auch wer Geburtstag hatte oder Neuling war, mußte mit Stülpen rechnen. Ich hätte vor Wut und Verzweiflung heulen können, als ich zum ersten Mal gestülpt wurde. Ich baute mein Bett im Dunkeln wieder zusammen und war gerade todmüde eingeschlafen, als ich zum zweiten Mal auf den Boden flog und das Bett über mir zusammenkrachte. Die Anstalt verfluchend – ich war erst zwei Tage dabei – blieb ich auf dem Boden liegen und verbrachte den Rest der Nacht neben den Trümmern meines Bettes. Ich fand die Stülperei schon damals gemein und habe mich nie daran beteiligt.

Um 22 Uhr zweites Schlafengehen für die Älteren, die nicht
mehr auf Sauberkeit kontrolliert wurden und auch in kleineren
Räumen schliefen und zu zweien auf kleinen Stuben wohnten.
Es gab keinen Neid auf die Privilegien der Großen. Man wußte,
daß man sich diese im Laufe der Jahre verdienen mußte, und
eines Tages würde man sie ebenfalls genießen. Nur Geduld.
Man rückte also auf der Leiter der Vergünstigungen langsam
nach oben, bewunderte aus einer gewissen Distanz die Gelas-
senheit der Älteren, so wie man von den Jüngeren bewundert
wurde. Die Sextaner andererseits besaßen das Vorrecht, von
einer mütterlich wirkenden Hausdame betreut zu werden. Die
las den Kleinen abends Geschichten vor, kümmerte sich darum,
daß sie regelmäßig nach Hause schrieben, strich ihnen gelegentlich über den Kopf und saß bei den Mahlzeiten an ihrem
Tisch. Kurz, sie war die feminine Bezugsperson, würde man
heute sagen.
Übrigens war es mit den Vorrechten der Großen nicht weit her.
Auch Abiturienten war das Rauchen streng verboten. Eines
Tages erschien der Anstaltsleiter persönlich zum Mittagsappell.
An seinem zusammengekniffenen Mund und seinen harten
Augen erkannten wir: dicke Luft. Er hieß den Jungmann Meier
vortreten, riß dem Achtzehnjährigen voller Wut vor der versammelten Schülerschaft die Schulterklappen ab und schleuderte
sie zu Boden. Wir waren wie erstarrt. Vier Stunden später saß er
bereits in der Bahn und fuhr nach Hause. Von Alkoholgenuß
brauche ich erst gar nicht zu reden, der zählte zu den Todsün-
den. Ich habe nie jemanden auch nur ein einziges Glas Bier
trinken sehen, auch beim Abitur nicht.
Um 6.30 Uhr Wecken. Bettenbau, runterflitzen und antreten
zum Frühsport, auch im ostpreußischen Winter bei Schnee und
20 Grad Frost. Waschen (kalt), anziehen, Frühstück im Speisesaal, Unterricht. Ein Posten vor der Klassentür. Der Zugführer
nahte. „Achtung!" Alles sprang auf. Meldung: „Zug Ordensland mit 30 Mann zur Stelle, zwo Mann Revier." Der Unterricht begann. Auch wenn es nach Selbstlob riechen sollte, muß
ich sagen, daß der Stoff umfangreicher war als in den normalen

Pennen jener Zeit, wie ich später nach dem Kriege zu meinem Erstaunen feststellte. Wir erhielten jedoch keineswegs, wie man denken könnte, mehr nationalsozialistische Indoktrination als andere Jugendliche. Fast möchte ich sagen: im Gegenteil. So besprachen wir im Kunstunterricht positiv einige „entartete" Künstler, wie Franz Marc, und der Deutschlehrer referierte über Heinrich Heine. Rilke, nun wirklich nicht der Dichter eines gnadenlosen nationalsozialistischen Weltbildes, wurde durch Gehrmanns Einfluß für viele Jahre mein Lieblingspoet. Ich habe seine Gedichte sogar im stillen auf meinem Vorpostenboot nachts bei der Brückenwache zitiert, um sie nicht zu vergessen. Hitlers Schwarte „Mein Kampf" stand natürlich in der Bibliothek; ich schaute auch öfters mal hinein, aber Unterrichtsthema war sie nicht.

In der großen Pause holten die Tischdienste pro Mann eine Klappstulle mit Käse (meistens schon durch Trockenheit gewölbt) und einen Apfel aus der Küche. Wir hätten gerne das Vielfache gegessen, aber dann wären wir wohl nicht „zäh wie Leder, hart wie Kruppstahl und flink wie die Windhunde" (Zitat Adolf Hitler) geworden. Mittags natürlich Appell, Meldung des JvD an den ZvD.

Es wurde laut vorgelesen, welche Stube nicht aufgeräumt und wessen Bett man eingerissen hatte, weil es nicht ordentlich gemacht worden war. Rote Köpfe bei den Betroffenen. Marsch zum Essen. Vor dem eigentlichen Speisesaal befand sich ein Vorraum mit Fresken an der Wand: Die stilisierte Marienburg, Soldaten, Bauern mit Pferd und Pflug, Mutter mit Kind, Gelehrte mit Buch oder Zirkel, Jünglinge wie wir, Mädchen, die wir nur sehr selten in natura zu sehen bekamen.

Daneben das Erzieherzimmer, eine Art Offiziersmesse, die ich nur einmal betreten durfte. Wir stellten uns im Speisesaal hinter den Stühlen auf. Die Erzieher erschienen in lockerer Formation und gingen zu ihren Zügen. Warten. Jetzt schritt die Hausdame an allen vorbei, ging an das Ende des Saales und blieb am Tisch der Sextaner stehen. Der JvD, etwas abseits postiert, sagte den Tischspruch, den er sich am Abend vorher ausgesucht hatte.

Heute verkündete er:
„Besitz stirbt, Sippen sterben,
Du selbst stirbst wie sie.
Nur eines weiß ich, das ewig lebt:
Der Toten Tatenruhm! – Mahlzeit!"
Und während wir Platz nahmen, zischten die Tischdienste ab.
Tellerklappern, Hunger. Da fiel mir plötzlich ein, daß Ulli fehlte, weil er im Revier lag. Ich rief schnell und vernehmlich:
„Dixe erster!" Damit war stillschweigend und ohne Diskussion anerkannt, daß ich als erster Anspruch hatte auf Ullis Fleischration und (am Sonntag) auf seinen Pudding. Sprachforscher würden vielleicht herausfinden, daß dieses „Dixe" aus dem Lateinischen stammt. Wir hatten mehrere solcher Ausdrücke dunkler Herkunft. So hieß der Lokus z. B. „Trist". Viel später erfuhr ich, daß diese Bezeichnungen schon von den Zöglingen der Kaiserlichen Kadettenanstalten benutzt worden waren.
Wenn der JvD sah, daß alle die Mahlzeit beendet hatten, stand er auf, ging zur Hausdame – Mütze in der Hand –, verbeugte sich und meldete ihr: „Es ist abgegessen." Frau Böttcher erhob sich, und während wir mit Gepolter ebenfalls aufstanden, schritt sie durch den Saal, gefolgt von den Erziehern und uns. Die Frau war bei uns ein zu verehrendes Wesen. Schillers Aussage: „Ehret die Frauen, sie flechten und weben himmlische Rosen ins irdische Leben", die wir auswendig lernen mußten, schleppe ich als unzeitgemäßes Relikt bis auf den heutigen Tag mit.
Nachmittags hatten wir nach einer Stunde Pause nochmals Unterricht: Turnen, Werken, Reiten, Kraftfahren (nicht im Kriege), aber auch Physik, Chemie, Biologie.
Die Anstalt besaß eine Tischlerei, eine Schmiede, eine Töpferei, eine Buchbinderei und eine Dunkelkammer und zu jedem Handwerk eine ausgebildete Lehrkraft. Als unser Jahrgang an diesem Unterricht teilnahm, meldete ich mich in Erinnerung an meine Dorfkindheit zur Schmiede. Wir bekamen das Thema: Zugtruhe. Die „Tischler" entwarfen und stellten den Holzteil her, und wir fertigten die Beschläge an. Die Truhe sollte für alle Ewigkeit Erinnerungsstücke, Fotos und Dokumente beherber-

gen. Die Leute in der Fotogruppe machten Aufnahmen und entwickelten sie, andere schrieben Aufsätze über besondere Ereignisse aus dem Zugleben.

Zum Reiten und Kraftfahren bin ich nicht gekommen, denn als es soweit war, kam der Krieg und nahm uns Pferde, Kraftwagen und Reitlehrer. Statt dessen gingen wir für drei Wochen in ein Segelfluglager und machten den A-Schein. Das Fliegen lernten wir noch in den alten Kisten (Babys), in denen man beim Fliegen auf einem Brett im Freien saß, links und rechts, oben und unten nur Luft. Zwei Mann hielten den Vogel hinten fest, je fünf zogen vorn an zwei Gummiseilen, die an der Nase des Aeroplans befestigt waren. Auf das Kommando „Laufen" mußten die Seilmannschaften sprinten wie die Olympiasieger, um genügend Spannung zu erzeugen. „Los!" schrie dann der Fluglehrer. Die zwei Mann am Schwanz gehorchten, gaben den Flugapparat frei, und er wurde so in die Luft katapultiert. Besonders grauslich war es, als wir über das Steilufer der Nogat (Nebenfluß der Weichsel) geschossen wurden.

Ich war von der Fliegerei nicht sehr begeistert. Dazu kam, daß das Ganze schon eine arge Schinderei war, denn nach jedem Flug mußten zehn Mann den steilen Hang hinuntertoben und die Kiste ächzend wieder hinaufschleppen.

Der Krieg hatte unseren Zug aber auch um ein Unternehmen gebracht, das zum normalen Lehrplan gehörte und das ich heute für eine vorbildliche Maßnahme halte. Die Obersekundaner gingen für einige Monate in ein Bergwerk im Ruhrgebiet, arbeiteten unten an der Kohle und wohnten bei den Familien der Kumpel. Gelebter Sozialismus, empfehlenswert für alle diejenigen, die zu diesem Thema so sehr viel zu sagen haben.

Zur Regel und Tradition sollte eigentlich ein Klassenaustausch mit englischen Public-School-Schülern werden. Zwei Züge hatten auch das Glück, mehrere Monate in England zu verbringen. Doch leider brauchten uns danach die jeweiligen Regierungen, um gegeneinander zu kämpfen.

Einmal in der Woche stand für nachmittags Geländedienst auf dem Stundenplan: Marschieren, Kartenkunde, Kompaßbenut-

zung und Geländespiele mit verschiedenfarbigen Wollfäden um
das linke Handgelenk, die dem Feind in schweren Kämpfen
abgerissen werden mußten. Das fördert den Abbau aufgestauter
Aggressionen, würde man heute sagen. Darüber hinaus gab es,
wenigstens im Sommerhalbjahr, einmal im Monat Geländedienst für die ganze Anstalt vom Sonnabendmorgen bis Sonn-
tagabend. Die anstaltseigene Feldküche rückte mit aus. Dabei
machten die Studienräte natürlich mit, trugen ihre Wollfäden
und wurden selbstverständlich mit ganz besonderer Hingabe in
den Schwitzkasten genommen. Wir übernachteten in Zelten, die
aus einzelnen Zeltbahnen zusammengeknüpft wurden, oder einfach draußen im Wald unter einem Baum. Mir wird heute als
Erwachsener noch angst und bange, wenn ich daran denke, daß
wir mit 200 Jungen einen See durchschwammen, die Kleidung
auf dem Kopf zusammengebunden. Ich kann mich nicht erinnern, daß wir je einen ernsten Unfall, gar mit Todesfolge, gehabt hätten. – Dieser Geländedienst war, auch nach damaligen
Maßstäben, wirklich hart, und ich staune heute über den Idealismus der Erzieher, die alles mitmachten, obwohl sie doch für
dasselbe Geld als Studienrat an jeder anderen Schule ein ruhi-
ges, beschauliches Leben hätten führen können. In diesem Zusammenhang fällt mir ein Zwischenfall ein, der uns Knirpse
von 13 Jahren arg bewegte.
Eines Tages sind wir wieder einmal auf dem Marsch. Unseren
Zug führte damals noch nicht Gehrmann, sondern Raßmann,
ein stämmiger Bulle, der uns unheimlich war und zu dem niemand von uns Kontakt hatte. Unter uns nannten wir ihn vor-
zugsweise „dickes Schwein". Als Strafe für irgendeine Lächer-
lichkeit müssen wir nun marschieren, er immer mit. Es geht
stundenlang auf gottverlassenen Landstraßen entlang, ohne
Pause, ohne Sprechen, ohne Singen. Dieses ewige Starren auf
den Hinterkopf und den Rücken des Vordermannes, das Gefühl,
ungerecht behandelt zu werden, bringt uns in Wut. Das ist ja
nicht auszuhalten, wie der blöde Erich vor mir seine Füße nach
außen setzt und seinen dämlichen Kopf zu Seite legt, wenn er
mit dem rechten Fuß auftritt. Und stinken tut er auch! Und

dieses dicke Schwein läuft daneben her. Der hat's gut, hat keinen vor oder neben sich. Und die blöden Stiefel, die der hat! Verrecken soll er, dem möchte ich mal so richtig in seinen fetten Wanst treten, dem Fettarsch dem.

Da plötzlich: „Abteilung – halt! Fünf Minuten Pause, weggetreten!" Wir hauen uns in den Straßengraben, während Raßmann sich irgendwohin verzieht. Eberhard holt seine schrecklichsten Flüche aus der tiefsten Tiefe seiner Seele, macht sozusagen Inventur in seinem umfangreichen Vokabular. Da plötzlich schlägt einer vor: „Wir marschieren nicht mehr weiter." Wir halten den Atem an. „Mensch, das ist Meuterei!" Meuternde Soldaten werden ohne viel Federlesen an der nächsten Wand erschossen. Die Franzosen hätten beinahe wegen Meuterei den Krieg verloren. Meuterei ist das abscheulichste Verbrechen, das man sich denken kann. Ein deutscher Junge soll meutern? Aber dieses verdammte dicke Schwein macht uns hier fertig, der ist doch nicht Deutschland, dem wir dienen wollen und uns auch opfern, wenn es sein muß. Ist er der Führer, Adolf Hitler? Nein, das ist er nicht, er ist ein gemeiner Hund, das ist er. Jawohl, wir werden zwar antreten, aber nicht marschieren. Dem werden wir's zeigen. So machen wir's.

Und richtig, genau nach fünf Minuten: „Zug Ordensland in Marschordnung antreten!" Wir ordnen uns aufgeregt ein. Herrgott, nun ist's soweit. „Im Gleichschritt marsch!" – Nichts rührt sich, wir stehen stumm wie eine Mauer. Die Natur hält den Atem an, die Vögel haben aufgehört zu singen. Raßmann holt tief Luft und kommandiert: „Links um!" Wir gehorchen und stehen ihm nun gegenüber, von Angesicht zu Angesicht. Was wird er nun machen? Wird er toben? Wird er nachgeben und verhandeln wie die Diplomaten? Er macht gar nichts. Er kneift nur die Augenlider zu einem Schlitz zusammen und starrt uns an. Seine Blicke könnten Stahl zum Schmelzen bringen. Absolute Stille. Nur Eberhard feixt wahrscheinlich. Eine Minute, zwei Minuten. Er rührt sich nicht, hat seinen rechten Zeigefinger hinter einen Knopf seiner Jacke gehakt. Doch nach einer weiteren Minute, ganz hell und schneidend: „Rechts um, im

Gleichschritt, marsch!" Und siehe, wir marschieren. Das war Raßmann. Er verlor übrigens danach kein Wort darüber. Oder: Eines Nachts gegen 1 Uhr. Raßmann geht mit der Taschenlampe durch den Schlafsaal und ruft: „Zug Ordensland feldmarschmäßig (d. h. mit Tornister, Zeltbahn, Decke, Brotbeutel usw.) antreten!" Wir zischen mal wieder geflüsterte Flüche aus. Die anderen 70 Jungen sind natürlich wach geworden, grinsen schadenfroh unter ihren Wolldecken hervor, freuen sich an ihrem warmen Bett. Wir also zähneknirschend runter auf die Stuben und wollen uns anziehen, aber verdammt, das Licht brennt nicht. Einer holt seine Taschenlampe hervor, und wir machen uns im Halbdunkeln zum Marsch fertig. Ewald, einer unserer temperamentvollsten Kameraden aus der Nachbarstube, stürzt zu uns herein und ruft: „Leute, stellt euch vor, das dicke Schwein, das mistige, hat die Sicherung rausgedreht!" Wir schimpfen entsetzlich. Eberhard brüllt: „Das Aas, das elende, der Hund, den könnt ich erwürgen!" und schmeißt mit voller Wucht einen Stiefel gegen das Spind. Wir stimmen lauthals zu. Da fällt zufällig der Lichtschein der Taschenlampe in die Ecke an der Tür. Da steht Raßmann wie der Geist von Hamlets Vater: Er hat alles mit angehört.

Wir marschieren stumm in die Nacht, werden in Gruppen eingeteilt, erhalten Aufgaben für eine Orientierungsübung. Zum Frühstück sind wir wieder zurück, müde und verdreckt. Bevor uns Raßmann entläßt, verkündet er: „Vormittags unterrichtsfrei – essen, waschen, schlafen. Ich weck euch um halb eins." Wir brüllen los vor Freude, sind begeistert, hauen uns gegenseitig auf die Schultern, finden das Ganze wunderbar und haben dem dicken Schwein alles vergeben. Bis zum nächsten Mal.

Oder: Es ist Arbeitsstunde. Jeder sitzt an seinem Tischchen und brütet über seinen Aufgaben, manchmal steht einer auf, um sich bei einem Experten flüsternd Rat zu holen. Günter Kaiser, unser Jungmannzugführer, aus einem älteren Jahrgang zu uns delegiert, paßt auf, daß es nicht zu laut wird. Gegenseitige Rücksichtnahme haben wir alle ganz schnell gelernt. Seitdem leide ich übrigens ganz besonders unter der Rücksichtslosigkeit der heutigen Zeitgenossen. – Wir haben die Spinde so gestellt, daß jeder sein kleines Reich für sich hat. Neben mir an der Wand hängt das Foto einer Plastik von Klimsch' „Tänzerin", daneben eine Zeichnung des Kapitänleutnants Schuhard, der 1939 den Flugzeugträger „Courageous" versenkte.

Wir arbeiten also mehr oder minder intensiv und denken an nichts Böses. Da öffnet sich die Tür, Raßmann schaut herein. „Kaiser zu mir!" Kaiser verschwindet, wir schauen uns erwartungvoll an. Da braut sich doch wieder was zusammen. Lange kann ja Günter eigentlich nicht wegbleiben, wenn die Sache harmlos ist, denn der Dicke wohnt gleich nebenan. Alle unverheirateten Erzieher wohnten spartanisch in einem Zimmer des Seitentrakts unseres Wohngebäudes. Wie die da arbeiten konnten in dem ständigen Auspfeifen von Befehlen und dem Türenschlagen, ist mir heute schleierhaft. Die Verheirateten lebten in anstaltseigenen Mietshäusern jenseits des Sportplatzes.

Doch Günter kommt und kommt nicht zurück. Also dicke Luft. Eberhard: „Das Schwein hat was ausgebrütet." Als Kenner der Landwirtschaft sage ich: „Schweine brüten niemals." Gelächter. Da erscheint Günter und sagt: „Jeddam zum Zugführer." Der schaut mit offenem Munde hoch, zieht den Kopf ein und verschwindet durch die Tür. Wir schauen uns gegenseitig an. Was hat der Jeddam ausgefressen? Alle Möglichkeiten werden durchgesprochen. Nach drei Minuten steckt Günter kurz den Kopf herein. „Alfred, zum Zugführer." Der guckt mich an, lächelt gezwungen und zuckt mit den Schultern. Abgang. Herrgott, Alfred, was hast du angestellt? Ich müßte es eigentlich wissen, wir waren doch immer zusammen. Nach einigen Minuten: „Bruno, komm!" Nach und nach verschwinden immer mehr, und keiner kehrt wieder! Das ist ja wie bei einer Hinrichtung. „Vetter, du bist dran." – Ich heiße bei allen „Vetter", seitdem Heinz Schäfer und ich bei der Ahnenforschung auf einen gemeinsamen Namen gestoßen waren. Erst nannte er mich so, dann alle anderen.

Mit zitternden Knien klopfe ich bei Raßmann an die Tür. „Herein!" Ich tue wie befohlen. „Jungmann Gronau zur Stelle!"

Betont forsch. Vor mir, hinter seinem Schreibtisch, mit düster-
ster Miene: Raßmann. Vor dem Tisch ein leerer Stuhl. Links
und rechts in den Ecken stehen stumm die Jungs in zwei Gruppen. Das Jüngste Gericht. „Setzen!" Ich lasse mich nieder. Er
starrt mich an. Darin war er schon immer gut. Ich starre zurück.
– Pause – „Hände auf den Tisch!" Nun ist mir schon alles egal,
meine Seele hat auf Fatalismus geschaltet. Ich spüre, wie ich
ganz gelassen werde und lege meine Hände gleichgültig auf den
Tisch. Er glotzt auf meine Finger, als lese er die Zukunft aus
dem Kaffeegrund. Endlich deutet er auf die Gruppe, in der auch
Alfred steht. „Dorthin." Ich gehe zu den Kameraden und schaue
sie fragend an. Alfred zuckt unmerklich mit Mundwinkeln und
Schultern. Nur Eberhard in dem anderen Haufen grinst frech.
Jetzt erscheint Theo; die gleiche Prozedur. Das rätselhafte
Schicksal treibt ihn zu uns. Nun ist die ganze Stubenbelegschaft
versammelt. Gleich wird etwas Ungeheures, Furchtbares, Ein-
maliges geschehen. Raßmann erhebt sich, geht zu der anderen
Gruppe und verkündet: „Diese Herren hier zeigen mir in einer
Viertelstunde saubere Fingernägel vor, wegtreten."
Wer kann Raßmanns Seele ausloten?
Die bisher beschriebene Anstaltsroutine einer Woche verlief für
uns junge Burschen anregend genug, wir litten jedenfalls nicht
an der Krankheit der Langeweile. Nun wurde aber diese Routi-
ne oft durchbrochen. Man hatte z. B. Wache, ich glaube von
Quarta bis Sekunda. Vor unserem schmiedeeisernen Anstaltstor
war ein Schilderhäuschen postiert, neben dem wir eine Stunde
Wache zu stehen hatten. Unterricht und anderer Dienst fielen an
diesem Tage aus. Nachts wurde das Tor abgeschlossen.
Diese Wache hatte mir, als ich die Anstalt zum ersten Mal
betrat, großen Eindruck gemacht. Die Umstände, die dazu führten, waren etwas verworren.
Nachdem der Hauslehrer Freyer meinen Eltern klargemacht
hatte, daß es an der Zeit wäre, mich zu einer „richtigen" Schule
zu schicken und die Privatschule bei dem Grafen v. d. Groeben
aufzugeben, meinten sie, ein Internat sei für meine Charakter-
bildung am besten geeignet. Mir war mein Charakter ziemlich

gleichgültig, ich war im großen und ganzen mit ihm zufrieden und wußte nicht, was daran noch groß zu bilden sei. Doch die Eltern mußten es ja wissen, bisher konnte ich mit den meisten ihrer Maßnahmen zufrieden sein. Jetzt erhob sich die Frage, welches Internat und wo? Von irgendjemandem hatten sie gehört, in Stuhm bei Marienburg gäbe es eine Nationalpolitische Erziehungsanstalt. „Eine Nazischule also?" fragten sie ablehnend. Sie hatten sich, wohl unter dem Einfluß des Grafen, schon lange radikal von Hitler und seiner Partei gelöst, allerdings ohne es mir, dem Zwölfjährigen, zu zeigen; sie wollten meine Jungenseele nicht in Konflikte stürzen. Nein, nein, war die Antwort, dieses Internat sei keineswegs eine Parteischule, sondern die „Napolas", wie sie abgekürzt genannt wurden, basierten auf der alten Tradition der Kaiserlichen Kadettenanstalten, die meisten seien sogar in den ehrwürdigen alten Gebäuden etabliert, wie z. B. Plön, Potsdam, Spandau, Schulpforta usw., Stuhm sei allerdings neu und speziell für die Provinz Ostpreußen gegründet. Die Absolventen könnten nach dem Abitur jeden gewünschten Beruf ergreifen, obwohl die Erziehung eigentlich in Richtung Offizier ziele. Das ließ sich für meine Eltern schon eher hören. Gegnern des Regimes war die Wehrmacht häufig Zufluchtsort vor dem Druck aus der Partei. Sie war von allen staatlichen Institutionen am wenigsten dem Zugriff der NSDAP ausgesetzt. Die Mitgliedschaft in der Partei ruhte, solange man Angehöriger der Wehrmacht war. Andrerseits durfte kein Soldat in irgendeine Partei eintreten; das war schon in der Weimarer Zeit so und wurde bis zum Attentat auf Hitler 1944 beibehalten. Da ich damals aktiver Offizier werden wollte, faßten meine Eltern die NPEA Stuhm als mögliches Erziehungsinstitut ins Auge. Aber natürlich wollten sie diese Anstalt erst einmal persönlich in Augenschein nehmen, die Atmosphäre schnuppern und mit dem Anstaltsleiter sprechen. Meine Mutter wollte vor allem wissen, wie man's mit der Religion hielt und ob ich konfirmiert werden könne. Also fuhren sie eines Tages nach Stuhm und nahmen mich, der ich in aller Unschuld von der ganzen Problematik nichts ahnte, mit. Vorher

hatte meine Mutter den Grafen von ihren Absichten in Kenntnis gesetzt – die unangenehmen Mitteilungen mußte immer Mutter machen –, worauf der Graf zum ersten Mal ernsthaft böse wurde. „Wenn Sie", so fuhr er meine Mutter an, „Ihren Sohn vor die nationalsozialistischen Hunde gehen lassen wollen, bitte!"
Da meine Eltern keine Angst vor den Hunden hatten, sie ohnehin nur sehen wollten, ob sie bissig sind, standen wir nun vor der Wache, und ich erfuhr zum ersten Mal in meinem Leben, was Minderwertigkeitskomplexe sind, denn der Junge da, der breitbeinig neben dem Schilderhäuschen stand, sah in seiner olivgrünen Uniform mit dem gleichfarbigen Käppi genauso aus wie mein Traumbild von einem deutschen Jungen: Blond, blauäugig (war ich allerdings Gott sei Dank auch), mit offenem freundlichem Gesicht, dem man aber auch Entschlossenheit und Mut ansah. Ein zukünftiger Führer! So einer wollte ich ja auch werden, aber – das wurde mir jetzt klar – das würde ich nicht schaffen. Der sah mir so selbstsicher aus, so allen Situationen gewachsen. Daneben kam ich mir richtig schafsköpfig vor. Gewiß, in unserem Dorf, da war ich wohl einer der Besten, was Intelligenz betrifft, war auch körperlich in Ordnung (obwohl der Heiner Waplitz weiter sprang als ich) und spielte unter den gleichaltrigen Jungen eine führende Rolle, aber das war ja nicht mit dem hier zu vergleichen. Im Dorf war es kein Kunststück, zu glänzen, unter den Einäugigen ist der Blinde König, aber hier, da sind sie sicher alle so wie der da in seiner Uniform. Alles ausgesuchte Burschen, die besten aus ganz Ostpreußen, die Elite sozusagen. Und dieser andere, der uns jetzt zum Anstaltsleiter führt, ist genauso einer. Wie gerade er geht! Zu dem braucht niemand zu sagen: „Geh gerade, Jung." Und wie ungehemmt er mit meinem Vater spricht, der ihn neugierig ausfragt! Nein aus mir wird hier nichts. Ich Blödmann hatte mir eingeredet, ich könnte mal später Kommandant von einem Panzerkreuzer oder U-Boot werden, vielleicht sogar Admiral oder so. Ade, meine Träume! Die Paddelfahrten in meinem Backtrog auf dem Vorderteich passen besser zu mir. Liebe Eltern, laßt uns schnell wieder nach Hause fahren, nach Schwansfeld, Kreis Barten-

stein, zum Arno Ennuschat und Heinz Mäkelburg! – Aber ein deutscher Junge gibt nicht auf – du hast es gewollt, reiß dich zusammen! – Die Blamage, wenn du nicht aufgenommen wirst! Kein Junge im Dorf wird jemals mit dir reden, sie werden dich höchstens auslachen. „Na, wollten sie dich nicht haben? Haha!" Und deine Eltern werden sich deiner schämen. Der Junge taugt nichts. – Es wird dir dann nichts anderes übrigbleiben, als wie der Graf Luckner von zu Hause fortzulaufen.

Das alles dachte ich in der Vorhalle des Speiseraumes mit den schönen Fresken an der Wand, als ich auf meine Eltern wartete, die allein zum Anstaltsleiter, Dr. Prinz, gegangen waren. Und als sie dann zurückkamen und mir mitteilten, ich solle gleich dableiben, weil gerade zufällig ein Probezug mit 20 anderen Kandidaten aufgestellt worden sei, brach in mir eine Welt, meine alte schöne Kinderwelt zusammen. Abschied von den Eltern, Einteilung auf die Stuben, Bekanntmachung der Lehrer, Stundenplan, das alles ließ ich resigniert über mich ergehen. Ich war wie betäubt. Die zweiwöchige Probezeit bestand aus viel Unterricht, Geländedienst mit Beobachtungstest („Was hast du eben alles wahrgenommen?") und Mutproben (Sprünge vom Fünf-Meter-Brett ins Wasser und Sprünge in eine Kiesgrube). Als die Probezeit abgelaufen war, erhielten alle eine Fahrkarte, nur ich nicht. Ich meldete mich schüchtern im Büro. „Wie heißt du?" „Gronau." Eine Liste wurde geprüft. „Joachim Gronau?" Ich nickte. „Nein, du bekommst keine Fahrkarte, du bleibst gleich hier."

Man teilte mich einer Klasse zu, und eine drei Monate lange Leidenszeit begann. Niemand wies mich ein, ich machte alles falsch, machte stumm und scheu alles mit und fand keinen Anschluß, ich war der fremde Eindringling. Die Jungen quälten mich mit ihrer Stülperei, und ich wurde immer verzweifelter, bis ich eines Tages in einem Anfall rasender Wut einen älteren und größeren Jungen so verbissen prügelte, daß man mich von ihm losreißen mußte. Von Stund an war ich in der Gemeinschaft aufgenommen.

An diese schreckliche Anfangszeit mußte ich danach immer

denken, wenn ich selber auf Wache stand; aber nun stolz und selbstbewußt, niemand brauchte zu mir zu sagen: „Junge, geh gerade." Die Leute, so dachte ich mir, die Leute, die da vorübergehen, besonders die Mädchen, die werden jetzt denken: Das ist aber ein schneidiger Kerl da vor dem Tor, wie er dasteht, jederzeit bereit, sein junges Leben für Führer, Volk und Vaterland dahinzugeben. Ein zukünftiger Held.

Später, als ich vielleicht so 15 oder 16 Jahre alt war, spielte ich bei der Wache allerdings keine rühmenswerte Rolle. Nein, das kann man wirklich nicht sagen. Ich war Wachhabender, ein wichtiger Posten. In dem Wachraum befand sich auch die Telefonvermittlung der Anstalt, die von einem älteren Mann bewerkstelligt wurde, dem man im Ersten Weltkrieg den Arm abgeschossen hatte. Wir Jungen waren ebenfalls in die Bedienung der komplizierten Apparatur eingewiesen worden. Als ich nun gerade allein bin, kommt ein Anruf. Ich, betont lässig: „Hier N. P. E. A. Stuhm, Jungmann Gronau." Ein Knacken in der Leitung. „Hier Generalleutnant von Bock, kann ich den Anstaltsleiter sprechen?" Donnerwetter, Generalleutnant v. Bock, der berühmte Heerführer, der eine Armee siegreich nach Polen geführt hat! Und ich spreche mit ihm persönlich! Nur Ruhe bewahren. Ich also: „Nein, der Anstaltsleiter ist im Augenblick nicht anwesend." „Nun, dann bestell ihm mal, daß ich übermorgen in Stuhm bin und um 11 Uhr in der Anstalt sein werde." „Jawoll." Abgehängt. Herrgott, durch Zufall bin ich in die Ausläufer des militärischen Machtzentrums geraten. Dieser Besuch war natürlich von höchster Bedeutung. Aber so ganz ungewohnt war so etwas nun wieder auch nicht, denn zu uns kamen schon mal öfters hohe Tiere, so z. B. Minister Rust, Gauleiter Erich Koch (konnten wir überhaupt nicht leiden), und nun, da Westpreußen nach der Eroberung Polens ein eigener Gau geworden war, auch der Gauleiter Forster und andere Staatsgötter. Wir wußten damals nicht, daß Partei, Staat und SS heiß um die Zuständigkeit für unsere Anstalten kämpften. Sie bedeuteten Prestigegewinn und Einfluß auf die Elite der deutschen Jugend. Ich leite also, von meiner Wichtigkeit durchdrungen, die aufregende Meldung weiter, und schon abends wird im Speisesaal bekanntgegeben: „Am Freitag besucht uns Generalleutnant v. Bock. Der Unterricht fällt ab 10.20 Uhr aus. 10.40 Uhr Antreten auf dem Appellplatz. Anzug 1. Garnitur." Und so geschah es auch.

Wir standen in Hufeisenformation im besten Anzug da, die Erzieher auf dem rechten Flügel. Raßmann, der uns schon lange nichts mehr anhaben konnte, eine vernachlässigbare Größe sozusagen, zog seinen Bauch ein. Der Anstaltsleiter (Alei) hatte sich vor uns aufgebaut, alles wartete stumm. Die Jungmannzugführer hatten sich vorher jeden noch einmal angeschaut, Schuhe, Koppel, Hemd – alles in Ordnung. Wir waren guter Stimmung: Mindestens Mathe fällt aus, wenn wir Glück haben, vielleicht sogar Englisch. Da, mit zehn Minuten Verspätung, bog ein kleiner DKW schnurrend in die Einfahrt. Ein DKW? Wir staunten, waren enttäuscht. Der Wagen hielt. Ein junger Leutnant sprang heraus und schaute sich ein bißchen verwundert um. Den großen Empfang hatte er nicht erwartet. Der Alei ging schnellen Schrittes auf ihn zu und gab ihm die Hand. Wir standen mit offenem Mund. Der Alei kam zurück: „In einer Viertelstunde beginnt der Unterricht, weggetreten." Eberhard sagte ganz laut: „Scheiße", weil er damit gerechnet hatte, daß der General noch eine lange Ansprache halten und ihm dadurch Unterrichtsqualen ersparen würde. Doch ich ahnte Schlimmes. Und richtig: Nach einer Weile erschien ein Junge von der Wache. „Jungmann Gronau sofort zum Alei." Au Backe. Es stellte sich heraus, der Besucher war natürlich nicht der Herr Generalleutnant v. Bock, sondern ein Leutnant gleichen Namens, ein Freund des Aleis, den ich am Telefon aus Versehen, unter Umgehung mehrerer Dienstgrade, befördert hatte und der dem Alei nur mal kurz guten Tag sagen wollte. Merkwürdigerweise wurde ich nicht bestraft, sondern erhielt nur einen Vermerk im nächsten Zeugnis: „Zeigt nicht immer die erforderliche Zuverlässigkeit."

Aus dem Rahmen der Alltagsroutine wurde man auch gerissen, wenn man als reifer Jugendlicher eine Woche lang „Jungmann vom Dienst" war (JvD). Als Teil der Exekutive unseres kleinen Staates Sparta schlief der JvD in einem separaten Zimmer, stand lange vor den anderen auf, weckte mit einer schrecklich lauten Trillerpfeife die Schläfer, pfiff die verschiedenen Dienste aus, kommandierte die Flaggenparade, kontrollierte (während des Unterrichts) Stuben und Betten und schickte die Anstalt zu Bett. Ich glaube, ich war 16 Jahre alt, als ich zum ersten Mal diese Funktion ausübte. Aufgeregt stand ich mittags vor den 400 angetretenen Jungmannen und machte dem Zugführer vom Dienst (ZvD) Meldung, einem Erzieher, der ebenfalls eine Woche lang zusätzlich Dienst hatte und getrennt von Tisch und Bett seiner Familie lebte. Ich wußte genau, daß die Burschen meines Zuges nur darauf warteten, daß ich etwas falsch mache, und vor allen Dingen wollte ich mich nicht vor den Jüngeren blamieren. Im Speisesaal schmetterte ich dann vor der Suppe meinen Lieblingsspruch von Walter Flex: „Rein bleiben und reif werden ist höchste und schwerste Lebenskunst, Mahlzeit." Nach dieser Devise wollte ich leben, wobei mir allerdings immer etwas unklar blieb, warum es so schwer sei, reif zu werden; das wird man doch von alleine, oder? Jeder Apfel kann das bestätigen. Trotzdem: Dieser Satz vom Reinbleiben kam mir sehr tiefsinnig vor, und Tiefsinniges imponierte mir damals sehr. Andere Sprüche waren:

Gelobt sei, was hart macht. (Nietzsche)
Mehr sein als scheinen. (Moltke)
Treue ist das Mark der Ehre. (Spezialspruch der SS)
Du bist nichts, dein Volk ist alles.
Einer für alle, alle für einen.

Alle diese und ähnliche Sprüche übten einen großen Einfluß auf unsere Lebenshaltung aus. Man sollte die Wirkung solcher Sätze auf junge Menschen, und nicht nur auf diese, nicht unterschätzen.

Mit dem Kochgeschirr in der Hand waren beim Geländedienst die Tischsitten naturgemäß lockerer, dementsprechend fielen die einführenden Worte auch weniger ideologisch aus: „Alle Menschen sollen leben, die uns was zu essen geben."

Noch mehr als diese Sprüche beeinflußten stimmungsvolle Feiern unser Gemüt und damit unser Denken. Anlässe dazu gab es genug: 9. November (Hitler-Putsch in München, Marsch zur Feldherrnhalle 1923), Heldengedenktag, 30. Januar (Machtergreifung 1933), 20. April (Hitlers Geburtstag), Reichsparteitag (in Nürnberg mit Massenkundgebung und -aufmarsch der Wehrmachtsteile und sämtlicher Parteiorganisationen. Wir feierten dieses Spektakel in unserer nordischen Feierhalle) und andere. Genau betrachtet waren es eigentlich die Feiern, die mich zum gläubigen Nationalsozialisten machten, denn hier wurde nur das Gefühl angesprochen und der Opfersinn, der aus jedem Glauben erwächst, ganz gleich, ob zu religiösen oder weltanschaulichen Zwecken. Nichts ergriff mich so sehr wie das Lied: „Deutschland, heiliges Wort . . ." Ich sang es mit Inbrunst und religiöser Hingabe und träumte vom vollkommenen deutschen Menschen, der edel ist, hilfreich und gut, und von der ebenfalls vollkommenen, gerechten „Volksgemeinschaft" freier und aufrechter Staatsbürger, in der das Böse und Kranke allmählich verschwunden sein wird. Selbstverständlich, das wußte ich, gibt es noch, na sagen wir mal, 5 Prozent Unbelehrbare, die, ihrem niedrigen Egoismus folgend, gegen den Nationalsozialismus sind, die noch nicht gelernt haben, sich dem Ganzen unterzuordnen, die noch nicht begriffen haben, daß das Glück des einzelnen abhängt vom Glück des Volkes. Genau für diese Widerspenstigen hat der Führer die Konzentrationslager geschaffen, Stätten, in denen sie lernen, für das Volk, für die Gemeinschaft zu arbeiten. Da soll es hart hergehen, hört man. Richtig so, bei uns geht es auch hart her, aber wir freuen uns darüber, denn wir wollen uns dem Volke würdig erweisen, das uns mit seinen Steuern und damit seiner Arbeit die Möglichkeit gibt, hier in Stuhm zur Elite zu werden. Und die Härte hilft ja auch bei manchen, wie man am Beispiel unseres Pfarrers aus meinem Heimatdorf sieht. Der war etwa ein halbes Jahr verschwunden, wahrscheinlich im KZ, und nun ist er Leutnant der Reserve bei der „Flak". Es hat also etwas genützt.
Und die Juden? Die haben uns jahrhundertelang beherrscht,

haben sich dem gutmütigen, fleißigen deutschen Menschen in den Nacken gesetzt, ihn ausgesaugt und ausgenutzt und sich an deutschen blonden Frauen aufgeilt, sie geschändet und ihr nordisches Blut verdorben; eine eklige Rasse. Die Zeitschrift „Der Stürmer" (Herausgeber Gauleiter Julius Streicher), die in jedem Friseurladen ausliegt, beweist es zur Genüge. Da sind ganz scheußliche Typen dargestellt. Also hinaus mit ihnen! Allerdings kenne ich nur einen einzigen Juden, den Herrn Schmulewitz aus Königsberg, der mit meinem Vater Geschäfte machte. (Meine Eltern brachten ihm nach Königsberg immer heimlich Freßpakete, bevor er in die USA auswanderte, aber davon wußte ich nichts). Ein netter, humorvoller Mann, ich mochte ihn gerne leiden, aber ganz klar: Eine Ausnahme, die uns aber nicht davon abhalten soll, endlich härter zu werden und sie rauszuschmeißen.

Wir haben die Aufgabe, der Welt zu zeigen, was ein Volk, wenn es zu einem neuen Bewußtsein kommt, alles leisten kann. Die anderen Völker beneiden uns ja schon. KdF-Reisen nur für Arbeiter nach Madeira oder Norwegen, das gibt es nirgendwo auf der Welt. In den Wochenschauen sieht man ständig ausländische Politiker, die freudig unserem Führer die Hand schütteln. Sie merken allmählich, was los ist. Unser Beispiel wird die anderen Völker der nordischen Rasse mitreißen, die Engländer und Skandinavier, Belgier und Holländer. (Im Krieg kamen sogar zwei Holländer und ein Belgier zu mir an Bord, die sich zur „Verteidigung des Abendlandes" gemeldet hatten, andere Freiwillige waren in ganzen Divisionen zusammengefaßt.)

Wir Jungen sind der Anfang einer neuen Zeit. Meine Eltern haben schon 1928 Hitler gewählt, aber sie sind auf dem halben Weg stehengeblieben, sie sind Spießbürger geworden, sie meckern über alles, was die Regierung tut. Seit dem Niederschlagen des Röhm-Putsches 1934 sind sie – ich muß es leider sagen – keine richtigen Nationalsozialisten mehr, sind zu keinem Opfer mehr bereit. Vielleicht kann man das den Alten nicht einmal übelnehmen, die sind in einer anderen, schlechteren, Zeit groß geworden. Aber wir werden anders sein. Wir werden das großgermanische Reich schaffen. Wir haben es ja geschworen in jener Nacht, als wir vom Anstaltsleiter unsere Seitengewehre verliehen bekamen.

Das geschah, als wir in die Obersekunda versetzt wurden. Die Anstalt besaß eine Art Schullandheim, das sogenannte Blockhaus, wunderschön auf dem Steilufer der Nogat gelegen, mit weitem Blick über die Danziger Weichselniederung. Hier, an diesem romantischen Ort, fand die feierliche Übergabe der Seitengewehre an unsere beiden Züge statt, und zwar nachts, da ist die Seele aufgeschlossener. Die Übergabe war ein symbolischer Akt, der uns zu wehrhaften Jünglingen machte, durch ihn wurden wir fast Erwachsene, ausgestattet mit mehr Rechten und Pflichten. Die gesamte Anstalt, einschließlich der Erzieher, stand schon im offenen Viereck angetreten, als wir einmarschierten. In der Mitte brannte ein großer Holzstoß, den die kleinen Sextaner vorher aufgebaut hatten, neben den zwei Fahnenmasten hielten die Primaner, die schon früher ihre Seitengewehre bekommen hatten, Ehrenwache.

Die Nacht und das Feuer, die Schatten des Waldes im Hintergrund und das Rauschen des Windes in den Kiefern am Blockhaus gab dem Ganzen etwas Düsteres und Schwermütiges. Die Feier sollte ja den Rahmen einer Verpflichtung für das ganze Leben abgeben, da ist eine wagnerische Atmosphäre angebracht, fanden wir. Es wurde diesmal nicht gesungen, nur der Alei hielt eine kurze Ansprache über die Treue. Dann rief er Namen für Namen auf, wir traten einzeln vor und erhielten das Seitengewehr mit der Aufschrift auf der Klinge: „Mehr sein als scheinen." Danach gelobten wir unserem Vaterland die Treue. (In Amerika lernen die Schulanfänger die Treueverpflichtung dem Staat gegenüber, die „Pledge of allegiance", auswendig und sagen sie fast täglich im Angesicht des Sternenbanners auf.)

Zwei Mann von uns lösten die Fahnenwache ab. Abwechselnd hielten wir die Nacht hindurch an den Fahnen Wache. Während ich dort stand und mein neues Seitengewehr spürte, schwor ich mir, für Deutschland zu leben und zu sterben. Obwohl ich heute weiß, mit welcher psychologischer Kenntnis all das inszeniert war, wie von höchster Stelle mit unseren idealistischen Gefühlen Schindluder getrieben wurde, was alles im Namen Deutschlands geschah, so ist es mir doch unmöglich, dieses Erlebnis mit leichten, ironischen Worten zu beschreiben, weil ich weiß, daß unser Gefühl und auch das unserer Erzieher echt war. Wir versuchten, so gut wir es konnten, unserem Ideal getreu zu leben.

Und ich frage mich wirklich: Hat mein Idealismus mit dem Ende des Nazireiches aufgehört zu existieren? Bin ich nicht immer noch Idealist, der an das Gute glaubt, an die Notwendigkeit der Pflichterfüllung; der bereit ist, für eine gute Sache, die in der Zukunft liegt, Opfer zu bringen? Wollte ich nicht als Lehrer Kinder zu Erwachsenen erziehen, die Verantwortung für sich und andere übernehmen, die nicht ständig mit allen Mitteln auf ihren Vorteil bedacht sind, und die Bescheidenheit, Wahrhaftigkeit und Rücksichtnahme nicht als Dummheit betrachten. Ist dieses Erziehungsziel zu preußisch, zu altmodisch, zu reaktionär oder zu utopisch?

Nun, über den Sinn unserer Erziehung zu diskutieren, wäre uns damals lächerlich vorgekommen, wir standen auf festem Boden, der, wie es uns schien, ja nicht erst 1933 geschaffen worden war, sondern weit in die Geschichte bis zu den Germanen zurückreichte. Allerdings interessierte mich der Geschichtsunterricht nicht sonderlich. Das lag zum einen sicherlich an unserem Geschichtslehrer Elsner, der beim Reden weithin, bis in die dritte Bankreihe, Spucke versprühte, zum anderen aber auch am Inhalt. Was ging es mich an, ob Kleve, Mark und Ravensberg im Jahre sowieso durch Heirat an das Haus X oder Y gefallen war. Schrecklich. Ich lernte die Zahlen schnell, vergaß sie noch schneller und wunderte mich über die Genies, die so etwas Unwesentliches in ihren Gehirnen speichern konnten. Etwas mehr beeindruckte mich schon die Geschichte der Germanen, zumal der Stoff durch den Deutschunterricht ergänzt wurde, und noch heute kann ich Stücke des Hildebrandsliedes in Althochdeutsch und Walter von der Vogelweide in Mittelhoch-

deutsch auswendig zitieren; und den Siegfried Haneberg, der
sehr lang und dünn war, nannten wir Yggdrasil nach einem
göttlichen Baum aus der Edda. Als Preuße war ich natürlich
auch stolz auf die preußische Geschichte. Ohnehin erschienen
mir die Preußen als so ziemlich das Höchste, was die Mensch-
heit hervorgebracht hatte; sie waren sozusagen der Sauerteig in
dem Reifeprozeß der deutschen Nation, und Namen wie Gnei-
senau, Scharnhorst, Moltke, Derfflinger, Ziethen und Blücher
waren feste Größen in meinem Bewußtsein, von Bismarck und
Friedrich dem Großen ganz zu schweigen. Für mich waren die
Begriffe Preußen, Deutschland und Nationalsozialismus fast
identisch. Schill, Schlageter und Horst Wessel waren ebenfalls
drei aus der überwältigenden Menge von Vorbildern. Die Welt
wäre zusammengebrochen, wenn ich gewußt hätte, daß Horst
Wessel angeblich ein Zuhälter war.
Doch irgendwann stößt jeder Idealist mit dem Kopf gegen die
Betonwand der Wirklichkeit und gerät, wenigstens für kurze
Zeit, ins Grübeln. Ich holte mir meine erste Beule zu Beginn der
Weihnachtsferien 1940 bei meiner Ankunft auf dem Heimat-
bahnhof Wöterkeim. Es war reichlich Schnee gefallen, und als
ich das Gebäude verließ, sah ich schon drüben unseren Pferdeschlitten auf mich warten. Doch statt meines Vaters saß ein
fremder, älterer Mann darin und schaute zu mir rüber. Ach ja,
das habe ich ganz vergessen, wir haben ja einen polnischen
Kriegsgefangenen, von dem mir meine Mutter geschrieben hat.
Wladek oder so ähnlich heißt er, und Deutsch kann er auch. Soll
ein ganz netter Mann sein, sagt sie. Aber netter Mann hin, netter
Mann her, er ist Pole und damit Slawe. Das ist natürlich bei
weitem nicht so schlimm wie Jude, aber immerhin doch irgendwie minderwertiger als wir von der nordischen Rasse. Den
Slawen fehlt im Gegensatz zu uns das schöpferische Genie, das
ist der Hauptunterschied. Und nun ahne ich schon, daß meine
alten Eltern – Vater ist schon fast 50 – wieder dabei sind, den
typisch deutschen Fehler zu machen, nämlich die Besiegten zu
weich zu behandeln. Man braucht ja nur die Geschichte zu
betrachten und die englische oder französische mit der deut-

schen zu vergleichen. Wir waren immer großzügig und nachgie-
big zu den Unterlegenen, die anderen dagegen gnadenlos und
demütigend. Siehe Versailles oder die Behandlung der Eingebo-
renen in Indien oder der Buren in Südafrika. Auf diese Weise
haben sie ihre Weltreiche aufgebaut und behalten. Selbstverständlich muß man Besiegte fair und anständig behandeln, wir
wollen ja besser sein als die Franzosen und Engländer, aber
Abstand, bitte, keine Verbrüderung, kein Auf-die-Schulter-
Klopfen, kein Wie-geht-es-dir-alter-Freund. Wladek muß wissen, wo sein Platz ist.

Mit diesen klaren Prinzipien begab ich mich zum Schlitten und
stellte mich vor. Wladek sprang heraus und half mir, einen
dicken Schafspelz über meine Anstaltsuniform zu ziehen. Jawohl, so ist es richtig, so gehört sich das, dachte ich und setzte
mich zufrieden neben ihn. Eigentlich wollte ich ja die Leine in
die Hand nehmen und selber fahren, aber ich besann mich
rechtzeitig auf meine Prinzipien und ließ mich von ihm durch
die Winternacht kutschieren. Ein junger Herr.

Weil ich nur ganz wenige kennengelernt hatte, interessierten
mich Ausländer mächtig, doch ich bezwang mein Verlangen,
ihm Fragen zu stellen. So fängt das nämlich an mit der Kumpel-
tour. Doch zu meinem leichten Befremden begann er, ungehemmt und ohne Arg, darauf loszuplaudern, sprach von meinem jüngeren Bruder als sei er sein Sohn, berichtete von spaßigen Erlebnissen, die er mit meinen Eltern hatte, als sei er ein
Ebenbürtiger, und erzählte von Streichen, die er mit Fritz Stobbe, unserem Dorfspaßmacher, gemeinsam ausgeheckt hatte, als
sei der sein Busenfreund. Sein Witz und seine komische Aus-
sprache, seine verdrehte Grammatik und der verschmitzte Gesichtsausdruck brachten mich zum Lachen. Doch kannst du
deine überlegene Herrenwürde aufrechterhalten, wenn du
lachst? Meine seelischen Barrieren jedenfalls schmolzen dahin
wie Schnee in der Sonne. Und so kam es, daß ich mich nach
seinem Ergehen erkundigte, nach seiner Familie mit den vier
Kindern fragte, von denen die jüngste Tochter drei Jahre alt war.
Ehe ich mich versah, war die Fahrt nach Hause zu einer fröhli-

chen Schlittenpartie durch eine verschneite Landschaft geworden. Zu Hause merkte ich bald, daß mein Vater ihn wie einen Kumpel behandelte (später gab er ihm sogar Urlaub auf Ehrenwort), meine Mutter sich über seinen Humor amüsierte und mein Bruder wie eine Klette an ihm hing. Mit der dünnen Ausrede, daß mich ja niemand aus Stuhm sieht, weder Erzieher noch Kameraden, gab ich schlechten Gewissens meinem Gefühl nach, legte den siegreichen Herren ab und akzeptierte ihn als Kameraden, der das Pech hatte, in Kriegsgefangenschaft geraten zu sein. Aber leise nagte doch der Zweifel in meiner Seele: Ist das nun Verrat am deutschen Gedankengut oder nicht? Weichst du auch schon auf wie die Alten? – Das war die erste kleine Beule, die ich mir bei der Kollision von Ideologie und wirklichem Leben gestoßen hatte.

Unser Leben in der Anstalt war aber viel fröhlicher, als ich es bisher geschildert habe. Da war z. B. der Rosenmontag. Zwar bauten wir an diesem Tag unsere Betten noch selber, sonst aber waren die Rollen vertauscht. Die Erzieher machten Stubendienst, schleppten zu den Mahlzeiten das Essen für die feixenden Schüler heran. Der Anstaltsleiter mußte beim Mittagsappell dem kleinsten Sextaner die Anstalt angetreten melden, und im Unterricht wurde natürlich nur Unsinn gemacht. Abends dann: Kostümfest in der Halle. Die Primaner durften Mädels einladen und tanzen, die Jüngeren verkleideten sich als Trapper oder Indianer, tobten im Gebäude umher, tranken viel Brause und führten kleine Theaterstücke auf.

Besonders aufregend und für unser Verhältnis zu Mädchen sehr wesentlich waren die Tanzstunden. Zu einem perfekten deutschen Jungen gehörte auch die Fähigkeit, sich nicht nur im Gelände, sondern auch auf dem Tanzparkett zu Hause zu fühlen. Nach der Verleihung der Seitengewehre, der Mannbarkeitszeremonie, wurden wir auch offiziell und legal an etwa gleichaltrige Jungfrauen herangeführt. Mit der Ausrüstung eines Seitengewehrs wurde auch eine Umrüstung in der Uniform eines Jungmannes vorgenommen. Sowohl bei der Tages- als auch bei der Ausgehuniform verschwanden die kurzen Hosen, lange,

sogar mit Biesen (Säumchen), traten an ihre Stelle. Statt Blusen trugen wir Jacken, und dunkle Schlipse zierten die mageren Hälse. So ausstaffiert fuhren wir eines Winterabends im Anstaltsbus, mit Gehrmann als Aufsicht, nach Marienburg zur Tanzstunde, irgendjemand hatte die einheimischen Mädchen selektiert und in einen Saal geschafft. Gewaschen, rasiert und mit duftender Pomade frisiert, waren wir bereit, uns im gesellschaftlichen Benehmen, das zugegebenermaßen bei uns etwas zu kurz gekommen war, und in der Tanzkunst ausbilden lassen. Als wir den Saal betraten, waren die Damen (der Tanzlehrer nannte sie wirklich so) schon alle da und saßen aufgereiht an einer Wand. Uns „Herren" plazierte man gegenüber. Der Tanzlehrer und seine magere Frau begrüßten uns. Danach mußten wir uns einzeln vorstellen. Gehrmann saß schmunzelnd in einer Ecke: Unser tolpatschiges Verhalten verschaffte ihm vergnügliche Stunden. Ich hatte schon während der Begrüßung eine feste Peilung, und als wir aufgefordert wurden, eine der aufgeblühten Blumen aus dem bunten Strauß zu pflücken, schossen wir alle aus den Startlöchern, als gäbe es heiße Würstchen umsonst. Hier ging es wie so oft im Leben nach dem altdeutschen Bauernspruch: Wer zuerst kommt, mahlt zuerst. Ich erreichte meine Auserwählte mit einer knappen Nasenlänge vor Theo und hielt nun, vor Aufregung zitternd, die Schönste am und beim Tanz sogar im Arm. Sieger. Sie hieß Waltraut Haag, hatte weizenblondes Haar mit Knoten im Nacken und blaue Augen, war graziös und genauso scheu wie ich. Gehrmann lobte auf der Rückfahrt meinen Geschmack und gab ihr den Namen „Germania", unter dem sie dann auch in der Klasse lief.
Wir lernten die ersten Schritte des Foxtrotts, des Tangos und des Walzers, ein Grammophon produzierte die erforderliche Musik. Germania und ich kamen ganz gut miteinander zurecht, doch bei einigen Paaren ähnelte der Tanz eher einem Ringkampf. Der Tanzlehrer kam uns mit seinen Posen etwas affig vor. Aus gegebenem Anlaß belehrte er uns, daß es nicht „schwitzen" heißt, wenn man Feuchtigkeit absondert, sondern „transpirieren".

Nach diesem ersten Training hatten wir bis zur Abfahrt eine halbe Stunde Zeit, um die Partner nach Hause zu bringen. Germania wohnte gleich um die Ecke, und da ich Trottel nicht wußte, was ich mit ihr anstellen sollte, war ich nach fünf Minuten schon am Bus. Später gingen wir spazieren, wobei ich ihr viel von Rilke vorschwärmte, und eines Sonntags besuchte ich sie auch zu Hause (mit von Erdmann befohlenem Blumenstrauß). Ihre Scheu und meine Schüchternheit verhinderten ein intensives Erforschen der Topographie des jeweils anderen Geschlechts.

Natürlich war für uns das Thema „Mädchen" sehr wichtig, wenn auch nicht Thema Nr. 1. Es wurde auf dreierlei Weise behandelt. Da gab es die wenigen Prahler, die geheimnisvoll unerhörte Erlebnisse mit „Weibern" andeuteten, ohne jedoch Einzelheiten ihrer Handlungen preiszugeben, wenn man sie danach fragte. Heute bin ich sicher, daß all diese Geschichten von A bis Z ihrer Phantasie entsprungen waren. – Dann sprach und träumte man mit seinem Freund von den Mädchen als von unbekannten zauberhaften, leicht verletzbaren Wesen, die je nach Stimmung die Gestalten von Kriemhild, Fausts Gretchen oder anderen literarischen Vorbildern annahmen. Drittens träumte man nachts allein vor dem Einschlafen von Mädchen, die man irgendwo gesehen, aber niemals gesprochen hatte, und die in der Phantasie ohne viel Federlesens bereit waren, sich sexuellen Erkundungen zur Verfügung zu stellen. Das hatte allerdings nichts mit dem erwähnten Spruch vom Reinbleiben zu tun. Es war also tatsächlich höchste und schwerste Lebenskunst.

In jener Zeit war ich zum ersten Mal richtig und echt verliebt. Der Blitz schlug ein, als eine Gruppe von Führerinnen des „Landjahres" für einen Tag die Anstalt besichtigten. Das „Landjahr" war eine Art weiblicher Arbeitsdienst, speziell für Hilfen auf dem Bauernhof gegründet. Unser Zug war zur Begleitung abgeteilt, und ich erhielt einen Starkstromschlag, als ich „sie", Agnes Schröder, zum ersten Mal sah. Schwarze Augen, kupferfarbenes Haar. Während der ganzen Führung blieb sie dicht in meiner Nähe, sprach nicht, sondern lächelte mich nach Art der Mona Lisa an. Alles, was ich der Gruppe zu sagen hatte, sagte ich zu ihr, und mir war, als würden wir uns seit tausend Jahren kennen. Allerdings muß mein Bekanntenkreis in meinem früheren Leben ziemlich groß gewesen sein, denn so wie mit Agnes sollte es mir später noch öfters ergehen. Jedenfalls war ich verzaubert, und zu diesem Zustand hat wohl auch die Tatsache beigetragen, daß wir, was Mädchen betrifft, auf strenge Diät gesetzt waren. Zum Glück fand bald darauf das alljährliche Karnevalsfest statt. Ich lud sie ein, und sie erschien auch wirklich. Ich weiß nicht mehr, ob wir viel tanzten, ob ich bei dem Fest auch mit meinen Kameraden zusammen war, ob wir uns küßten. Ich glaube, ich starrte sie nur an und ließ mich von ihrem Zauber gefangennehmen. Alles wie in einem schönen Frauenroman. Es gab also auch Liebe in unserem kleinen Sparta, wenn auch nur sehr platonisch.

Würden mich heute Psychologen über Fälle von Homosexualität befragen, so könnte ich ihnen mit keinerlei Angaben dienen: Dieses Problem gab es bei uns nicht. Erst nach dem Kriege habe ich vom Unterrichtsleiter (Konrektor) Dr. Wolf, genannt Lupus, erfahren, daß ein Junge während der Ferien in Königsberg mit Homos in Kontakt gekommen war und sich eines Nachts in unserer Anstalt durch einen Sprung aus dem 4. Stock das Leben nahm, weil er den Konflikt zwischen Ideal und beschämender Erfahrung nicht mehr ertragen konnte. Ich erinnere mich, daß es plötzlich hieß, Jungmann X sei vom Schlafsaal aus dem Fenster gefallen und im Königsberger Krankenhaus gestorben. Wir sind nie auf die Idee gekommen, daß dahinter mehr gesteckt hätte als nur ein Unfall. Auch wenn es für fortschrittliche Ohren unglaubwürdig klingt, muß ich gestehen, daß ich auch in den Männergesellschaften meines späteren Lebens, beim Arbeitsdienst (RAD), bei der Kriegsmarine oder bei der Bundesmarine nie auf Fälle von Homosexualität gestoßen bin. Erst 1962 bin ich einem leibhaftigen Homo begegnet. Und das war ein französischer Admiral.

Ein weiterer Höhepunkt unseres Jungendaseins im Frieden war

das „Manöver", bei dem sich die Jungmannen aller Anstalten Deutschlands von Untertertia an in irgendeinem „Gau" (parteipolitischer Ausdruck für Provinz) trafen. Die Manöver wiederholten sich jedes Jahr und sollten zur Tradition werden. 1939 fand eins in der „Ostmark" (eingegliedertes Österreich) statt. Schon allein die Fahrt im Sonderzug dorthin war ein großes Erlebnis, führte sie uns doch ins „Reich", wie alle Ostpreußen, die das Gefühl hatten, auf einer nationalen Insel zu leben, den übrigen Teil Deutschlands nannten. Im Reich zu sein, das allein war schon ein Erlebnis. Als wir durch das Hochgebirge fuhren, hingen wir Flachländer an den Fenstern und waren vor Staunen und Ehrfurcht ganz stumm. In der Nähe von Villach stiegen wir aus und schlugen im Tal ein Zeltlager auf. Die Behausungen dazu bestanden aus zusammengeknüpften Zeltbahnen, die gleichzeitig als Regenmäntel dienten. Zu unserem Truppenbestand gehörten Reitpferde, fünf Geländewagen, ein Lkw mit angehängter Feldküche und der Anstaltsbus.

Am frühen Nachmittag waren wir mit der Einrichtung unseres Lagers fertig, und da uns der Zweitausender in der Nähe lockte und reizte, wollten wir schnell mal nebenbei seinen Gipfel erstürmen. Eberhard immer voran. Nachdem wir uns aber zwei Stunden keuchend abgequält und kaum an Höhe gewonnen hatten, kamen wir zu der Erkenntnis, daß die Kraxelei ein etwas langwierigeres Unterfangen sei und gaben schweren Herzens und kleinlaut wieder auf. Am nächsten Tag konnten wir dann unseren Tatendrang bei einer ganztägigen Bergwanderung befriedigen. – Danach begann das Manöver. Zur Orientierung wurde uns die militärische Lage bekanntgegeben: Die norddeutschen Anstalten Stuhm, Plön, Köslin, Schulpforta und Neuzelle sind in die Ostmark eingefallen und haben den Auftrag, über die Drau hinweg das Land zu erobern, welches von den süddeutschen Anstalten verteidigt wird. Na, das schaffen wir mit links. Das Manöver dauerte fünf Tage. Von unserer Anstalt schwamm ein heldenhafter Primaner mit einem Seil durch die reißende Drau, befestigte es drüben an einem Baum, und wir anderen hangelten uns daran auf die gegenüberliegende Seite.

Wir schliefen nachts unter Bäumen und taten uns sehr leid. Eines Tages waren wir gezwungen, die Feldküche zurückzuerobern, die samt Koch in Feindeshand gefallen war. Ich weiß noch, wie Streitkräfte nach taktischen Erwägungen aufgestellt wurden, um wieder in Besitz dieses lebensnotwendigen Ojekts zu kommen. Stuhm vorne, Neuzelle dahinter. Wir griffen immer mit anstaltstypischen Schlachtrufen an. Bei uns z. B. grölten zehn Mann „Saaankt" für St., die ersten zwei Buchstaben des Worts Stuhm, und die ganze Heerschar fiel dumpf mit „Uuuuhm" ein. Das klang schaurig und machte die Feinde zittern. Hinter uns riefen die anderen: „Ha, ho, he – Neu-zel-leee", was, wie jeder zugeben muß, lange nicht eine solche demoralisierende Wirkung auf Feinde haben konnte. Wie homerische Krieger auf solche Weise in Kampfesstimmung versetzt, stürzten wir uns auf die lächerlichen Süddeutschen. Beim Kampf um die Lebensfäden am Handgelenk türmten sich hohe Pyramiden aus Jungenkörpern auf, aus denen Arme und Beine hervorragten, und man mußte mächtig aufpassen, daß man nicht zu unterst zu liegen kam.

Zum Abschluß des Manövers hatte die Leitung das Geschehen so organisiert, daß es zu einer Schlacht auf einer Wiese am Faaker See kam, wo etwa 1000 Jungen aufeinanderstießen. Anschließend wurden die „Toten" gezählt, und das Resultat ergab einen eindeutigen Sieg der Norddeutschen. Das hatten wir ja gleich prophezeit. Es folgten noch vier Tage Lagerleben am See. Wir ermittelten in Handballturnieren und Leichtathletikwettbewerben die besten Anstalten, es gab Wettsingen und Feiern an Lagerfeuern. Wir hatten auch Zeit genug, um mit den anderen Jungs Kontakt aufzunehmen. Etwas abseits hatte sich auch eine weibliche NPEA aus der „Ostmark" niedergelassen. Wir besuchten die Mädels einmal, nahmen aber als Tertianer keine besondere Notiz von ihnen, sondern betrachteten sie als Exotinnen. – Jeder kann sich denken, daß solche Manöver uns Jungs hellauf begeisterten. Während des Krieges fanden sie natürlich nicht mehr statt. Da war aus dem Spiel Ernst geworden. Übrigens haben mir ehemalige englische Pfadfinder von ähnlichen Unternehmungen berichtet.

Im allgemeinen hatte der Krieg keinen großen Einfluß auf unser Anstaltsleben. Der Unterricht lief mit einigen unwesentlichen Kürzungen weiter. Ein kleiner Teil der Erzieher wurde zur Wehrmacht eingezogen und später mit anderen ausgetauscht.

Wie alle Menschen der kriegführenden Staaten waren wir absolut davon überzeugt, für eine gute Sache zu kämpfen. Danzig, eine rein deutsche Stadt, die gegen den Willen der Bevölkerung vom Reich abgetrennt worden war, sollte wieder deutsch, und eine „extra-territoriale Straße" quer durch den ebenfalls geraubten, irrsinnigen „Korridor", der Ostpreußen vom Reich abschnitt, sollte eingerichtet werden. War das zu viel verlangt? Aber nein, Polen, von seinen Alliierten aufgehetzt, weigerte sich, diesen gemäßigten Forderungen nachzukommen. Klarer Fall also. Jetzt galt es, für Deutschland einzustehen und unser Gelöbnis in die Tat umzusetzen. Das alles war für uns die selbstverständlichste Sache der Welt. Da gab's nichts zu diskutieren. Was uns aber zutiefst bedrückte, war die Tatsache, daß wir zu jung für den Einsatz im Krieg waren. Der Krieg würde bald siegreich beendet sein, und wir hätten uns nicht bewähren dürfen, hätten keine Opfer gebracht. Andere starben für Deutschland und wurden verwundet, wir dagegen hatten in der Zeit, in der das Vaterland jeden gesunden Mann brauchte, Latein gelernt. Im Ersten Weltkrieg hatten sogar 15jährige Engländer die Seeschlacht am Skagerrak mitgemacht und waren dabei gefallen! Mein Sohn würde mich später fragen, was ich im Krieg gemacht habe, und ich würde beschämt sagen müssen: „Gedichte gelernt, mein Sohn."

Diese Angst verfolgte uns zwei Jahre, bis abzusehen war, daß auch wir unseren Teil zum Überleben der Nation beitragen würden. Etwas verblüfft waren wir nur, daß Stalin, der Hitler zu seinen Siegen gratulierte, plötzlich so eine Art Freund geworden war.

Wir verfolgten den Kriegsverlauf begeistert in den Zeitungen, eine Siegesmeldung jagte die andere. Ich erinnere mich noch, wie plötzlich eines Vormittags Alarm geläutet wurde. Vor der

angetretenen Jungmannschaft verkündete der Anstaltsleiter:
„Paris ist gefallen! (unbändiger Jubel) Wir feiern dieses Ereignis auf unsere Weise. In 15 Minuten feldmarschmäßig antreten!" Dann tobten wir zwei Tage lang durchs Gelände.
Von Zeit zu Zeit erschienen ehemalige Jungmannen in ihren ordensgeschmückten Uniformen und verbrachten einige Tage ihres kurzen Urlaubs unter uns. Nein, der Krieg war kein Problem für uns. Sehr viel mehr beschäftigte uns die Frage, zu welcher Waffengattung wir uns freiwillig melden sollten. An diesen heißen Diskussionen beteiligte ich mich nicht, denn seitdem ich die Bücher von Graf Luckner gelesen und ihn sogar persönlich kennengelernt hatte, gab es für mich nur die Marine. Offiziere der verschiedenen Waffengattungen traten als Werber auf und hielten Vorträge, um uns der jeweiligen Konkurrenz abspenstig zu machen, denn nach Burschen wie uns leckte die Wehrmacht sich die Finger. Als ein SS-Offizier uns mit dem Versprechen lockte, bei seiner Einheit, dem SD (Sicherheitsdienst), könne man nach dem Krieg auch studieren, kam ich für einen Augenblick ins Schwanken: Hier könnte man den Eltern das Studiengeld ersparen. Doch die Sehnsucht nach dem blauen Tuch und dem weiten Ozean war stärker. Zu meinem Glück, denn nach dem Krieg galt jeder SS-Mann als Verbrecher und Ausgestoßener, schuldig oder nicht schuldig.
In unserer Klasse war es Mode, Fallschirmjäger oder Jagdflieger werden zu wollen, sie rangierten auf der Skala der Verwegenheit ganz oben, dementsprechend hoch war auch die Quote der Tapferkeitsorden.
Anfang 1941 hieß es, wir könnten in den Sommerferien die Leitung von Kinderlandverschickungslagern in der Ostmark übernehmen, an einer Norwegenfahrt mitmachen oder einer Einladung der Marine zu einem Segelkursus an der Yachtschule Glücksburg folgen. An einen möglichen Aufenthalt zu Hause bei den Eltern dachte niemand. Auch hierbei wurde ich gar nicht erst in die heftige Diskussion einbezogen, denn alle wußten, der Gronau meldet sich zum Segelkursus.
So machte ich zum ersten Mal die Bekanntschaft mit Schles-

wig-Holstein, ohne zu ahnen, daß dies meine zweite Heimat werden sollte. Ich fuhr nach Kiel, wo wir, etwa 50 Jungmannen aus ganz Deutschland, auf dem Wohnschiff „Patria" untergebracht wurden und zwei Tage lang Kriegsschiffe besichtigten – u. a. die „Tirpitz", die hier in der Werft lag. Das war ein so erschreckend großes Schiff mit so komplizierter Technik, daß ich mir vornahm, alles zu unternehmen, um nicht auf dieses Ungetüm kommandiert zu werden. Da hat man ja kaum eine Chance, sich zu bewähren.

Von Kiel ging es nach Glücksburg. Dort wohnten wir in der Yachtschule, wo junge Offiziere und Maate uns drei Wochen lang in die Kunst des Segelns einführten. Der Dienstbetrieb war rein militärisch mit Bootsmannspfeifen und marinetechnischen Ausdrücken, ganz wie auch heute noch bei den Kadettenschulen der britischen Marine. Wir trieben uns den ganzen Tag auf der Förde umher, segelten Dinghis, Jollen, Kreuzer und Starboote. Wenn wir wählen durften, nahm ich mir ein Dinghi, die kleinste Rasse unter den Booten, denn da war ich alleine und spürte jeden Windhauch über die Schot in der Hand. Höhepunkt und Abschluß bildete eine achttägige Segeltour in den dänischen Gewässern. Zu dieser Reise hatte ich auf einem Gaffelschoner angemustert, bei dem besonders das Segelsetzen kräftig in die Glieder ging. Was für ein herrliches Gefühl, wenn man am Ruder stand, die hohen Segel vor und über sich und so steuern mußte, daß sie immer schön voll Wind standen!

Neben der rein seemännischen Arbeit lernten wir auch die Anfänge der terrestrischen Navigation. Wir liefen Apenrade an, wo ich meine erste dänische Vokabel lernte. In unmittelbarer Nähe stand eine Fabrik, an deren Wand man in großen Buchstaben lesen konnte: Likenkistenmaker. Das ist doch viel anschaulicher und ausdrucksvoller als Sargfabrik.

Hätte Graf Luckner mir bei meiner Tätigkeit zugeschaut, er hätte seine Freude an mir gehabt.

Auch der übrige Sommer 1941 tröstete uns darüber hinweg, daß wir immer noch nicht in den Krieg ziehen durften. Die oberen Klassen wurden dazu abgeteilt, in den zurückgewonnenen Ostgebieten (Thorn, Bromberg, Posen) sogenannte „Volkstumsarbeit" zu leisten, d. h. wir sollten 14 Tage lang von Dorf zu Dorf fahren und für die volksdeutsche Bevölkerung Dorfgemeinschaftsabende veranstalten. Wir übten also Chor- und Volkslieder ein, trainierten Volkstänze (ohne Mädchen), lernten Gedichte und probten ein Theaterstück. Diese hochdramatische Dichtung wurde in Teamarbeit von Theo, Alfred, Jacob und mir verfaßt, d. h. die Ideen der Handlung wurden von uns gemeinsam in stundenlangen Diskussionen hervorgebracht und von Theo, unserem Dichter (Aufsätze immer Zensur 1), nachts heimlich auf der Stube dramatisiert. Mittelpunkt des Geschehens war eine Kuh, dargestellt von den Herren Jacob und Prüßmann, die von einem Viehhändler (Gronau) an einen Bauern (Alfred) verkauft werden sollte. Das Rindvieh aber war krank, hatte Darmverschlingung. Irgendwie wurde sie dann geheilt, und ich zog einen Korken aus einer im Hinterteil der Kuh plazierten und mit einem wäßrigen, braunen Brei gefüllten Flasche, die dann langsam leerlief. Gehrmann wußte von unserem Vorhaben zunächst nichts, und als wir ihm das Stück vorführten, lachte er Tränen und nahm es in unser künstlerisches Repertoir auf. So zogen wir auf Leiterwagen wie die Komödianten des Mittelalters umher, beladen mit Verpflegung und Requisiten und ernteten überwältigende Erfolge mit dem oscarreifen Drama „Die verkaufte Kuh".

Andere kurze Theatervorstellungen begründeten in der Anstalt meinen Ruf als Schauspieler; Gehrmann fragte mich doch ernsthaft, ob ich diesen Beruf nicht ergreifen wolle, hatte ich doch mein Talent auch bei der Inszenierung von Kleists „Prinz v. Homburg" unter Beweis gestellt. Doch meine Berufswahl war schon gefallen. Obschon der Segelkursus in Glücksburg ein großes Erlebnis war, fühlte ich mich doch in die lichten Höhen des Geistes, in die Nähe von Kant oder Nietzsche hingezogen. Die philosophischen Arbeitsgemeinschaften und Gehrmanns Deutschunterricht hatten ihre Wirkung nicht verfehlt. Und Schauspielerei ist doch, wie schon der Name sagt, mehr oder minder Spielkram bei einer Schau; das kann man ja eigentlich nicht ernst nehmen. Statt dessen schwebte mir das Studium der Germanistik vor, um dann Erzieher einer NPEA zu werden, möglichst an unserer eigenen Anstalt. Nebenher wollte ich selbstverständlich weiterhin Marineoffizier werden, aber nur Reserve. Übrigens wollte die große Mehrheit studieren; nur etwa acht Jungs unserer Klasse wurden aktive Offiziere, keinen zog es zur SS. Man hört oft, man wollte aus uns Parteiführer machen. Wäre jemand mit diesem Vorschlag an uns herangetreten, wir hätten ihn schallend ausgelacht, denn Parteibonzen standen bei uns in der Skala der Beliebtheit an allerletzter Stelle. Heute würde man sagen, ihr Image war verheerend. Sie stellten für uns den Inbegriff des Spießers dar, fett und voll hohlklingender Phrasen. Wir trauten ihnen nicht zu, daß sie im Notfall persönliche Opfer bringen und ihren Schlagworten gemäß leben würden. Wir verachteten sie, und ich kann mich nicht erinnern, daß auch nur ein einziger den Wunsch geäußert hätte Parteiführer werden zu wollen.

Die Berufsfindung war für mich deshalb nicht allzu schwierig, weil ich, wie die anderen auch, vom wirklichen Leben der Erwachsenen keine Ahnung hatte. Ich kannte nur wenige Berufe, die einem Abiturienten offenstanden:

Pfarrer: Kommt nicht in Frage, Heuchler, da kann man auch gleich Schauspieler werden;

Jurist: Rechtsverdreher, Paragraphenhengst, kann man in Romanen lesen;

Staatsbeamter: Federfuchser, sagt auch Schiller in „Räuber". Aktenfurzer;

Gutsbesitzer: Wird man hineingeboren, außerdem zu wenig intellektuell;

Arzt: Muß sein, aber zu grauslich, da muß man in lebendiges Fleisch schneiden;

Forscher: Da muß man Mathe oder Physik können, deshalb nichts für mich;

Offizier: Das wäre schon was, aber doch eigentlich ohne geistige Tiefe.

Da uns allen die Wirtschaft ein unbekanntes Buch mit sieben

Siegeln war, kam niemand auch nur auf die Idee, etwas anzufangen, was mit Produktion und Handel zu tun hat. Wie kann
man nur sein Leben lang Hosenknöpfe herstellen und verkaufen? Und Bankgeschäfte hatten schon fast etwas Jüdisches an
sich. Dazu kam, daß ich noch nie eine Bank von innen gesehen
hatte.
Die Frage nach Verdienst, Einkommen oder gar Altersversor-
gung wurde überhaupt nicht gestellt, daran denken nur die
ekelhaften Spießer, und zum Leben wird's allemal reichen. Der
Sinn unseres Daseins kann ja wohl nicht darin liegen, reich zu
werden. – Damit war die Liste möglicher Berufe auch schon erschöpft.
Ich wollte also Erzieher werden, aber nicht nur aus Neigung,
sondern auch aus einer Verpflichtung heraus. Unter Theos Führung hatte sich eine kleine Verschwörergruppe von sechs Jungen gebildet, denn was wir so in Deutschland als gelebten
Nationalsozialismus erfuhren, war uns noch nicht rein genug.
Fundamentalismus nennt man so etwas heute. Für unseren Geschmack gab es zu viel Überfremdung (Jazz) und Spießertum
mit widerlichem Materialismus. Auch schien uns das Christentum einen verweichlichenden Einfluß zu haben. Da ist dauernd
von Demut die Rede und Backe-Hinhalten. Ein neuer Luther
müßte her, der die Kirche mal auf Trab bringt. Was wir wollten,
war die Askese. Wir glaubten fest, daß Theo, zweifellos ein Genie, so etwas wie ein Nachfolger Hitlers werden und den Nationalsozialismus reiner und noch edler machen würde. Er selber
glaubte das wohl auch, wie ich aus seinen dunklen Andeutun-
gen entnehmen konnte. Und zu dieser Veredlung brauchte er
entschlossene Männer, und zwar in allen Bereichen des geistigen Lebens, jeder sollte seinen Fähigkeiten gemäß wirken. – So
wurden wir seine gläubigen Jünger, die sich um den Meister
scharten, mit denen das Schicksal noch Großes vorhatte. Wir
waren zwar nicht 12 wie bei Jesus, aber immerhin, der Anfang
war auch mit einem halben Dutzend gemacht. Ich jedenfalls
wollte den Samen in die Herzen der kommenden Jünglingsge-
neration legen. Als mein Vater erfuhr, daß ich nicht aktiver

Offizier, sondern Erzieher werden wollte, war er sauer und murmelte etwas von Schulmeister, Hungerleider und Beamtenseele. Da konnte man wieder mal sehen, daß die alte Generation nichts von der neuen Zeit verstand. Ein „Ewig-Gestriger" hätte ich gedacht, wenn es diesen so überaus lächerlichen Ausdruck schon gegeben hätte; er paßt auch gut in den Nazijargon, mit ihm kann man auch in einer Demokratie Andersdenkende madig machen.

In diese Zeit fiel auch unser erster Besuch einer Oper in Danzig. Zugführer Bahr, der schon erwähnte Musikerzieher (dem „Künstler" nahmen wir seine rundliche, weiche Figur nicht übel), hatte uns systematisch darauf vorbereitet. In einem der Musikräume befand sich ein wertvolles Grammophon mit einer großen Auswahl von Schallplatten. Er begann seine Einführung in die klassische Musik mit der Sinfonie mit dem Paukenschlag von Haydn. Da die Sätze volksliedhaften Charakter haben, gefiel die Musik uns so sehr, daß wir sie, von Bahr ermuntert, bald mitsangen. Als wir die Sinfonie fast auswendig konnten, gab er jedem eine Partitur, und wir folgten mit Genuß Haydns Reise durch die Musik und freuten uns, wenn wir auf dem Papier den Paukenschlag erleben konnten. Danach machten wir uns auf die gleiche Weise an Mozart heran. Bald konnten wir die bekannten Arien der „Zauberflöte" mitsingen. Es muß für Bahr ein erlesener Ohrenschmaus gewesen sein, wenn wir, gerade dem Stimmbruch entwachsen, zart und mit viel Gefühl sangen: „Dies Biiildnis ist bezaubernd schön." Als Belohnung für so viel schönes Gekrächze fuhr er mit uns nach Danzig zur Aufführung der Zauberflöte, wo wir vermutlich die anderen Musikkenner durch unser Mitsummen in Entzücken versetzten. Später, an Bord eines Vorpostenbootes im Skagerrak, als ich neben vielen anderen Aufgaben auch den Posten des Wehrbetreuungsoffiziers übernahm, fand ich in einer Backskiste ein Grammophon mit vielen Platten vor. Und nach Marika Rökk und Ilse Werner stieß ich auch auf die Zauberflöte, die jemand mit merkwürdigen Vorstellungen vom Musikgeschmack der Seeleute an Bord geschickt hatte. Und so kam es, daß, während die Heizer nachts im Maschinenraum mit nacktem Oberkörper, vom Schweiß überströmt (Transpiration), Kohlen ins Feuer schaufelten, ein Fähnrich der Freiwache ein Deck über ihnen lauthals sang: „Sagt, ist es Liiiebe, was hier so brännt . . .?"

Um meine Musikalität noch zusätzlich selbst zu verwirklichen, trat ich dem Anstaltschor bei, mit dem wir vor Verwundeten im Marienburger Lazarett und im Krankenhaus sangen.

Doch hatten wir Jungs mit der Musik auch unsere Schwierigkeiten. Wir wußten, daß es undeutsche Musik gab, Rhythmen mit abartigen Synkopen, seichte Importe aus Amerika. „Swing" hieß das. Zu Weihnachten hatten mir meine Eltern ein Grammophon geschenkt. Seit dieser Zeit glich meine Stube einem Ort für Vollversammlungen. Irgendjemand hatte Platten von Peter Kreuder besorgt, und nun „swingten" Jungmannen einer NPEA (zäh wie Leder, hart wie Kruppstahl, flink wie die Windhunde) auf der Stube Winrich von Kniprode wie Derwische umher. Die Musik faszinierte uns, erzeugte bei uns Fundamentalisten aber arge Gewissensbisse. Das Ganze war doch ein klarer Fall von Entartung. Nach jeder Tanzorgie (Eberhard war am meisten entflammt) redeten wir uns ein, daß die Platten ja in Deutschland produziert und verkauft wurden, es gab folglich auch keinen Bannstrahl von oben. Wir brauchten also deshalb keine Angst zu haben, verseucht zu werden und Schaden an unserer Seele zu nehmen, obwohl der Swing ein bißchen wie süßes Gift schmeckte. Eines Abends schaute Gehrmann bei unserem wüsten Treiben zur Tür herein, wir wurden ein wenig rot, er aber grinste nur und verschwand.

Ich muß noch einen anderen Erzieher erwähnen. Kurz vor Kriegsbeginn erschien bei uns ein Zugführer, von dem wir wußten, daß er zu unserer Anstalt gehörte, aber Austauschlehrer in England gewesen war. Nun bekamen wir ihn als Englischlehrer. Wir wußten nicht, was wir von ihm halten sollten, denn als der Klassendienst ihm zu Beginn der Stunde Meldung machte, grüßte er beileibe nicht zackig zurück, wie wir es von den anderen Erziehern gewohnt waren, sondern verbeugte sich ein wenig und vollführte einen so legeren „deutschen Gruß", wie wir ihn noch nie gesehen hatten; angewinkelter Arm, Handfläche nach innen, es war schon fast ein Zuwinken. Er erzählte spannend von England und auch davon, daß er als Mitglied der SS vor seiner Abreise aus Deutschland vom Ministerium bestimmte Spionageaufträge bekommen hätte, Näheres könne er natürlich nicht sagen. Na klar, das verstanden wir. Er deutete aber doch so viel an, daß er sich oft in Häfen rumgetrieben und Werftarbeiter ausgefragt hätte. Sein zwangloses, etwas großspuriges Benehmen, das so ganz im Gegensatz zu dem Verhalten der anderen Erzieher stand, und dazu diese geheimnisvolle Tätigkeit, die ihm sicherlich – daran gab es für uns keinen Zweifel – beim Erwischtwerden den heldenhaften Tod durch Erschießen eingebracht hätte, das alles machte ihn in unseren Augen zu einem faszinierenden Mann, obschon wir ihn im Verdacht hatten, ein Angeber zu sein. Später wurde er eingezogen und verschwand aus unserem Gesichtsfeld. 1948 traf ich ihn auf der Straße wieder und erfuhr, daß er als Angehöriger des Sicherheitsdienstes in der Spionageabwehr in Berlin tätig und im Rahmen seiner Aufgabe öfter in Portugal gewesen war, um mit Engländern über Kriegsgefangenenaustausch zu verhandeln. 1945 sperrten ihn die Amerikaner folgerichtig für fast zwei Jahre in Nürnberg ins Gefängnis, wo sie ihn gar nicht gentlemanlike behandelten, sondern im Gegenteil ein bißchen folterten. Gnädig entlassen, wurde Dr. Klein Torfarbeiter und anschließend Vertreter für ärztliche Instrumente. Viel später durfte er wieder als Studienrat unterrichten.

Einen ebenfalls interessanten Erzieher bekamen wir 1938. Zwar hatte ihn niemand vorher gesehen, doch alle Welt kannte ihn: Gerhard Stöck, Olympiasieger im Speerwerfen 1936. Wir waren begeistert, hatten wir doch nun endlich ein sportliches Vorbild leibhaftig vor uns. Die Hand, die er mir gibt, hat vor zwei Jahren auch unser Führer, Adolf Hitler, gedrückt, in diese blauen Augen hat auch ER geblickt. Als gelernter Studienrat gab er in unserer Klasse Erdkunde und Sport. Doch unsere Begeisterung für ihn kühlte bald etwas ab, als wir merkten, daß er bei den großen Raufereien im Geländedienst nicht mitmachte.

Auch mied er sorgfältig die Sonne, die mache schlapp, erklärte er. Dann erfuhren wir, daß er als Leistungssportler jedes Risiko einer Verletzung vermeiden mußte, sollte er doch bei den geplanten Olympischen Spielen 1940 in Tokio wieder eine Goldmedaille holen.

Einmal habe auch ich meinem geliebten Führer in sein entschlossenes Auge schauen dürfen, als wir bei seinem Besuch Marienburgs an der Straße Spalier standen. Er stand in seinem Mercedes, Admiral von Horthy, der ungarische Reichsverweser, neben ihm als Gast, und im folgenden Wagen saß das etwas mindere Genie Reichsaußenminister v. Ribbentrop. Wir brüllten uns vor Begeisterung die Mandeln aus dem Hals und wären auf der Stelle, ohne weitere Fragen zu stellen, auf SEINEN Befehl hin gestorben. Ich glaube, es war der Tag, an dem er Horthy erpreßte, auf unserer Seite mitzukämpfen.

Das letzte große Gemeinschaftserlebnis hatte unser Zug im Januar 1942 in einem dreiwöchigen Skilager im schlesischen Riesengebirge. Die Klassenstärke war schon arg zusammengeschrumpft, weil es statt des Sitzenbleibens nur den Abgang gab. Wir wohnten auf einer einsamen Baude, einem Berggasthof mit Landwirtschaft, die Jahr für Jahr Primaner unserer Anstalt aufnahm. Da wir wußten, daß wir in einem halben Jahr Soldaten oder vielleicht gar schon tot sein würden, genossen wir diese Zeit ganz bewußt und schlossen Gehrmann als älteren Kameraden in unsere Gemeinschaft ein. Trotz der kümmerlichen Kriegsdiät unternahmen wir halsbrecherische Abfahrten und lange Tagestouren bis zur Schneekoppe, dem höchsten Berg Schlesiens. Bald nach unserer Rückkehr wurde Gehrmann eingezogen, und Dr. Körner wurde unser Klassenlehrer.

Die letzten paar Monate drangen gar nicht mehr richtig in mein Bewußtsein, weil ich mich innerlich ganz auf den zukünftigen Kriegseinsatz einstellte. Was werde ich alles erleben? Werde ich sterben? Ich glaube nicht, ich bin ein Sonntagskind. Aber werde ich auch tapfer sein, halten, was ich geschworen habe? Da hatte ich doch so meine Zweifel, denn ich war noch nie in Todesgefahr gewesen. Es soll ja Männer geben, die vorher große Töne spucken, aber versagen und davonlaufen, wenn es darauf ankommt. Andrerseits verbringen oft die Stillen und Unscheinbaren die größten Heldentaten. Man kennt sich anscheinend selber nicht. Zu welcher Kategorie gehöre ich wohl?

Während des Krieges erhielten wir mit der Versetzung in die Prima das „Notabitur". Das war in ganz Deutschland so, damit wurde auch die Berechtigung zum Studium erteilt. Wenn auch „alles in Scherben fällt", wie es so schön in einem Marschlied heißt, an Prüfungen halten die Deutschen unerschütterlich fest. So war es bei uns mit der bloßen Versetzung nicht getan, wir mußten ein Abiturexamen ablegen. Ich weiß noch, daß ich über Goethes „Wilhelm Meister" referieren mußte.

Zur selben Zeit drangen deutsche Truppen in Richtung Stalingrad vor.

Doch das unergründliche Schicksal hielt noch einen schweren Schlag für mich parat. Statt der ersehnten Einberufung erhielt ich mit fünf anderen Leidensgenossen meines Zuges einen Gestellungsbefehl zum Reichsarbeitsdienst (RAD). Oh, mein Gott, zum RAD! Für ein ganzes Vierteljahr. Womöglich schicken die uns nach Rußland zur Bewachung von Kriegsgefangenen; das soll es geben, hat einer erzählt. Es ist entsetzlich – man muß sich ja direkt schämen.

Ich war damals 17 Jahre alt. Es gab keine große Entlassungsfeier, da die Klasse sich nach und nach auflöste, einer nach dem anderen verschwand, je nach Einberufungstermin. Nachdem ich meine Uniform auf der Kleiderkammer abgegeben hatte, blieb ich noch zwei Tage in der Anstalt, da es sich nicht lohnte, nach Hause zu fahren. Plötzlich war ich ein freier Mann, ein Erwachsener sozusagen, durfte ausgehen so lange ich wollte. Was tun? Ich verabredete mich mit einem Mädchen, das ich flüchtig in einem Kino kennengelernt hatte. Sie war ein mütterlicher Typ und viel älter als ich, mindestens drei Jahre. Wir gingen den ganzen Tag spazieren und unterhielten uns intensiv. Angesichts des doch möglichen Todes als Soldat wollte ich nun endlich einmal ein handfestes Erlebnis mit einem Mädchen haben. Aber leider ermutigte mich die Dame weder durch Worte noch entsprechende Gesten zu kühnen Taten. Am letzten Abend riß ich mich aber zusammen und ergriff beim Wandern ihre rechte Hand.

Und nun, auf Wiedersehen, Stuhm! Nach dem Endsieg vielleicht als Erzieher!

Spatengriffe für das Vaterland

Wie jedermann weiß, dienen Gewehre dem Zweck, Wild, gegebenfalls aber auch Menschen zu erlegen. Darüber hinaus finden sie auf der ganzen Welt Verwendung als Geräte für symbolische Ehrenbezeigungen, wenn ausländische Würden- und Kronenträger(innen) von nah und fern zu Staatsbesuchen aus unterschiedlichen Gründen angereist sind und noch vor dem Essen mit ernsten Mienen an einer Formation von einheimischen Soldaten vorbeischreiten. Dabei hat man sich weltweit auf die Maxime geeinigt: Je besser und präziser die Ehrenkompanie in die Gewehre greift und sie in einer bestimmten Position hält, desto höher die Ehre für den Gast, aber auch für die Gastgeber. Ein formloses Umhängen der Flinten nach Art der Jäger wäre für alle Beteiligten eine tödliche Beleidigung.

Wenn auch andere Nationen das Hantieren mit Gewehren zwecks Ehrerweisung bis an die Grenze der Artistik entwickelt haben, so blieb es doch dem deutschen Reichsarbeitsdienst (RAD) vorbehalten, auch mit einem Spaten „Griffe zu kloppen".

Merkwürdigerweise war dies fast die einzige Tätigkeit beim RAD, die mir einigermaßen Spaß machte. Mich begeisterte die Präzision, mit der die Griffe von einer angetretenen Einheit ausgeführt werden mußten, und der Anblick der dabei im Sonnenlicht aufblitzenden 100 Spaten machte mir Freude. Doch wurde der Spaten auch seiner ursprünglichen, mehr landwirtschaftlichen Bestimmung zugeführt.

Wer allerdings meinte, er sei von Haus aus durch Umgraben des eigenen Gartens im Umgang mit diesem nützlichen Instrument vertraut, mußte sich eines Besseren belehren lassen, denn auch das Graben hat militärisch exakt zu erfolgen. Da ist das Tempo 1: Ansetzen des Spatens in das Erdreich und Fuß drauf (Kontrolle durch den Truppführer). Es folgt Tempo 2: Kräftiges Einstechen. Vorschriftsmäßige Arm- und Handhaltung ist zu beachten (abermals Kontrolle durch siehe oben). Abschließend Tempo 3: Erde anheben und umwerfen. Als der vorgesetzte Truppführer nach langen Übungsstunden mit dem Ergebnis seiner Ausbildung zufrieden war und erstaunlicherweise niemand den Fehler machte, mit Tempo 3 anzufangen und mit Tempo 1 zu enden, wurden die Spaten nie wieder im Sinne des Erfinders benutzt, sondern nur noch geputzt wie das Silber von englischen Butlern.

Danach begann eine neue Phase in der Ausbildung des deutschen Arbeitsmannes: Das Transportieren von Baumstämmen durch menschliche Muskelkraft von Ort A zu Ort B. Auch hier wieder das Ritual, Tempo 1: Antreten einer Gruppe von vier Mann an den Stamm, Tempo 2: Gleichzeitiges Hochheben, Tempo 3: Tragen im Gleichschritt (sehr wichtig), Tempo 4: Gleichzeitiges(!) Abwerfen. Ach, was waren wir sauer! Wir betrachteten den verdammten Arbeitsdienst als sinnloses und damit unnützes Hindernis auf dem Weg zum Einsatz als Soldat an der Front.

In eine eintönige Landschaft bei Thorn hatte man fernab eines Ortes noch eintönigere Holzbaracken aufgestellt, von denen drei als Unterkünfte dienten. 16 Mann hausten in jeder Stube, die mit einem langen Tisch, 16 Holzschemeln, acht doppelstöckigen Holzbetten mit zerlegenen Strohsäcken und 16 Spinden möbliert war, in Stil und Farbe alles schön auf Trostlosigkeit abgestimmt. Auf der Rückseite der Baracken befand sich eine einzige Handpumpe, die das Waschwasser für die 100 Bewohner schluckweise ausspie. Eine einfallsreiche Führung hatte angeordnet, daß zur Nachtrunde um 22 Uhr 16 blecherne Schüsseln, bis zum Rand mit Waschwasser gefüllt, in Reih und Glied auf dem Tisch zu stehen hatten. Um eine Wasserschlacht der 100 Mann an der Pumpe zu verhindern, waren die zwei Stubendienste für das Auffüllen verantwortlich. Da zu ihren abendlichen Obliegenheiten auch das Scheuern des Fußbodens und das Staubwischen gehörte, waren sie gezwungen, ihre Aktivitäten bereits um 19 Uhr zu beginnen, um sich rechtzeitig mit den verfluchten Schüsseln in die Schlange der Stubendienstler einzureihen. Der Rest der Belegschaft mußte den Salon räumen und sehen, wo er bis zum Schlafengehen blieb. Eine Kantine gab es nicht, Zeitungen und Radios auch nicht. Ich wußte kaum, wo ich mein Tagebuch schreiben sollte, das ich seit meiner späten Schulzeit führte.

Eines Abends hatten die zwei Gehetzten aus Versehen auch die Reserveschüssel gefüllt und auf den Tisch zur Schau gestellt. Es war 22 Uhr, der Truppführer vom Dienst erschien, ein Mann von hochkarätiger Dummheit. Er prüfte die Waschschüsseln auf Sauberkeit, während wir mit angehaltenem Atem auf den Strohsäcken lagen. „Diese Schüssel hier ist mistig!" Wir blieben stumm, was sollte man auch zu dieser subtilen Feststellung sagen? „Wem gehört diese Schüssel?" Aha, nun begann das Kreuzverhör. Schweigen ist Gold, das wußten wir und handelten danach. Erwartet etwa der Herr, daß sich jemand erhebt und den Besitz an der mistigen Schüssel anmeldet? In seinem Hirn begann es zu arbeiten, man hörte es förmlich ticken. – Da, jetzt hat er etwas ausgebrütet. Er nahm die Schüssel, ging zum Fenster, schüttete den Inhalt hinaus und stellte sie wieder auf den Tisch. Nun brüllte er: „Alle Mann an die Waschschüsseln!" Clever, was? Irgendjemand muß ja nun vor einer leeren Schüssel zu stehen kommen, so sagte er sich, und ich habe für heute meinen Sündenbock, den ich ein wenig springen lassen kann. Wir zischten hoch wie ein Schwarm Rebhühner und bauten uns am Tisch auf. Und siehe, vor jeder vollen Schüssel stand ein Arbeitsmann. Der Herr Truppführer öffnete und schloß den Mund wie ein Karpfen. Er begriff die Lage nicht und verschwand. Für ihn hatte das Zeitalter der Wunder erneut begonnen.

Der Sonnabend war dem Waschen des Drillichzeugs gewidmet. Das geschah draußen vor der Tür auf einem Schemel mit Hilfe einer harten Bürste, der Gesichtsseife und des kalten Wassers aus der Pumpe. Ebenfalls eingeseift und geschrubbt wurden die Halsbinden, von denen wir drei Stück besaßen. Die Uniformjacke wurde über dem Unterhemd getragen; so sparten RAD und Wehrmacht Oberhemden. Um den dünnen Hals zu schonen, den wir ja für das Vaterland riskieren wollten, hatte uns der Kammerbulle diese Halsbinden überreicht, die in die Jackenkragen geknöpft wurden (verdeckte Knopfleiste). Auch Strümpfe betrachtete man mit Recht als Verschwendung. Statt dessen erhielten wir Fußlappen, halb so groß wie Handtücher, aus weichem Material gefertigt und ursprünglich weiß. So ersparte man sich die Mühe des Strümpfestopfens. Morgens legte man den Lappen ordentlich auf den Allzweckschemel, setzte den Fuß darauf und wickelte ihn sorgfältig ein. Fertig, rein in den Stiefel. Dasselbe mit Fuß und Stiefel Nummer zwo. Die so drapierten Füße wirkten sicherlich nicht sexy, die Lappen aber waren zu unserer Überraschung angenehm zu tragen. Ich nahm mir fest vor, später im Zivilleben ebenfalls Fußlappen in meine Garderobe aufzunehmen. Meine zukünftige, mir noch unbekannte Frau, von der mir meine Phantasie jeden Tag ein anderes Bild machte, wollte ich allerdings nicht überreden, meinem praktischen Beispiel zu folgen.

Einen unvergeßlichen Eindruck machte auf uns idealistische Jünglinge ein Feldmeister (RAD-Dienstgrad). Er war der Spieß unserer Einheit, mithin für die Organisation der Einheit verantwortlich. Er hatte einen so unendlich großen Vorrat an noch nie gehörten Flüchen parat, daß wir zunächst starr vor Staunen waren. So versprach er uns z. B., daß er, wenn wir nicht schneller antreten könnten, unsere Sacknähte aufreißen würde. Unglaublich. Was würde meine Mutter dazu sagen? Nach zwei Tagen aber nahmen wir ihm seine ungewöhnliche Sprachkreativität nicht mehr übel, weil sich herausstellte, daß er ein ungemein hilfsbereiter und freundlicher Herr war, wenn man mit ihm auf der Schreibstube zu tun hatte. Jetzt freuten wir uns schon auf den täglichen Appell und warteten grinsend auf die neuen Breitseiten, die er auf uns abfeuerte, wobei er uns mit einem Auge zublinzelte. Sein Fundus war unerschöpflich. Er werde, so gelobte er, uns Schlappschwänzen gegebenenfalls den Arsch so zum Kochen bringen, daß die dadurch verstörten

Filzläuse nur so quietschten. Donnerndes Lachen, das er sichtlich genoß. Wir unterließen es, auf geltende Tierschutzgesetze
hinzuweisen, weil die meisten von uns gar nicht wußten, was
Filzläuse eigentlich sind. Wirklich, er war eine echte Bereiche-
rung.

Dankbar muß ich dem Arbeitsdienst auch dafür sein, daß er eine
tiefe Schicht meines komplizierten Gefühlslebens ins Bewußtsein hob, von der ich vorher gar nichts ahnte. Anlaß dazu war
der „Donnerbalken", der Lokus, auf dem 30 Mann nebeneinander sitzend und miteinander plaudernd in schönster Offenheit
und Eintracht ihr Geschäft verrichteten. Während die Kameraden anscheinend das gesellige Beisammensein genossen und
vielleicht noch gar wie englische Damen ein Täßchen Tee dazu
getrunken hätten, übermannte mich fast das Gefühl des Ekels.
Die „Entsorgung" des Kots, die wir mit Karren vornahmen, war
mir nicht so widerwärtig wie dessen fast industrielle Gemein-
schaftsproduktion. Mir wurde dank des RADs klar: Für gewisse
Tätigkeiten braucht Joachim Gronau ein Mindestmaß an abge-
schirmter Intimsphäre.

In diese für mich lehrreiche Zeit fiel auch eine weitere Phase
meiner Selbstverwirklichung. Ich wurde Raucher. Obwohl die
Freiheit eines Arbeitsmannes nicht um ein Haar größer war als
die eines Jungmannen der Napola Stuhm, so war es uns doch
gestattet zu rauchen. Und gewährte Freiheiten sind dazu da,
ausgenutzt zu werden (alte Binsenwahrheit).

Hätten wir wenigstens Deiche gebaut oder sonst irgend etwas
für das Volk Nützliches getan, ich hätte mich halbwegs mit dem
Arbeitsdienst versöhnen können. Nachdem wir etwa drei Wochen lang „ausgebildet" worden waren, marschierten wir zu
unserer „Baustelle". Dort lagen Tausende von Ziegeln. Von
einem Bau war weit und breit nichts zu sehen. Das Vaterland,
das liebe, verlangte nun von uns, die wir alle darauf brannten,
an die Front zu kommen, diesen ungeheuren Haufen von Ziegeln zu einer geometrischen Form zu stapeln. Nichts ist depri-
mierender, als eine Arbeit zu verrichten, deren Notwendigkeit
man nicht einsieht. Auch diese Einsicht verdanke ich dem RAD,

wobei erwähnt werden muß, daß ich bis ins hohe Alter hinein häufig mit Depressionen dieser Art kämpfen mußte. Solche Erfahrungen bleiben keinem Beamten erspart.

Wahrscheinlich hätte ich diese stupide Hochstapelei bis ans Ende meiner Karriere als Arbeitsmann ausführen müssen, hätte ich nicht mit den fünf ehemaligen Stuhmern und 15 anderen Auserwählten eines Tages den Befehl erhalten, mich bei dem Oberfeldmeister zu melden. Der eröffnete uns Glückspilzen, daß wir für drei Wochen auf den Dörfern der Thorner Umgebung „Kulturarbeit" leisten sollten. Wir waren begeistert. Kultur ist immer gut. Zwar weiß keiner genau, was das eigentlich ist, aber jeder erhebt den Anspruch sie zu haben, weil sie – gleich nach Geld – automatisch das Ansehen hebt. Also die gleiche Aufgabe, die wir schon in Stuhm zu lösen hatten. Und es kam noch schöner: Um dem Singen und Volkstanzen die unerläßliche Würze zu geben, sollte dieselbe Anzahl von Mädchen des weiblichen Arbeitsdienstes („Arbeitsmaiden") an dem Unternehmen „Kultur" teilnehmen. Ja, wenn man recht bedenkt, ist Kultur ohne weibliches Element unvorstellbar. Natur übrigens auch nicht.

Nun war das Leben selbst im RAD wieder schön, trotz des Donnerbalkens. Fünf Tage nach Verkündigung der großen Freude wurden wir in ein Dorf gefahren und auf die Bauern verteilt, bei denen wir wohnen und arbeiten sollten. Mein volksdeutscher Bauer lachte nur, als ich ihn um Arbeit anging. „Mänsch, klätter auf dem Kirschbaum und äß dir satt!" So idealistisch war ich nun auch wieder nicht, daß ich sein Ansinnen von mir gewiesen hätte. Ich stieg also flugs hinauf und erntete die süßen knackigen Früchte in mich hinein. Die Sonne scheint, auf dem nahen Hof gackern die Hühner, Spatzen streiten sich, und weit und breit keine Feldmeister und Truppführer in Sicht, die meinen Seelenfrieden hätten stören können. Herz, was willst du mehr? Ich denke auch nicht daran, daß die Heeresgruppe A (List) zur gleichen Zeit die Offensive gegen den Kaukasus begonnen hat. Während ich kunstvoll die Kirschsteine ausspucke, sehe ich auf dem staubigen Fahrradweg, der unter meinem Baum vorbeiführt, ein Mädchen in der kleidsamen Sommeruniform des weiblichen Arbeitsdienstes heranradeln: kornblumenblaues Kleid, weiße Schürze, mohnrotes Kopftuch. Als ich nähere Einzelheiten erkennen kann, stelle ich mit Vergnügen fest, daß die Maid hübsch ist, und in einem Anfall von Mut, den ich bisher an mir nicht kannte, rufe ich sie an. Tatsächlich, sie hält, lächelt zu mir herauf und wundert sich wahrscheinlich über den merkwürdigen Vogel da oben im Baum. Ich biete ihr an, sie mit den herrlichen Früchten zu füttern. Sie lacht und sperrt ihren roten Mund auf. Als ich die ebenso roten Kirschen in ihn hineinfallen lasse, entflamme ich in Sekundenschnelle wie eine Wunderkerze.

Ich erzähle ihr, daß ich abends für einen Dorfgemeinschaftsabend proben soll. Sie strahlt mich an. „Ich bin auch dabei." Kann es ein noch größeres Glück geben? Ja, es kann, denn sie fügt hinzu: „Ich freue mich sehr." Ich verschlucke einen Kirschstein. „Na, und ich erst", wollte ich eigentlich sagen. Sie verabschiedet sich, besteigt das Rad und fährt davon. Ihr rotes Kopftuch flattert. Sie dreht sich um und winkt mir zu. Säße ich nicht auf dem Baum, ich würde denselben vor Freude ausreißen.

Von den ganzen drei Wochen „Kulturarbeit" auf den verschiedenen Dörfern ist mir nichts mehr in Erinnerung geblieben als Annemarie Jungclausen, alle anderen Personen waren nicht vorhanden. Die Gemeinschaftsabende endeten stets auf dem jeweiligen Dorfanger mit einem Feuer, um das wir alle einen Kreis bildeten. Wir gaben uns die Hände und sangen mit vollem Herzen eins meiner Lieblingslieder: „Kein schöner Land in dieser Zeit . . ." Nach den Veranstaltungen wanderten wir beide noch für eine Stunde in die warme Sommernacht hinaus, vorbei an Getreidefeldern und Wiesen, aus denen wirklich und wahrhaftig der „weiße Nebel wunderbar" stieg, ganz wie bei Matthias Claudius.

Ja, wir küßten uns auch, aber nicht so fortschrittlich fordernd wie in den Großaufnahmen der modernen Filme.

Annemarie stammte aus Frankfurt/Oder, wo ihr Vater eine große Gärtnerei besaß. Der Arbeitsdienst hatte sie als Hilfslehrerin

eingesetzt, sie unterrichtete in einer der Dorfschulen in der
Umgebung; zu der sie von ihrem Lager mit dem Rad fahren
mußte.

In meiner Erinnerung war meine Zeit beim RAD mit dem Ende
dieser Kulturarbeit vorbei. Ich mußte zu einer eintägigen Auf-
nahmeprüfung als Reserveoffiziersanwärter (ROA) nach Go-
tenhafen, bestand sie und sollte mich am 1. Oktober 1942 in Ro-
sendaal/Holland zur Rekrutendressur melden. Doch bevor der
RAD mich aus seinen Fängen ließ, machte er mir noch einen
unanständigen Antrag. Man wollte mich sofort zum „Vormann"
befördern, falls ich mich für längere Zeit bei dieser Organisation verpflichtete. Wahrscheinlich war man höchsten Ortes auf
meine hervorragenden Spatengriffe aufmerksam geworden, die
mich sicherlich zu einer steilen Karriere geführt hätten. Mit
einem höhnischen „Nein, danke" verabschiedete ich mich, begab mich nach Abgabe der ungeliebten Uniform, einschließlich
der Fußlappen, zum Bahnhof und fuhr gen Holland, um endlich, endlich meinem Vaterland zu dienen. Ich war nach wie vor
erst 17 Jahre.

Von der Marine „geschliffen und poliert"

Wenigen Menschen dieser Erde ist das große Glück beschieden, in einem Sonderwagen der Eisenbahn reisen zu dürfen. Nur allerhöchsten Repräsentanten des Staates ist diese prestige- und steuererhöhende Form des Personentransports vorbehalten. Zu diesem erlauchten Kreis fühlte auch ich mich gehörig, als ich mich am 1. Oktober 1942 auf Befehl des Führers des Deutschen Reiches, Adolf Hitler, zum Staatsdienst bei der 16. Schiffstammabteilung nach Rosendaal in Holland begab. Der Wagen, den ich gleich hinter der Grenze bestieg, trug die Aufschrift: „Gereserveert voor de Duitsche Wehrmacht." Aus fahrplanbedingten Gründen hatte ich in Maastricht übernachten müssen, wodurch ich zum ersten Mal in meinem 17jährigen Leben mit einer Einrichtung Bekanntschaft machte, von deren Existenz ich nur durch Berichte meiner Eltern wußte: ein Hotel. Ich war sehr beeindruckt, herrschte hier doch eine kultiviertere Atmosphäre als in der RAD-Baracke, aus der ich gerade gekommen war. Auch der Empfang am Zielort Rosendaal war für einen normalen Reisenden ungewöhnlich. Ein Empfangskomitee, bestehend aus mehreren Maaten, wartete schon ungeduldig und eskortierte mich zu einem Kasernenkomplex der Königlich-Holländischen Armee.

In mir und in den anderen 130 Reserveoffiziersanwärtern hatte sich von früher das deutsche Vorurteil festgesetzt, die Stuben eines großen zweistöckigen Kasernengebäudes seien durch solide, bis zur Decke hochgezogene Wände voneinander getrennt. Dies stellte sich als falsch heraus. Sie waren nur etwa 2 m hoch und dünn wie Sperrholz. Die Bewohner der oberen Kojen konnten sich bequem von Stube zu Stube die Hände reichen und unterhalten. Wände trennen, sagte wahrscheinlich schon Konfuzius. Aus diesem Grunde hatten die Holländer ebenfalls auf Stubenwände entlang des langen Mittelganges verzichtet. Da wir Deutschen der damaligen Zeit uns noch schlecht von alten Sitten verabschieden konnten (im Gegensatz zu heute), hatte unsere Marineverwaltung die Rückseite der Spinde als Wandersatz benutzt. Lücken in den Spindreihen entlang des Korridors fungierten als Stubentüren, die logischerweise in diesem Baustil nicht vorhanden waren. Warum brauche ich auch eine Tür, wenn ich keine Wand habe? Auf diese Weise konnten nun alle Rekruten in ihrer dienstfreien Zeit ständig ungehemmt nach Herzenslust miteinander auf Teufel komm raus kommunizieren, was allerdings einen konstant hohen Lärmpegel zur Folge hatte, der noch durch Halleffekte verstärkt wurde. Mithin lebten wir für drei Monate in einem perfekten „Kommunikationszentrum", wie man heute sagen würde. Es war wie bei einem modernen Tanzvergnügen, bei dem man dem Tanzpartner, auch bei innigster Umarmung, zärtliche Worte nur durch Brüllen direkt ins Ohr mitteilen kann.

Welch ein abwechslungsreiches, bewegungsvolles Dasein uns während der nächsten drei Monate bevorstand, erfuhr ich gleich am ersten Tag, als ich noch in Zivilkleidung war. Ich gehe den langen geräuschvollen Korridor entlang, da kommt mir ein Oberbootsmannsmaat entgegen. (Es gab eine ganze Reihe solcher romantischer Dienstgrade: Obermaschinenmaat, Obersignalmaat, Oberfunkmaat, Obersteuermannsmaat u. ä.). Durch seine hängenden Oberlider macht er einen etwas verschlafenen Eindruck. Er bleibt stehen und knurrt mich an: „Wie heißen Sie?" „Gronau, Herr Oberbootsmannsmaat." Ich bin ordentlich stolz, daß ich seinen Dienstgrad kenne, habe ich doch schon vor Jahren die Marinerangabzeichen studiert. Daraufhin brüllt dieser verschlafene Mensch los: „Hinlegen!" Und schon liege ich. Mein Gott, was ist hier los? „Auf! – W i e heißen Sie?" „Gronau, Herr Oberbootsmannsmaat." Das permanente Stimmengewirr hat schlagartig aufgehört. Die ganze Crew lauscht. Der mit den hängenden Oberlidern bellt: „Einmal um den Wohnblock, marsch, marsch, sind Sie noch nicht wieder hier?" Da ich vermute, daß seine Frage mehr rhetorischer Art ist und keine Antwort erfordert, unterdrücke ich die Bemerkung: Du Idiot, wie kann ich schon wieder hier sein, wenn ich noch gar nicht losgelaufen bin. Ich trabe also ab. Befehl ist Befehl. Aber was hat dieses Miststück bloß? – Ich umkreise den Block wie ein Satellit die Erde und baue mich vor ihm auf. „Eine Runde um den Block gelaufen." Er grinst mich unter den Lidern an und fragt leise: „Soll ich Ihnen sagen, wie Sie heißen?" „Jawoll, Herr Oberbootsmannsmaat." „Sie heißen M a t r o s e Gronau, kappee?" – Wer zählt die Runden, die die jungen Vaterlandsverteidiger gelaufen sind, bevor sie wußten, wie sie heißen? Übrigens brauchte ich wegen meines Namens nie mehr dieses Lauftraining zu wiederholen. „Hängendes Lid" wurde mein und elf anderer Rekruten Gruppenführer.

Kein Zweifel, schon beim ersten Schritt auf meiner Karriereleiter bei der Marine war ich ins Stolpern geraten. Düstere Ahnungen überkamen mich, oder moderner ausgedrückt: Ich hatte schlechte Perspektiven.

Doch schon am nächsten Tage wurde mir eine unverhoffte Ehre zuteil, ich hatte wieder Future. Der Zugführer, ein Oberbootsmann aus Bayern, ließ uns 50 Mann antreten. Wir trugen bereits feldgraue Uniformen, das Ehrenkleid der Marinerekruten. Der blaue Anzug wäre für die strapaziösen Ausbildungsübungen zu schade gewesen und wurde nur zum Ausgehen getragen. Gruber gab das Kommando: „Stiell . . . gestann!" Eigentlich hätte es treffender „Er-Starrn" lauten müssen, mit Betonung auf „starrn", denn „Stillgestanden" bedeutete, daß der Soldat wie eine Imitation der biblischen Frau Loth zur Salzsäule zu erstarren hatte, wobei auch die Augen, auf einen entfernten Punkt gerichtet, fest einzurasten waren. Nur das Atmen und andere Tätigkeiten des vegetativen Nervensystems waren erlaubt. – Nun schreitet er zweimal langsam die Front ab, jeden sorgfältig musternd. Plötzlich bleibt er vor mir stehen und fragt: „Wie heißn'S?" „Matrose Gronau, Herr Oberbootsmann." Ha, ha, nochmal legt ihr Brüder mich nicht rein! Von wegen um den

Block kurven und so. „Von jetzt an sind'S mei Aufklarer."
„Jawoll, Herr Oberbootsmann." – Das muß in der Familie liegen. Mein Vater hatte vor dem Ersten Weltkrieg auch einen solchen ehrenvollen Posten bei seinem Vorgesetzten inne, nur hieß
das beim Heer „Bursche", und sein Arbeitgeber war Oberst.
Als Aufklarer war ich vor der schlimmsten Heimsuchung eines
Rekruten bewahrt, dem Stubendienst. Während diese armen
Würstchen abends unter dem tobenden Geschrei der Ausbilder
die Stube scheuern und bei der Abendrunde um 22 Uhr bangen
mußten, daß der UvD mit seinen behandschuhten Fingern doch
noch irgendwo – vielleicht über dem Lampenschirm – drei
Stäubchen finden würde (was energiezehrende Strafen zur Folge hatte), saß ich entspannt in des Zugführers Stube (mit vollständigen vier Wänden), brachte geruhsam seine Stiefel und
sein Koppel mittels viel Spucke auf Hochglanz, bürstete seine
Uniform aus und rauchte, im Sessel zurückgelehnt, ein holländisches Zigarettchen, um mich anschließend dem Polieren des
Waschbeckens und des Wasserhahnes hinzugeben. Nur von
weitem drang schwach das Brüllen der Unteroffiziere in meine
friedliche Klause. Auch galt für mich nie das schrille Pfeifen
und der Ausruf: „Kaffeeholer raustreten!" – mit dem der UvD
die Stubendienste mitsamt ihren Blechkannen zur Kombüse
jagte, um den Muckefuck für die Kameraden zu holen. Übrigens waren noch andere Rekruten mit meinen Privilegien ausgestattet, denn alle Unteroffiziere, von denen keiner einen Preis
beim Wettbewerb für den höflichsten Staatsdiener gewonnen
hätte, hielten sich ihre Aufklarer für die niederen Arbeiten,
selbstverständlich auch die Offiziere, mit denen ich nie ein
Wort gewechselt habe. Sie fischten sich ihre Aufklarer aus dem
großen Teich des Stammpersonals.
Als mein Gruber für kurze Zeit auf Urlaub in Bayern war,
diente ich auch seinem Stellvertreter, einem großen, klobigen
Westfalen, als Aufklarer. Seine individuelle Note betonte er
dadurch, daß er mit mir sprach, als sei er der Preußenkönig
Friedrich der Große. Dabei ergaben sich zu meinem Vergnügen
oft Dialoge folgender Art:

„Matrose Gronau!"

„Hier, Herr Oberbootsmann."

„Hole er mir mal meine Handschuhe von der Stube!"

„Jawoll, Herr Oberbootsmann." – Oder:

„Matrose Gronau!"

„Hier, Herr Oberbootsmann."

„Hat er schon meine Wäsche weggebracht?"

„Jawoll, Herr Oberbootsmann."

„Jetzt werde ich ihm mal zeigen, wie er am besten Fenster putzt."

„Jawoll, Herr Oberbootsmann."

Wie man sieht, benötigte ich für meine Beiträge zu diesen Dialogen kein umfangreiches Vokabular.

Die von den Ausbildern für uns vorgesehene normale Fortbewegungsart war beim „Formaldienst" das Laufen mit Stahlhelm. Diese Sportdisziplin wurde einzeln, aber auch in Formationen von zwölf oder 50 Mann ausgeübt und hieß in der so überaus bildreichen Soldatensprache „Hammelbeine langziehen". Abwechslung muß sein, das wußte schon Goethe („Faust" 1. Teil). Deshalb unterbrachen schweißtreibende Übungen wie „Hinlegen", „Robben" (Sie liegen unter Beschuß), „Liegestütze", „Kniebeugen" und „Hüpfen mit Vorhalten des Gewehres mit ausgestrecktem Arm" die Eintönigkeit des einfachen Laufens. Auch das Traben mit aufgesetzter Gasmaske hielten die zuschauenden Unteroffiziere für nötig und bereitete ihnen offensichtlich Spaß. Erst wenn die Maskengläser von innen beschlugen, wir wegen des Sauerstoffmangels keuchten wie verliebte Asthmatiker und das Kinn in kleinen Schweißpfützen stand, waren sie mit unseren Leistungen zufrieden und gewährten sich und uns eine „Zigarettenpause". Anlässe für derartige Strafübungen gab es täglich mehr als genug: Da wurde z. B. beim Marschieren nicht laut genug gesungen (obwohl uns allen schon die Adern beim Intonieren des fröhlichen Liedes „Oh, du schöner Westerwald" aus dem Halse hervorquollen), oder ein Sportsfreund klappte bei dem Gewehrgriff nach. Vielleicht hielt auch jemand sein Gewehr bei „Laden und Sichern" nicht in den vorgeschriebenen 45 Grad nach oben, gleich hieß es für alle: „An den Horizont, marsch, marsch." Als „Hängendes Lid" diesen Befehl zum ersten Mal erteilte, hielt ich das noch für einen geistreichen Witz, denn lange bevor wir den Horizont erreichten, würde der Krieg beendet sein. Doch bald verging mir das Grinsen. Seine erstaunlichen Kenntnisse der komplizierten menschlichen Seele konnten in jedem Psychologen Minderwertigkeitskomplexe erzeugen. Unsere Gruppe hatte sich nach wenigen Tagen einen energiesparenden Zuckeltrab angewöhnt, wenn er uns zur Erkundung des Horizontes in die Unendlichkeit losschickte. Zweifellos mißfiel ihm das, und er grölte uns zu: „Um die Exerzierhalle marsch, marsch!" Dieses umfangreiche Gebäude auf dem großen, freien Exerzierplatz war aus rein fürsorgerischen Gründen gebaut worden, um die armen Rekruten beim täglichen Formaldienst vor Regen und Schnee zu schützen. Wir nehmen also in geruhsamen Trab eine Kursänderung auf die Halle vor, die nur unwesentlich näher als der Horizont war, und umkreisen sie gemächlich. Einige machen sogar noch Witze dabei. Als wir wieder bei ihm längsseits gegangen sind, zeigt er auf den Vordersten und sagt zu ihm in schläfrigem Ton: „Ausscheiden, Zigarettenpause", und dann wie ein Trompetenstoß: „Der Rest um die Exerzierhalle, marsch, marsch!" Ab geht die Post. Wir beginnen zu ahnen: Der will uns marktwirtschaftliches Konkurrenzdenken beibringen. Wer zuerst zurück ist, erhält eine Belohnung in Form einer Pause. Ich zische beim Laufen: „Wir müssen zusammenhalten, Kameraden, der will uns fertigmachen." Vergeblich. Zwei Mann sprinten los und liefern sich ein packendes Finish. Aber einer muß ja immer der erste sein, und richtig, der Sieger scheidet aus, Zigarettenpause; der Rest, weil's so schön war, noch einmal dasselbe. Nun gibt es natürlich kein Halten mehr. Die Gruppe hetzt los wie eine Meute Hunde bei einer englischen Fuchsjagd. Scheiß' auf Kameradschaft!! Und wie gehabt: Nr. 1 verläßt die Rennbahn, die andern spurten weiter. Bei der nächsten Runde komme auch ich zu meiner Zigarette. Am Ende sind wir vollkommen durchgeschwitzt und die letzten erledigt. „Hängendes Lid" hat uns gezeigt, was angewandte Psychologie zu leisten imstande ist. Soviel zu meiner ersten vorläufigen Erfahrung mit Kameradschaft.

„Erkenne dich selbst", fordert eine Inschrift auf dem Tempel zu Delphi, auf Griechisch natürlich. Doch der Weg zur Selbsterkenntnis ist lang, mühselig und stellenweise schmutzig, genauso wie die Landstraße von unserer Kaserne zum Schießstand. Der wöchentliche Marsch dorthin bot mir reichlich Gelegenheit, meine Identität zu finden. Die Prozedur war immer die gleiche. Zunächst geht alles gut. Der Zug wird vom ältesten Unteroffizier geführt, einem Obermaaten, den wir seines bissigen Charakters, seiner Stimme und seines Aussehens wegen „Terrier" nannten.

Damit das Unternehmen nicht zu einer fröhlichen Wanderung durch die holländische Marschenlandschaft entartet, schleppen wir neben dem Gewehr noch gefüllte Patronentaschen, Spaten, Brotbeutel, Feldflasche, Kochgeschirr und Gasmaskenbüchse nebst Inhalt mit. Der Stahlhelm krönt das Ganze.

„Ein Lied", brüllt Terrier. „Auf einem Seemannsgrab" brüllen die ersten drei Mann im selben Augenblick, denn es ist ihre Aufgabe, das musikalische Programm zu bestimmen. Wehe, wenn sie auch nur einen Moment mit der Ansage zögern oder sich gar über den Titel des Vortragsstückes unseres Repertoirs beraten würden, dann würde Terrier schon dafür sorgen, daß unsere Hammelbeine um ein beträchtliches Stück länger werden. „Auf einem Seemannsgrab" brüllen die folgenden Glieder der Marschkolonne. „Achtern eingepickt und bemuuuust", brüllen die letzten drei Mann, die Kleinsten des Zuges, die, um nicht abgehängt zu werden, immer riesige Schritte machen müssen. „Hiev rund", brüllen wieder die Langen des ersten Glieds, und sofort, auf der Stelle singen wir alle brüllend los, daß uns die Mandeln auf die Zunge springen:
„Auf einem Seemannsgrab, da blühen keine Rosen,
Auf einem Seemannsgrab, da blüht kein Blümelein."
Eigentlich sollten wir jetzt weitersingen:
„Der einz'ge Gruß, das sind die weißen Möwen,

Und auch die Tränen, die ein kleines Mädchen weint", aber Terrier ist nicht mit der Lautstärke zufrieden und brüllt mitten in den künstlerischen Vortrag hinein: „Fliegerdeckung!" Ihn hat das schöne Lied nicht gerührt.

Wir lassen also das Seemannsgrab im Kehlkopf stecken und verlegen unseren physikalischen Schwerpunkt auf den Boden. Der Dienstvorschrift gemäß müßten wir jetzt daliegen, als wäre eine Straßenwalze über die Kolonne hinweggefahren, aber beim Fallenlassen hat jeder sich blitzschnell dorthin geworfen, wo sich keine Pfütze befindet. Doch Terrier kennt alle Tricks, er verlegt das Übungsterrain auf den fruchtbaren Marschboden, der die Basis für die gesunde holländische Agrarwirtschaft ist. Und nun geschieht der bemerkenswerte Sprung in unserer Psyche. Als wir wieder auf der Straße marschieren und Terrier weiterhin seine feindlichen Flieger angreifen läßt, verwandelt sich plötzlich unsere ohnmächtige Wut, unser dumpfer Zorn in eine Art sinnlosen, trotzigen Übermut. Jetzt ist ohnehin alles egal, dreckig wie die Schweine sind wir sowieso, also: Wo ist die nächste Pfütze? Hinein!! Es spritzt richtig. Jawohl, auch die Fresse ist beschmiert. Jetzt erst recht. Je toller, desto besser. Ungeahnte zusätzliche Kräfte machen die müden Muskeln munter. – „Auf der Straße angetreten! Im Gleichschritt marsch. Ein Lied." – „Auf einem Seemannsgrab", röhren wir los. „Was, ihr könnt nicht lauter? Fliegerdeckung!" – Und wieder mit Wonne in den Dreck. Aber ein Quentchen Vernunft bleibt in uns wach. Das Gewehr. Der Lauf und das Schloß dürfen auf gar keinen Fall naß werden. Das winzigste Fleckchen im Lauf, ein Hauch von Rost, und du bekommst mindestens fünf Tage Bau, so hat man uns versichert, und wahrhaftig, das glauben wir auch. Selbstverständlich ist es mit dem Reserveoffizier vorbei, wenn man Arrest gehabt hat. Ob Vater beim Kommiß auch mal gesessen hat?

Von weitem erkennen wir den Schießstand. Zugführer Krackselhuber, mein Arbeitgeber, ist mit drei Mann vom Stammpersonal vorgefahren und hat die Scheiben aufgebaut. Terrier will sich noch einmal musikalisch unterhalten lassen und bringt das auch auf seine Art zum Ausdruck. Keuchend singen wir – diesmal bis zum Ende – die traurige Geschichte vom Seemannsgrab, in dem wir liegen werden und auf die Blümelein verzichten müssen, und von den Tränen, die irgendwo ein Mädchen für uns vergießen wird.

„Abteilung halt!" Wir sind am Ziel. Meldung an den Zugführer. Der mustert uns stumm. Das Schießen beginnt. Da unsere Muskeln von den vorherigen Anstrengungen noch ein gewisses Nachbeben zeigen, sind die Resultate des Schießens schlecht. Gruber ist nicht einmal böse darüber. Wir versuchen, ihm schüchtern die Gründe dafür zu erklären, aber er winkt ab: Im echten Kriegseinsatz könne man auch nicht ausgeruht schießen. Da hat er auch wieder recht. Der Rückmarsch verläuft zu unserem Erstaunen friedlich, ohne Belästigung durch Terriers Flieger.

Im Laufe der Zeit begannen unsere Gedanken immer häufiger um den ersten Ausgang zu kreisen; bei der Marine, ganz gleich ob in der Kaserne oder an Bord, Landgang genannt. Doch kann ein junger Angehöriger der Wehrmacht nicht ohne sorgfältige Vorbereitung auf die zivilisierte Welt losgelassen werden, schon gar nicht im Ausland. Äußerer Maßstab für die Disziplin einer Truppe ist unter anderem das Grüßen. Was soll man denn von Soldaten halten, die sich wie Hamburger Hafenarbeiter durch lasches Antippen an die Mütze begrüßen, womöglich noch mit einer Zigarette im Mundwinkel? Also wurde in der dritten Woche der Schwerpunkt der intensiven Erziehungsbemühungen immer stärker auf die „Ehrenbezeigungen" verlagert. Man übte sie im Gehen (Schnellstgang) mit und ohne Kopfbedeckung; beim Tragen von Lasten in einer Hand, in beiden Händen und in geschlossenen Räumen. Völlig anderen Gesetzen unterlag der Gruß bei einer marschierenden Einheit mit und ohne Gewehr.

Und während Hängendes Lid unsere Armhaltung bei den Ehrenbezeigungen korrigierte, durchstießen sowjetische Truppen die Front am Don und begannen, Stalingrad einzukreisen.

Bevor die Marine uns für einen kurzen Auslauf von der Leine ließ, war neben dem Grüßen noch eine zweite Voraussetzung zu erfüllen. Wir mußten – wahrscheinlich aus juristischen Gründen (Fahnenflucht) – erst noch vereidigt werden. Das geschah militärisch knapp auf dem Marktplatz von Bergen op Zoom. Ich war enttäuscht, daß die Bevölkerung so wenig Anteil an dieser feierlichen Handlung nahm. Nur wenige Holländer schauten zu. Schließlich, so dachte ich Ahnungsloser, kämpft Deutschland doch auch für sie. Begriffen sie nicht, was Bolschewismus für ganz Europa bedeutet? Und hätte England uns wegen Danzig nicht den Krieg erklärt, so wären wir Deutsche doch gar nicht hier in Holland. Na ja, eines Tages werden sie uns sicherlich dafür dankbar sein. Die Vereidigung selber war für mich persönlich nur eine äußerliche Formsache. Die Verpflichtung, für Führer, Volk und Vaterland zu kämpfen, war ich innerlich schon lange vorher während meiner Pubertät eingegangen, dazu bedurfte es keiner zeremoniellen Handlung.

Noch am selben Nachmittag durften wir endlich an Land! Und dazu noch in der blauen Uniform mit der Bluse und dem großen Kragen, den weiße Streifen umranden. Darüber die Jacke mit den goldenen Knöpfen, den „Colani", genannt nach dem italienischen Schneider-Designer, der dieses Stück kreiert hatte. Hängendes Lid – auch er in Blau – kam friedfertig in unsere Stube und zeigte uns, wie der Schlips geknotet wird und darüber die weißen Bänder des Kragens zu Schleifen gebunden werden. Harmlose Zivilisten vermuten nun, wir wären jetzt fröhlich an Land gegangen, um uns unter den Töchtern des besetzten Landes umzusehen. Aber niemand sollte die grenzenlose Führsorge der Wehrmacht für ihre Soldaten unterschätzen. Wir durften nur in geschlossenen Gruppen unter Aufsicht der Unteroffiziere die Kaserne verlassen. So bummelten wir mit unseren flatternden Mützenbändern in Rudeln durch das Städtchen, staunten darüber, daß die schmucken holländischen Häuser keine Gardinen hatten, so daß man durch mehrere Zimmer hindurch bis in die Gärten sehen konnte, schielten den Mädchen nach und erfreuten uns an unseren Spiegelbildern in den Schaufenstern. Gelegentlich blieb Hängendes Lid stehen, deutete auf ein Lokal auf der gegenüberliegenden Straßenseite und teilte uns mit, daß es verboten sei, dieses Etablissement zu betreten. Westlich dekadent, vermutete ich, dort werden abscheuliche Orgien gefeiert. Genau das, was der Nationalsozialismus mit Recht bekämpft. Bei Gott, nichts für saubere deutsche Soldaten. Pfui Deibel.

Zum Abschluß unserer Exkursion steuerte Hängendes Lid mit uns in eine Kneipe, setzte sich an einen großen runden Tisch, forderte uns auf, Platz zu nehmen und bestellte auf Holländisch bei der netten weiblichen Bedienung eine Runde Bier. Wir verstanden die Welt nicht mehr. Ist das derselbe Mann, der uns jeden Tag wie ein Stier angebrüllt und unsere Hammelbeine ein beträchtliches Stück verlängert hat, den wir noch nie mit freundlicher Miene gesehen haben, den wir für eine seelenlose Schleifmaschine hielten? Jetzt stößt er mit uns an und sagt „Prost", macht Witze und erzählt Anekdoten! Ist das die Möglichkeit? Mensch, das ist ja ein prima Kerl! Oder spielt er uns hier etwas vor? Nein, er sieht ganz natürlich aus, und wenn er lacht, lachen seine Augen mit. – Wir tauen langsam auf, beginnen selber spaßige Ereignisse aus unseren vier Wochen Dienstzeit zu berichten, worüber er sich so amüsiert, daß er seinem Tischnachbarn auf die Schulter klopft. Nicht zu fassen, er hat sogar Humor, ist einer von uns. Doch damit wir „jungen Marschierer" nicht allzu übermütig werden, müssen wir zum Abendessen in unsere klösterliche Abgeschiedenheit zurückkehren.

Die Sonntage waren immer Tage des Friedens. Kein Laufen, kein Brüllen, kein beständiges Antreiben durch die Ausbilder. Schon das Gewecktwerden war ein Genuß. Der UvD produzierte mit seiner Bootsmannspfeife einen besonders kunstvollen Pfiff mit intensivem Tremolo. Das musikalische Werk begann mit einem leisen, kurzen Locken, ging zu einem Crescendo über und endete in einem gellenden Furioso. Danach sang der Künstler den alten Marineweckruf: „Reise, reise, aufstehn! Der Bäcker von Laboe ist da, die Waschfrau zeigt von achtern klar. Hak ab das Blei vom Arsche! Ein jeder weckt den Nebenmann, der letzte stößt sich selber an."

Doch dieser Sonntag nach der Vereidigung war etwas ganz Besonderes. Zum ersten Mal in den vier Wochen durften wir nach dem Mittagessen an Land gehen. Kein Hirtenhund bewachte uns. Wir waren aufgeregt wie Debütantinnen vor dem Wiener Hofball. Ich weiß nicht, wie diese jungen Damen sich mit ihrer Garderobe auf das große Ereignis vorbereiten, wir jedenfalls bearbeiteten Uniform und Schuhe was Bürsten und Spucke nur hergaben. Die blauen Hosen allerdings machten uns einigen Verdruß. Nicht, daß wir etwas gegen die Stoffklappen gehabt hätten, die vorne den männlichen Schlitz der gewöhnlichen Feld-, Wald- und Wiesenhosen ersetzten, aber der untere Teil, die Beine, entsprachen ganz und gar nicht unserem modischen Geschmack. Sie hatten keinen „Schlag", d. h. sie waren zu eng, ragten nicht über die glänzenden Schuhspitzen hinaus. Hängendes Lid hatte uns schon gewarnt: „Macht es nicht wie einige Leute von den fahrenden Verbänden! Die lassen sich von Schneidern unten einen Keil in die Hosen setzen. Streng verboten!" Das ist überhaupt die Idee! Woll'n mal sehen, was sich später machen läßt, wenn wir erst einmal an Bord sind. Die an Bord scheinen ja zu einer ganz anderen Marine zu gehören.

Am Ende des langen Korridors thronte der UvD in seiner Stube, absoluter Herrscher über die begehrten Urlaubskarten, die ab 14 Uhr ausgegeben werden sollten. Eine Viertelstunde vorher begann sich eine Schlange zu formieren. Reptilien aller Art haßte ich schon immer, deshalb beschloß ich, erst einmal abzuwarten. Punkt 2 Uhr hören wir Unteroffiziersgeschrei durch unsere Rekrutenunterkunft dringen. Nach einer Weile kehrt der erste vorwitzige Stubenkamerad zurück. Wir umringen ihn: „Was war los?" Matrose Seidler teilt uns mit, der UvD hätte ihm aufgetragen, seinen Fuß zu heben. Kaum sei er der Schuhsohle ansichtig geworden, hätte er einen Tobsuchtsanfall bekommen. Der Steg sei nicht richtig geputzt. Wir lachen, holen aber die Schuhputzutensilien hervor, ziehen unsere Schuhe aus und machen uns über die Stege her.

Ich schaue um die Ecke den Korridor entlang. Die Schlange ist beträchtlich länger geworden. Seidler stellt sich wieder an das

Ende, bildet so ein neues Glied. Zehn Minuten später kehrt der zweite Kandidat heim. Auch er ist durch die rigorose Prüfung gefallen. Die Schleife über seinem Schlipsknoten entsprach nicht dem Schönheitssinn des Herrn und Gebieters. Wir fingern an unseren Bändern herum, helfen uns gegenseitig. Eigentlich mehr eine Sache für zarte Mädchenhände.

Auch von den Nachbarstuben dringt Fluchen und galgenhumoriges Gelächter herüber. Und siehe da, Matrose Ewert steht in der provisorischen Tür. „Seht her", ruft er uns zu, zieht seinen linken Schuh aus und präsentiert den Schnürsenkel. Gleich zu Beginn unserer Dressur hatte uns Hängendes Lid befohlen, die kleinen Metallhülsen an den Schnürsenkeln zu entfernen und statt dessen ein „Takling" draufzusetzen, d. h. mit festem Garn sorgfältig die Enden zu umwickeln, um ein Ausfransen zu verhindern. Metallhülsen sind unseemännisch. Ewert und vier andere Phlegmatiker haben den Befehl nicht ausgeführt, also heißt für sie die Alternative: Takling oder Landgang. Sie holen ihr Nähzeug mit dem Garn hervor.

„Hallo, Leute", sagt Matrose Kröger, aus der Höhle des Löwen zurückgekehrt, und zeigt seinen rechten Zeigefinger vor. Tatsächlich, in der linken Ecke befindet sich ein Molekül Schmutz. Der UvD hat ihm in drastischen Worten klargemacht, was er von Reserveoffiziersanwärtern hält, die mit dreckigen Fingernägeln herumlaufen. Nicht viel. Er scheint überhaupt ein Reinlichkeitsfanatiker zu sein. Aus der Nachbarstube ruft jemand seine Erfahrung herüber. Die weißen Bänder seines Kragens haben durch die häufigen Versuche, eine symmetrische Schleife zu binden, einen schwachen Grauschleier angenommen, der dem UvD Ekel verursacht. Wir schauen uns wieder gegenseitig prüfend an. Sicher ist sicher, denke ich, schließe mein Spind auf und hebe aus dem präzis gebauten Wäschepaket einen neuen Kragen ab. Andere Skeptiker folgen meinem Beispiel. Erneutes umständliches und zeitraubendes Gefummele an den Schleifen. Inzwischen sind einige Stunden unseres jungen Lebens verronnen. Dem UvD macht das nichts aus, der hat ohnehin Dienst. Er verschafft sich auf diese Weise wenigstens etwas Unterhaltung,

wenn auch auf Kosten seiner Stimmbänder. Bei einigen macht
sich Resignation breit. Sie wägen den Aufwand und die möglichen Freuden eines Landgangs gegeneinander ab und entschei-
den sich für ein Skatspiel auf der Stube. Ich entschließe mich
abzuwarten.

Neue Hiobsbotschaften treffen ein. Jetzt schaut der Kerl sich
auch die Unterhosen und Strümpfe an. Gott sei Dank, mich
berührt das nicht, habe beides heute früh gewechselt. Seidler,
der mit dem ungeputzten Schuhsteg, findet sich auch wieder
ein. Der arme Mensch hatte vergessen, in den langen Putz- und
Flickstunden sein Namensläppchen in seine Strümpfe einzunä-
hen. Na, wenn das der Führer wüßte! Dabei war uns doch extra
befohlen worden, j e d e s Stück der gesamten Ausrüstung auf
diese Art zu kennzeichnen; sogar die Zungen der Schuhe mußten innen mit dem Leinen versehen sein. Seidler, Seidler, wie
kannst du nur! (Allerdings mußten wir zugeben, daß nur so Ka-
meradendiebstahl, ein schlimmes Verbrechen, zu verhindern ist.)
Die Schlange schrumpft zusammen. Viele haben auf das erre-
gende Abenteuer Landgang verzichtet, andere das Fegefeuer
unbeschadet passiert. Ich fasse meinen Mut zusammen und
wage mich zum feuerspeienden Drachen. Schon nach einer
Viertelstunde bin ich an der Reihe.

„Matrose Gronau bittet um eine Urlaubskarte." Der UvD tastet
mich, hinter seinem Schreibtisch sitzend, mit seinen Augen von
Kopf bis Fuß ab. „Kehrt!" – Zack, und ich stehe wie eine Eins
mit dem Rücken zu ihm. „Rechten Fuß hoch!"– Aha, der Steg,
keine Gefahr.

„Kehrt!" – Zack, und ich schaue ihn wieder an.

„Hände vorzeigen!" Du kommst zu spät, mein Lieber, gerade
gebürstet und in der Schlange noch einmal mit dem Kamm
ausgekratzt.

„Mütze ab, Mützenbügel raus!" – Das ist ein dünner, federnder
Stahlreif, der den Mützendeckel stramm wie ein Trommelfell
spannen soll. Der begehrte, doch höchst unvorschriftsmäßige
Kniff, den die Bordfahrer in ihre Mützen drücken und der ihnen
ein besonders verwegenes Aussehen gibt, wird durch den Bügel

leider verhindert. Der UvD, wegen seines wilden Gesichtsaus-
druckes „Attila der Hunnenkönig" genannt, prüft, ob ich den
Bügel verkürzt habe. Keine Chance, mein Lieber, das kommt
erst später an Bord.

Sei es, daß Attilas slawisches Feuer verlöscht ist, sei es, daß ich
sein Wohlgefallen errungen habe, ich erhalte jedenfalls meine
Urlaubskarte, grüße beim Passieren der Wache zackig den Posten und bin für einige Stunden ganz mit mir alleine. Welche
Wohltat!

Da ich mich noch eine Weile mit mir selber unterhalten wollte,
suchte ich auch nicht eines der von Hängendes Lid erlaubten
Lokale auf, sondern schlenderte durch die Stadt, betrachtete
interessiert die Schaufenster und sehnsüchtig die Mädchen und
kehrte schließlich in ein vornehmes Hotel ein. Dicke Teppiche,
weiße Tischdecken, gepolsterte Stühle, kleine Tischlämpchen,
brennende Kerzen, einige gut angezogene Gäste, distinguierte
Oberkellner, aber vor allem: Kein Gebrüll und Geschrei, kein
tosendes Gelächter und gellendes Pfeifen, kein Geruch nach
Kommißbrot, Schuhcreme und Gewehröl, sondern der Duft des
von mir bestellten Entenbratens (ohne Lebensmittelmarken).
Vergessen waren die heißen, feuchten Pellkartoffeln, der stin-
kende tägliche Rosenkohl mit der braunen Einheitssoße und die
Suppe mit den Kälberzähnen. Und während meine Magensäfte
kräftig sprudelten, schloß sich zur selben Zeit der eiserne Ring
um Stalingrad, wovon ich natürlich keine Ahnung hatte. Ebenso
wenig wußte ich, daß der U-Boot-Krieg im November 1942 mit
118 versenkten feindlichen Handelsschiffen von insgesamt
743 320 BRT besonders erfolgreich werden sollte, bei eigenen
Verlusten von 13 U-Booten.

Gesättigt und von dem angenehmen Duft der zivilisierten Atmosphäre erfrischt, kehrte ich in das Rekrutendepot zurück,
bereit, meine vaterländischen Pflichten als Aufklarer fortzusetzen und Hängendes Lid, Terrier und Attila die Stirn zu bieten.

Solange ich in Rosendaal war, ging ich einmal in der Woche
alleine an Land, aß Entenbraten und sonnte meine Seele in dem
milden Klima des holländischen Hotels. – Zu unserer freudigen

Überraschung gab es übrigens in der folgenden Zeit nie wieder solche absurden Kleidermusterungen beim Anstehen nach Urlaubskarten. Der UvD hatte mit seiner einmaligen Vorstellung erreicht, was die Marine beabsichtigte: Die zivile Bevölkerung bekam uns nur in makelloser Aufmachung zu Gesicht. Sogar die Schuhstege waren immer geputzt.

Wenn aber naive Kameraden geglaubt hatten, nach der fröhlichen Verbrüderung mit Hängendes Lid anläßlich des gemeinsamen Landgangs sei mit diesem für den Rest der Ausbildung besser Kirschen essen, so erfuhren sie sehr schnell, daß das ein Irrglaube war. Gebrüll, Geschnauze, Kniebeugen, Liegestütze mit „Beifall" (Hochschnellen und Händeklatschen), Laufen, Fliegerdeckung, „Kostümfeste" (gehetzter Wechsel der verschiedenen Kleidergarnituren mit anschließender Spindmusterung zu nächtlicher Stunde), das alles blieb uns in voller Stärke erhalten. Nur meinten wir manchmal, ein Blinzeln in seinen müden Augen wahrzunehmen

Niemand darf annehmen, nur unsere Körper wären durch ausgewogenes Training gefordert worden, auch der Intellekt kam zu seinem Recht. Mehrmals in der Woche stand auf dem Dienstplan „Unterricht". Der wurde von den Unteroffizieren auf den Stuben abgehalten. Ich greife einige Themen aus der Fülle des Angebots heraus: „Dienstgrade und Rangabzeichen", „Der Wachdienst" (Unterabteilung: Schußwaffengebrauch, Notwehr), „Benehmen gegen Vorgesetzte", „Der Karabiner 98K", „Die Pistole 08", „Die Handgranate", „Die Gasmaske" – Diese Themen wurden in einem hölzernen, aber knappen, präzisen Deutsch vorgetragen, enthielten kein Wort zu viel und keines zu wenig und waren tausendfach erprobt. Die Unteroffiziere kannten sie auswendig. Da sie kein vielsemestriges Studium der Propädeutik, Pädagogik, Psychologie, Methodik, Didaktik und Soziologie bei hochdotierten Professoren der entsprechenden Wissenschaften absolviert hatten, war ihre Unterrichtsmethode einfach und vernünftig: Sie trugen die Themen mehrmals in gleichem Wortlaut vor und fragten uns so lange ab, bis auch wir sie originalgetreu aufsagen konnten. Wir haben nie irgend etwas aufschreiben müssen. Wir hatten aufrecht auf unseren Schemeln zu sitzen, Handflächen ausgestreckt auf den Oberschenkeln, die Fingerspitzen schließen mit dem Knie ab. Da Schemel keine Lehnen haben, wurde auf diese Weise ein Einschlafen erschwert. Ausschnitt aus einer Unterrichtseinheit: „Was macht der Soldat, wenn der Vorgesetzte aus Versehen einen Gegenstand fallen läßt, Matrose Gronau?"

(Springt auf, sehr laut) „Dann hebt der Soldat den Gegenstand auf und gibt ihn dem Vorgesetzten."

„Ü b e r gibt! – Welches sind die Ausnahmen, Matrose Peters?"

(Springt auf, sehr laut) „Die Ausnahmen sind: Geld, Eß- und Rauchwaren."

„Warum, Matrose Reimann?"

(Springt auf, sehr laut) „Der Soldat könnte diese Gegenstände verschwinden lassen."

„Wo geht der Soldat, wenn er einen Vorgesetzten begleitet? Matrose Wilde."

(Springt auf, sehr laut) „Der Soldat geht auf der linken Seite des Vorgesetzten."

Ich muß gestehen, daß das einzige, was mir wirklich Spaß machte, die Gewehrgriffe waren. Mich faszinierte die Präzision, mit der 150 Mann in derselben Zehntelsekunde in die Waffen faßten. Allerdings hätten es ebensogut Spaten, Harken oder Besenstiele sein können.

Gegen Ende der Rekrutenzeit nahm allmählich das Brüllen der Ausbilder um einige Phon ab, entweder weil sie sich verausgabt hatten, oder weil sie mit uns als Leistungsträger zufrieden waren, oder weil es der Strategie der Marinepädagogik entsprach. Hin und wieder gab es sogar ein knappes, geknurrtes Lob. Wenn das „Seitengewehr pflanzt auf" einmal nicht ganz perfekt klappte, sagte Hängendes Lid zwar nur drohend „Na?", ließ uns aber nicht mehr nach fernen Horizonten suchen.

Drei Tage vor der Abschlußbesichtigung durch irgendeinen zuständigen Admiral („kornblumenblaue Aufschläge am Mantel") erhielten wir unsere Abkommandierungen. Das war eine höchst aufregende Angelegenheit, denn man konnte ein Bordkommando in Narvik, Cherbourg, Pillau, La Spezia, im Schwarzen Meer, in Kiel oder Frederikshavn erhalten. Der Führer und Reichskanzler Adolf Hitler, von der zuständigen Admiralität beraten, meinte, ich könnte mein Vaterland am besten bei einer Vorpostenflottille in Rotterdam verteidigen.

Die Marine hatte unsere Reisen zu den neuen Dienstorten bei der Eisenbahn gebucht. Das hatte notwendigerweise ein häufiges Umsteigen von Bahnsteig 1 zu Bahnsteig 5 zur Folge. Womöglich mußten dabei auch Treppen benutzt werden. Umsichtig und vorausschauend wie unsere Ausbilder waren, vermuteten sie, daß uns diese komplizierte Prozedur einige Schwierigkeiten bereiten würde. Aus lauter Fürsorge weckten sie uns darum unverhofft eines Nachts und trainierten mit uns das „Umsteigen". Das hieß: Anzug Blau und den gesamten Spindinhalt in den großen Seesack gepackt. Nun hetzten wir, von munteren Anfeuerungsrufen der Unteroffiziere angetrieben, die Treppen zum oberen Stockwerk (Zwotes Deck) hinauf und auf der anderen Seite wieder hinunter. Da in der rauhen Wirklichkeit ankommende Züge Verspätung haben könnten, mußte sich unser Übungsumsteigen in rasender Eile abspielen. Üben heißt, eine Tätigkeit öfter wiederholen.

Also, das Ganze noch einmal, allerdings diesmal in Sportkleidung. – Jawohl, schon besser, aber immer noch nicht schnell genug. Deshalb Dakapo, Anzug Bordzeug. Wir waren die reinsten Mannequins. Als wir das „Umsteigen" beherrschten und die Vorstellung abgebrochen wurde, sahen unsere Stuben aus, als hätten Gangster darin nach Heroin gesucht. Hemden, Hosen, Schuhe, Unterwäsche, Jacken: ein wüstes Durcheinander. Das schmerzt jeden ordentlichen Maaten. Deshalb: „In 15 Minuten Spindappell."

Für mich hatte sich der mit dem „Umsteigen" verbundene Aufwand nicht gelohnt, denn mein Dienstort Rotterdam lag gleich um die Ecke, der Zug fuhr durch. Am 7. Januar 1943 (Generaloberst Rokossowski eröffnet mit 7000 Geschützen die Großoffensive gegen Stalingrad) machte ich mich also endlich, endlich auf den Weg an die „Front".

Auf Wiedersehn, Hängendes Lid, vielleicht treffen wir uns ja irgendwann, irgendwo. Ich bin dir nicht böse, obwohl du mir viel Schweiß ausgequetscht und oft meine Seele strapaziert hast. Ich hoffe aber, daß du mir eine zackige „Ehrenbezeigung durch Anlegen der rechten Hand an die Kopfbedeckung" erweist, wenn ich Leutnant bin. So wie ich es bei dir gelernt habe. Anschließend gehen wir in einem erlaubten Lokal ein Bier trinken, auf meine Kosten natürlich, und du erzählst mir, wie du unsere Rekrutenzeit empfunden hast.

Von englischen Himmelhunden und holländischen Mädchen

Die Wunschträume junger Seeoffiziere – auch wenn sie Anwärter oder wie ich nur Reserve waren – kreisten um Kommandos auf Unterseebooten, Schnellbooten und Zerstörern, alles Kriegsschiffe, die, den schnellen Husaren früherer Epochen gleich, in schneidigen Attacken dem Feinde entgegenstürmten und ihm Angst und Schrecken einjagten. „Ran und versenken", hieß militärisch kurz und prägnant die Parole.

Um meinen unermeßlichen Tatendrang zu befriedigen, hatte mir die Marine allerdings nur ein ordinäres Vorpostenboot zugewiesen, das auf der Treppe des Prestiges im Keller anzutreffen war und in den Filmen der Wochenschauen nie, von flotter Marschmusik begleitet, durch die Meere preschte.

Diese äußerst seetüchtigen Fahrzeuge waren für Kriegszwecke umgebaute Hochseefischdampfer, bestückt mit einer 8,8-cm-Kanone vorne auf dem Vorschiff, einer Reihe von verschiedenen, über das Boot verteilten 2-cm-Flugabwehrgeschützen und Wasserbomben, die, großen Benzinfässern ähnelnd, achtern an Deck festgezurrt waren. Statt mit Schleppnetzen leckere Schollen, Makrelen oder Dorsche zu fangen, wurden mit entsprechenden Geräten U-Boote gejagt oder Seeminen gesucht und vernichtet.

Meine Enttäuschung über dieses Kommando verdrängte ich mit dem tröstenden Gedanken, daß auch diese Schiffe sehr wichtige Aufgaben im Seekrieg haben, daß ich meine Pflicht erfüllen muß, wo immer ich eingesetzt werde, daß auch das kleinste Rädchen seine Bedeutung in einem großen Getriebe hat; und mehr als ein Rädchen bin ich nun einmal nicht.

Mit dem prallen Seesack auf dem Rücken und dem Rekrutenwissen über „Benehmen gegenüber Vorgesetzten" im Kopf kletterte ich an einem späten Nachmittag mühselig an Bord. Vor der Gangway stand ein Posten mit umgehängtem Gewehr, auf den Geschützplattformen fetteten Seeleute die ausgebauten Teile der Waffen ein. Endlich war ich ein Mitglied einer verschworenen Kampfgemeinschaft von harten Männern, die in ständigen Einsätzen der englischen Flotte einbleuten, daß sie nicht mehr die arrogante Herrscherin der Meere ist. Ja, das hier ist eine ganz andere Atmosphäre als in Roosendaal bei den Rekruten, das ist die Front.

„Wer sind S i e denn", bellt mich ein kleiner, mickeriger Bootsmann an, als ich den Seesack an Deck stelle. Seine Augen schießen giftige Blitze, sein Mund ist ein Schlitz. Die Seeleute hören auf zu putzen und grinsen. Um Gottes willen, schon wieder so einer, und ich dachte, solche Typen gibt es nur in Rekrutenkompanien. Aber immerhin, er hat das Eiserne Kreuz 2. Klasse und das Minensuchabzeichen, ist also ein tapferer Mann. „Matrose Gronau meldet sich an Bord." „Die Kommandierungspapiere", schreit der Giftzwerg und: „Melden Sie sich beim Deckältesten im Seemannsdeck!" – „Dort vorne unter der Back", kreischt er, als er bemerkt, daß ich in der Geographie eines Vorpostenbootes nicht bewandert bin. Natürlich hatte ich nicht erwartet, daß mich ein Marinemusikzug mit einem Tusch empfängt und die angetretene Besatzung mit „Hurra" die Mützen schwenkt, doch hatte ich angenommen, daß ich mich beim Kommandanten melden müßte, der mich militärisch knapp, aber herzlich mit Handschlag willkommen heißt und seiner Freude Ausdruck verleiht, einen dringend benötigten, körperlich und geistig einsatzbereiten Matrosen an Bord zu bekommen. Bissiges Kötergebelle hatte ich nicht vorhergesehen.

Ein stählernes Schott, durch einen langen Hebel verriegelt, führt in das enge Seemannsdeck. An den Wänden zweistöckige Kojen, Spinde, ein langer Tisch, umgeben von Bänken. Ein alter Hauptgefreiter (25 Jahre, füllig, fleischiges Gesicht) füllt irgendwelche Listen aus. Offensichtlich der Deckälteste. „Gut", sagt er, nachdem ich mich vorgestellt habe, „du kannst gleich

von morgen an eine Woche Backschaft machen." Damit war
schon eher zu rechnen gewesen. „Da ist das Backgeschirr." Er
zeigt auf ein Spind, in dem Teller, Tassen und Bestecke seefest
aufbewahrt werden. „Die Kojen sind alle belegt, du bekommst
eine Hängematte, die zurrst du hier an den zwei Haken." Er
weist mir mürrisch ein Spind zu, in das ich mit Mühe und Not
meine umfangreiche Ausrüstung verstaue. „Aber ein bißchen
hoppla, in zwei Stunden ist seeklar." Wenn der so weitermacht,
wird er noch Dompteur bei den Rekruten.
Beim frühen Abendbrot lerne ich die anderen zehn Mann kennen, die mit mir im Seemannsdeck hausen, alle so um die
zwanzig. Sie wirken ein wenig still und bedrückt, wahrscheinlich erschöpft und müde von langen Einsätzen. Das Essen ist
reichlich, die Marinegummiwurst nimmt man in Kauf. Nach
einer Weile öffnet der Bootsmann das Schott und brüllt hinein:
„Seeklar machen!" Schweigend erheben wir uns und gehen an
Deck, nur der Backschafter bleibt und beginnt, das Geschirr
abzuwaschen.
Es wird schon dunkel draußen. Ich bin verblüfft, daß das Schiff
so viel tiefer an der Kaimauer liegt als vorher, man muß richtig
hochschauen, wenn man den Posten vor Schiff sehen will. Ach
ja, wir haben hier Ebbe und Flut, das kenne ich nicht von der
Ostsee. Leichter Nieselregen macht das Deck rutschig. Ich stehe ratlos zwischen den beschäftigten Kameraden, die mit Leinen hantieren oder sich an den Geschützen zu schaffen machen.
Ich weiß nicht, was ich tun soll, überall bin ich im Wege. Einige
schwarze Gestalten mit fahlen Gesichtern tauchen aus einem
Niedergang auf, der aus dem Heizerdeck führt, hasten nach
achtern und verschwinden durch ein Schott in den Maschinenraum, wo sich schon seit einiger Zeit die Maschinen warmlau-
fen. Schwarzer Rauch quillt aus dem Schornstein, wird über die
Hafenanlage geweht. Unsere Boote fahren mit Dampf, haben
den ganzen Bauch voller Kohle. Der Bootsmann bellt sich
heiser. An beiden Seiten der Reling liegen gelbe Gebilde, die
die Form und Größe von Delphinen haben, vermutlich Teile des
Minensuchgerätes. Vor den hohen hölzernen Brückenaufbauten

ist eine große Trommel verankert, die Winsch, auf der dicke, lange Stahltrossen aufgewickelt sind. Ich komme mir in dem geschäftigen Gewühle immer nutzloser und elender vor. Gebt mir doch endlich etwas Sinnvolles zu tun! Ich habe Angst, den Giftzwerg um Anweisungen zu bitten, vielleicht beißt er. Von der Brücke ruft jemand mit weißer Mütze etwas herunter, wahrscheinlich der Kommandant.

Endlich erbarmt sich ein Gefreiter meiner, drückt mir ein Tau in die Hand, an dem eine aus Weidenästen geformte Kugel zwischen der Bootswand und der Kaimauer hängt und sagt: „Dies ischt ein Fender, den holst du ein, wenn wir ablegen." „Ischt" sagt er, muß wohl aus Schwaben kommen. Gott sei Dank, endlich habe ich ein Aufgabe, aber Abitur wäre dafür wohl nicht nötig gewesen. Von der Brücke ein Pfiff, die Schraube beginnt zu schlagen, die Leinen werden von Land gelöst und eingeholt, wir schieben uns langsam in die Mitte des Fahrwassers. Ich hole eilig den Fender an Deck. Mein erster Einsatz im Dienst für Führer, Volk und Vaterland ist beendet. Es geht auf „Feindfahrt".

Das dicke stählerne Schutzschild der 8,8-cm-Kanone auf dem hohen Vorderdeck ist kalt, glatt und feucht, man kann sich aber bequem mit dem Rücken daran anlehnen, das Rohr an meinem rechten Arm gibt zusätzlichen Halt. Neben mir, auf der anderen Seite des Rohres steht Gerhard, der sich meiner mit dem Fender erbarmte. Wir beide gehören zur Backbordwache und haben von 20 bis 24 Uhr Ausguck. Vier Stunden Wache, vier Stunden frei ist der Zeitrhythmus an Bord, wobei die Silbe „frei" wie immer relativ ist. Mit meinem umgehängten Nachtglas vor der Brust komme ich mir schon wie ein Seemann in Filmen vor. Die schwarze See ist leicht bewegt, kurze Schaumstreifen leuchten weiß auf, wenn der Bug rauschend die Wellen zerschneidet. Das Wiegen und Schlingern des Bootes ist angenehm. Gerhard summt Zarah Leander: „Kann denn Liebe Sünde sein?", setzt dabei das Glas vor die Augen und sucht die dunkle Nacht nach noch dunkleren Schatten ab. Nachdem er diese interessante Frage zu Ende gesungen hat, stelle ich ihm eine Frage, die mich im Augenblick mehr bewegt: „Sag mal, der Bootsmann, was ist das für einer?"

„Das ischt ein Satan, ein elender Hund. Das ischt er. Der schikaniert uns so, der Schweinehund, daß einige schon daran denken, ihn bei einem Angriff der Engländer, wenn's überall ballert, umzulegen und außenbords zu schmeißen." Ich bin entsetzt und sprachlos. Daß es so etwas in meiner wunderbaren Kriegsmarine gibt!! – „Aber meinscht du, der Feigling läßt sich beim Angriff blicken? Unter Deck verschwunden ischt er, das Miststück, wenn es mulmig wird." „Aber, das ist doch . . .", stottere ich. Er unterbricht mich: „Und die gröscht Schweinerei ischt, er muß einen Spion, einen Zuträger im Deck haben, der ihm erzählt, was bei uns vor sich geht."

„Und der Kommandant?" frage ich verdattert.

„Der weiß von nichts. Unser Herr Bootsmann schleimscheißert um ihn herum und macht sich bei ihm beliebt."

Ich kann es immer noch nicht fassen. So etwas unter deutschen Soldaten? Und dazu noch bei der Marine? Ich schaue durch das Glas, um mich zu erholen und abzulenken. Wo bin ich da nur reingeraten? Ist das überall so in der Wehrmacht? Ich kann es nicht glauben, habe eben nur Pech gehabt, auf ein Boot mit solchen Zuständen zu kommen. – Nichts zu sehen, ich setze das Glas ab. – Jetzt weiß ich auch, warum die Leute im Deck alle so bedrückt erschienen. Keiner wagte etwas zu sagen. Übrigens muß der Gerhard wohl ziemlich viel Vertrauen zu mir haben, sonst hätte er mir gegenüber geschwiegen. Scheint ein prima Kumpel zu sein. Ich will endlich dieses verdammte Thema, das mich so deprimiert, aus meinem Kopf loswerden, deshalb frage ich ihn: „Sag mal, wenn wir abends im Hafen sind, wo gehst du dann hin?" Vielleicht kann ich mit ihm zusammen an Land gehen, ins Kino oder in ein gemütliches Lokal, wo man sich gut unterhalten kann. Doch er sagt fröhlich und unbefangen: „In den Puff."

Ich bin wie vor den Kopf geschlagen. An der NAPOLA in Stuhm hatte jemand erzählt, daß es so etwas in Berlin gegeben habe. Auf unsere neugierigen Fragen gab er uns Bescheid: „Die

Weiber dort machen's mit jedem für Geld." Aber, mein Gott, das war doch früher, vor langer Zeit in dem verkommenen Weimarer System, das gibt es doch heute nicht mehr, unter dem Nationalsozialismus. Seit 1933 ist Maßstab für die neue Moral das Wort von Walter Flex: „Rein bleiben und reif werden ist höchste und schwerste Lebenskunst." Das schönste und tiefste Glück für eine Frau sind Kinder, die sie in Liebe empfangen hat. Wo ist denn da Platz für solch einen entsetzlichen Schmutz? Aber wahrscheinlich gibt es so etwas nur im Ausland, z. B. hier in Holland oder in Frankreich, aber nicht in Deutschland. Und der nette Gerhard hier neben mir am Kanonenrohr, fern von Deutschland, der Matrosengefreite mit dem offenen Gesicht, geht in einen Puff! Was soll ich nun von ihm halten? Ich schaue ihn abschätzend an, kann kaum in der Nacht sein Profil erkennen. Er summt schon wieder Zarah Leander: „Darf es niemand wissen, wenn man sich küßt, wenn man einmal alles vergißt, vor Glück?" Bei „vor Glück" wirft er seinen Kopf in den Nakken wie ein krähender Hahn. Er hat den Gedanken an den Bootsmann schon wieder abgeschüttelt. Ich kann das leider nicht. Vielleicht hilft ihm ja die Vorstellung von einem nackten Mädchen, von seiner Hure. Was ist schlimmer für eine Nation, der verrückte Bootsmann, der die Kampfkraft eines Kriegsschiffes zerstört, oder eine Hure in ihrer Verworfenheit?
Ich schweige in die Nacht, die sich kaum von der See unterscheidet. Auch Gerhard hat aufgehört zu fragen, ob die Liebe Sünde sei oder nicht. Für ihn ist die Entscheidung wohl schon längst gefallen. Wir starren voraus. Es ist, als seien wir zwei mit unserer kalten Kanone allein im schwarzen Weltall. Und doch schuften die Heizer vor ihren Feuern im Maschinenraum, navigieren Leute auf der Brücke, horcht der Funker auf Morsezeichen, stehen andere Posten wie wir an den Geschützen, schläft die Freiwache in den Kojen. Plötzlich vernehme ich neben mir ein leises, wischendes Geräusch. Im selben Augenblick schiebt sich ein Gesicht ganz nahe vor meine Nase, zwei Augen stieren mich an. Es ist der Bootsmann. Ich spüre seinen Atem. „Sie haben geschlafen", zischt er. „Nein, Herr Bootsmann." „Sie

haben doch geschlafen!" Hat er Schaum vor dem Mund? „Nein
Herr Bootsmann, ich habe nicht geschlafen!" Wortlos, wie ein
Gespenst, verschwindet er, löst sich in der Nacht auf. „Ein
feiner Herr", flüstert Gerhard.
Eine Stunde später. Ein Mann von der Brücke bringt uns eine
Tasse heißer Brühe. Danach Wachwechsel. Im trüben Schein
der abgedunkelten Lampe im Wohndeck klettere ich unbeholfen in die schaukelnde Hängematte. Wir dürfen nur Wachman-
tel und Stiefel auszuziehen. Die Luft ist stickig, es stinkt nach
Schweißfüßen. Gerhard hat eben den Vorhang vor seine Koje
gezogen. Trotz des aufregenden Tages mit seinen deprimieren-
den Erlebnissen stürzte ich sofort in tiefen Schlaf.
Plötzlich reißt mich das ohrenbetäubende, krächzende Stakkato
einer Hupe hoch: „Alarm, Alarm!" Jemand stößt mich mit seinem Rücken aus der Hängematte. Das funzelige Licht, das mit
dem Schott geschaltet ist, verlöscht, weil die ersten Seeleute an
Deck auf ihre Stationen rennen. Ich springe in die Stiefel, stoße
mit dem Kopf gegen irgendeinen eisernen Gegenstand und
dränge mit anderen hinaus. Meine Gefechtsstation ist an der
Kanone. Was da eigentlich meine Aufgabe ist, weiß ich nicht so
recht, irgend etwas wird sich schon finden. Die Geschützbedie-
nung starrt nach Backbord. In großer Entfernung flitzen gelbro-
te Punkte in flachem Bogen durch die Nacht. Leuchtspurmuni-
tion. Andere Ketten kommen dazu, kreuzen sich, hetzen gegeneinander, prallen vom Wasser ab, steigen steil in den Himmel,
verlöschen. Ein schwaches, dumpfes Knallen dringt zu uns
herüber. Eine phantastische, atemberaubende Szene. „Englische Schnellboote schlagen sich mit unseren Booten aus Vlissingen herum", erklärt mir einer. Plötzlich ein gleißendes Gelb
in den Wolken über dem Gefechtsort, eine kleine strahlende
Sonne entsteht, die langsam und feierlich, das Meer und den
Himmel erleuchtend, niedersinkt und jäh stirbt. Leuchtgrana-
ten. Fasziniert nehme ich jede Einzelheit wahr. Ich denke nicht
daran, daß dort Menschen agieren, Angst haben und vielleicht
gerade in dieser Sekunde sterben, ich sehe nur erregt einem
Kampf von Schiffen zu.

Hoffentlich werden die englischen Schnellboote versenkt, ist mein einziger Gedanke. Erneut heftiger Austausch von dahinjagenden, leuchtenden Perlschnüren, wieder eine helle herabschwebende Sonne mit verspätetem weichem Wummern des Abschusses. – „Wollt ihr wohl auch nach Steuerbord Ausguck halten!" schimpft jemand von der Brücke herüber. Tatsächlich, niemand hat daran gedacht, daß das gleiche Feuerwerk jeden Augenblick auch bei uns beginnen kann. Schuldbewußt suche ich die Steuerbordseite nach Schatten ab, schiele aber doch hin und wieder nach links. Allmählich läßt das Schießen nach, noch eine Perlschnur, und damit ist die Vorstellung erst einmal beendet, die Freiwache kann wieder in die Kojen, ich in meine Hängematte kriechen.

„So ein Scheiß passiert immer, wenn ich Freiwache habe", flucht einer.

Diesmal fällt mir das Einschlafen schwer. Zum ersten Mal habe ich den Krieg erlebt, zwar nur in den hintersten Rängen als Zuschauer des Dramas und gänzlich ungefährdet, doch vielleicht werde auch ich bald vom unbekannten Regisseur auf die Bühne gerufen. Werde ich meine Rolle gut spielen, werde ich mich bewähren? Ich hoffe, ja.

Kaum bin ich eingeschlafen, da rüttelt mich jemand an der Schulter. „Komm hoch, Seemann, schallst pissen!" Im ersten Augenblick will ich ihm erwidern: Ich brauch doch gar nicht, Mensch. Da merke ich, daß sich die anderen stöhnend erheben: Wachwechsel, 4 Uhr.

Und wieder das Lehnen an der kalten Kanone, das Stieren in die leere Nacht, das einschläfernde Wiegen des Bootes. Gerhard und ich sind müde und schweigen vor uns hin. Doch unmerklich geht das Schwarz des Himmels im Osten in einen Hauch von Grau über, immer genauer kann ich Gerhards Profil erkennen, und wenn ich zurückschaue, nehme ich immer deutlicher die Umrisse des Schiffes wahr.

„Jetzt wird's bald gefährlich", sagt Gerhard. „Wenn's heller wird, kommen die Tiefflieger, die Jabos. Dann gibt's Zunder", und er fügt noch hinzu: „besonders, wenn die Sonne scheint –

von da kommen sie am liebsten." Doch nichts geschieht, kein
Flugzeug läßt sich blicken. Für die Engländer, so scheint es, ist
heute kein Auftritt mehr vorgesehen. Wir legen am Vormittag
wieder im Rotterdamer Hafen an. Im stillen hatte ich ja gehofft,
daß die Besatzung etwas Zeit zum Schlafen bekommen würde,
aber davon ist keine Rede. Zunächst heißt es waschen und
danach „Reinschiff". Und siehe da, unser Giftzwerg läßt sich
wieder blicken, seine Stimmbänder haben sich erholt, er
kreischt wieder und springt umher wie Rumpelstilzchen. In mir
glaubt er den richtigen Mann für das Reinigen des Lokus gefunden zu haben. Ein Offiziersanwärter, so denkt er sicherlich, ist
ein vornehmer Pinkel, den kann man mit so etwas demütigen.
Mein lieber Herr, damit kannst du mir nicht imponieren. Schei-
ßen ist menschlich. Beim Arbeitsdienst habe ich mit abgehärte-
ter Nase die Abfallprodukte des Donnerbalkens eigenhändig
mit einer Schubkarre wegtransportiert. Verglichen damit ist das
hier eine so edle Dienstleistung wie Silber putzen. In meiner
Eigenschaft als neuer Backschafter lerne ich auch den Koch in
seiner Kombüse kennen, von wo ich das Essen für die Seeleute
in großen Behältern (Barkassen) hole. Vor mir steht der Backschafter des Heizerdecks. Die Maschinenleute bekomme ich
sonst fast nie zu sehen, sie sind ein anderes Volk mit eigener
Kultur, das fernab von uns wohnt und im dunklen Bauch des
Schiffes arbeitet. Der Koch ist etwas Besseres und wohnt deshalb mit dem Funker und dem Sanitäter in einem Extraraum,
der „Funktionärskammer". Er gibt sich gnädig, kocht aber gut.
Was wir an Schlaf zu wenig haben, haben wir an Essen zu viel.
Die kurze Mittagspause, die die anderen schlafend verbringen,
vergeude ich mit Geschirrabwaschen. Der Deckälteste prüft die
Teller und zeigt auf einen Fleck an der einen Barkasse. Kartof-
felreste. „Noch mal so was, und du machst eine weitere Woche
Backschaft!" Gott sei Dank, ich bin noch einmal davongekommen. Nachmittags: malen, bei der Marine, „pönen" genannt.
Den größten Teil seiner Tagesdienstzeit hantiert der Seemann
mit Farbtopf und Pinsel.
Wie gestern bellt gegen Abend der Bootsmann „Seeklar" ins

Deck. Ich beschlagnahme sofort meinen Fender und halte mich bis zum Ablegen an seinem Tauende fest. Bald werde ich ein renommierter Experte im Fenderhalten sein. Vielleicht steige ich ja auch später einmal auf eine höhere Stufe der Seemannschaft und lerne die Wurfleine schwungvoll an Land zu schmeißen, ein Kunststück, das mir gestern beim Anlegen der Heinz in Vollendung demonstrierte.

Als wir Hoek von Holland passieren, ist es schon dunkle Nacht, und nach einigen Seemeilen kommt der Befehl zum Klarmachen des Minenräumgerätes. In kurzer Zeit entwickelt sich an Deck ein für mich undurchschaubares Durcheinander von langen und kurzen Stahlleinen, Kabeln, Schäkeln und Geräten, die, „Drachen", „Tiefendrachen" und „Schwimmer" genannt, im dünnen Schein von abgeblendeten Taschenlampen aneinander befestigt werden. Das ganze System ist mir völlig unverständlich. Am Heck, über das das Gewirr langsam ins Wasser gelassen werden soll, hört man den Giftzwerg schreien. Er ist schon ganz heiser, seine Stimme macht Überstunden. Wiederum bin ich der nutzloseste Soldat der gesamten deutschen Wehrmacht, wenn nicht gar aller kriegführenden Nationen, und der unglücklichste dazu. An der Winsch stehen zwei Mann und warten darauf, in Aktion zu treten. Die See geht etwas höher als gestern und platscht ab und zu etwas Wasser über die Bordwand, das durch die Speigatten wieder abläuft. – „Gerät klar zum Ausbringen", schreit der Bootsmann von achtern zur Brücke hinauf. Da taucht aus dem Dunkel Gerhard auf, erneut Retter aus meiner Seelennot. „Du bleibst hier stehen", sagt er, „und gibst die Befehle vom Bootsmann an die Leute an der Winsch weiter, das Aas ischt so heiser, den kann kein Schwein beim Maschinenlärm verstehen. Aber paß auf, stell dich nicht in die Buchten von dem Kabel hier, das sind diese Schleifen." Er leuchtet mit der Funzellampe an Deck. „Wenn das Gerät rausgeht, da ischt ein solcher Druck drauf, das reißt dir glatt die Beine ab." Ich bin ihm dankbar, daß er sich um mich kümmert. Da geht es auch schon los: „Gerät ausbringen", ruft der Kommandant. „Fier langsam weg!" brüllt der Bootsmann. „Fier langsam weg!"

brülle ich in Richtung Winsch. Die zwei Mann legen sich auf die Hebel, die Rolle der Winsch beginnt sich zu bewegen und die Stahlleine kriecht nach achtern. „Stopp", schreit der Bootsmann. „Stopp!" schreie ich wie ein Papagei. „Weiter langsam fieren!" Ich: „Weiter langsam fieren!" Allmählich habe ich das Gefühl, als wäre ich tatsächlich nützlich. – Nach geraumer Zeit krächzt der Bootsmann: „Gerät ausgebracht!" Zum letzten Mal spiele ich sein Echo und ziehe anschließend mit Gerhard auf Posten.

„Siehe, o Herr, wir haben die ganze Nacht gefischt und nichts gefangen", soweit ich mich an den Konfirmandenunterricht erinnere, klagte Petrus mit diesen oder ähnlichen Worten über seine ausgebliebenen Heringsfänge. „Siehe, Herr Admiral, wir haben die ganze Nacht Minen gesucht, aber keine gefunden", hätte eine dementsprechende Meldung an unseren Vorgesetzten gehen müssen.

Im Morgengrauen wird das Gerät eingenommen, wobei ich mich wieder als Befehlsübermittler auszeichne, wir drehen auf Heimatkurs. Gerade sind wir – die Freiwache – beim Frühstück, da hämmern plötzlich mit ohrenzerreißendem Knallen Maschinenwaffen los, gleichzeitig dröhnt die Hupe: „Alarm, Alarm, Alarm!!" – Raus auf Station. Als ich aus dem Schott stürze, sehe ich, wie uns von achtern ein Jabo anfliegt. Ein entsetzliches, metallisch glänzendes Ungeheuer von einem anderen Stern, das mit rasender Geschwindigkeit größer wird, ein silberner erbarmungsloser Drachen, aus dessen starren Flügeln orangefarbene Flammen lodern, ein zürnender Halbgott. – UND ER ZIELT GENAU AUF MICH!! ER ZIELT GENAU AUF MICH ALLEIN!! Es gibt nur dieses böse, unmenschliche Wesen und mich, und ich kann mich nicht wehren, habe nichts als meine Fäuste, kann nicht schießen! Jetzt neben mir, eine Sekunde lang, ein kreischendes, fetzendes Hämmern in Eisen, dann ein helles Aufjaulen, und ehe ich Zeit habe, auch nur die geringste Angst zu empfinden, ist dieses gnadenlose technische Monstrum über uns hinweggedonnert und nur noch ein dicker Strich am Himmel, dem die Leuchtspurgeschosse unserer Vier-

lingsflak hinterherhetzen. Dann plötzlich Stille. Als ich wieder
imstande bin zu denken, sehe ich Heinz an der Bordwand knien.
Er umklammert mit der rechten Hand seinen linken Ellenbogen
und blickt erstaunt auf eine rote Masse, die vorher seine linke
Hand gewesen war. „Sani", brüllt jemand, „Saanii!"
„Er kommt zurück", höre ich Gerhard oben an der Kanone
schreien. Ich vergesse Heinz mit seiner fehlenden Hand und
klettere schnell die Leiter hoch, die zum Geschützstand führt.
Da ist er, der Jabo, der feuerspeiende Höllenhund kippt eine
Tragfläche hoch, drückt nach unten und fegt wie ein Pfeil flach
über dem Wasser auf uns zu. Unsere Waffen rattern Stakkato.
Doch diesmal hat er es auf das Nachbarboot schräg hinter uns
abgesehen. Er rast darauf zu, spuckt eine Bombe aus seinem
Leib und zieht steil nach oben. Dicht am Boot steigt eine kleine
Wassersäule auf und fällt in sich zusammen. Gleichzeitig erscheint eine Dampfwolke hinter der Brücke. „Der hat was
abgekriegt", sagt jemand. Aber wo ist der Jabo? Dort hinten
fliegt er in ziemlicher Höhe, er will nach Hause. Plötzlich stößt
er eine Rauchwolke aus, verliert an Höhe, beginnt sich langsam
und taumelnd zu drehen wie ein kraftloser Kreisel und explo-
diert kurz vor dem Aufschlag auf das Wasser. „Hurra", schreien
wir, tanzen wie erlöst umher. Da fällt mir wieder Heinz ein. Ich
schaue hinunter an Deck und sehe ihn auf einer Trage liegen.
Der Sani kniet neben ihm und macht sich an seinem Stumpf zu
schaffen. Auf der Brücke steht ein Signäler und morst mit
einem Scheinwerfer zum getroffenen Boot hinüber, das bald
darauf antwortet. Werden wir hinüberfahren und ihm helfen?
Nein, wir behalten unseren Kurs bei und machen nach einer
Stunde an unserem Liegeplatz fest. Ein Sanitätswagen wartet
bereits an der Pier. Unser Sani und drei andere vom Lazarett
hieven Heiz hinein, sein Seesack wird nachgeschoben. Er wird
nie wieder eine Wurfleine an Land schmeißen können. Das tut
Rolf jetzt an seiner Stelle. „Der kommt durch", sagt der Sani
beruhigend. Der Deckälteste nickt mir zu: „Du kannst dem
Heinz seine Koje beziehen."
Das ist also der Krieg! Ich bin über mich selber erschrocken,

daß ich keine tiefere Betroffenheit über Heinz' Verwundung empfinde. Wie rasend schnell das alles vor sich ging! Ich kam gar nicht zum Denken, nahm die Geschehnisse nur wie im Traum wahr. Ist das normal? Bin ich ein gefühlloser Unhold? Aber vielleicht wehrt sich die Seele gegen diese lebensbedrohlichen Vorgänge dadurch, daß sie sie nur ganz flach ins Bewußtsein dringen läßt und Gefühle abblockt. Auch für den toten Engländer habe ich nur ein paar flüchtige Gedanken übrig. In Stuhm wollte man uns zu Führern erziehen. Vielleicht kann man so etwas gar nicht lernen, sondern muß dazu geboren sein. Am Ende ist Gerhard, von Beruf Malergeselle, sogar ein besserer Führer als ich, der Elitenzögling. Es scheint so, als ob Abitur oder gar Studium nichts damit zu tun haben. Wenn ich hätte handeln und Entscheidungen treffen müssen, wie hätte ich wohl reagiert? Ich weiß es nicht. Und war ich feige? Auch das weiß ich immer noch nicht, hatte gar keine Zeit zum Zittern.

„Wo war übrigens der Bootsmann?" frage ich Gerhard, als wir nebeneinander das Deck schrubben. Er zuckt mit den Schultern und grinst: „Wahrscheinlich in seiner Kammer, andere Hosen anziehen." Jedenfalls hat ihn niemand gesehen. Auch jetzt macht er sich rar. Wir schauen uns deshalb in Ruhe an, welchen Schaden der Tommy in den wenigen Sekunden seiner zerstörerischen Tätigkeit angerichtet hat. Da sind die vier Einschüsse an der Bordwand, nicht weit von der Stelle entfernt, wo ich gestanden habe. Donnerwetter, da habe ich aber Schwein gehabt, das hätte sozusagen auch ins Auge gehen können. Weiterhin haben einige Geschosse die Funkerbude auf der Brücke durchschlagen, dem Funker ist nichts passiert. Auch das dünne Blech des Rettungsfloßes hat etwas abbekommen. Einer der Signäler, Angehöriger der intelligenten Zunft, die sich wegen ihrer Dienststellung immer auf der Brücke aufhält und deshalb mehr über die Geheimnisse der höheren Führung Bescheid weiß als das ordinäre Seefahrervolk, berichtet, das getroffene Boot sei in die Werft geschleppt worden. „Zwei Tote hat's gegeben."

In den nächsten Tagen folgen weitere Minensuch- und Vorposteneinsätze. Manchmal überholt uns beim Auslaufen donnernd ein Flottille deutscher Schnellboote auf ihrem Marsch zur englischen Küste. Ein erfreulicher Anblick, wenn die Boote, mit dem Heck tief im Wasser liegend, an Backbord vorbeipreschen. „Gebt dem Tommy Saures, Kameraden!" – Gelegentlich wird auf See die Kantine geöffnet. Ein Maat verkauft Zigaretten, Schokolade, Schnaps, Parfüm. Als asketischer ehemaliger Jungmann der NPEA Stuhm habe ich noch nie Schnaps getrunken, und so werde ich auch jetzt nicht mit diesem Teufelszeug anfangen; beim Zigarettenrauchen ist mein Gewissen nicht so pingelig.

Heute aber, Herrschaften, heute abend geht es an Land! Gleich nach Dienstschluß herrscht ein aufgeregtes Treiben im Wohndeck. Ausgehuniformen werden ausgebürstet, lose Knöpfe angenäht, Schuhe gewienert. Zu meinem Erstaunen holen einige ihre Hosen – mit zusätzlich eingesetztem Schlag – unter dem Laken ihrer Kojen hervor. Sie haben darauf geschlafen und dadurch messerscharfe Bügelfalten eingedrückt. Werde ich auch mal machen. Dann ab unter die Dusche. Ein Dampfschiff hat immer heißes Wasser. Man seift sich unter Gelächter gegenseitig die Rücken ein und albert herum. Die Heizer, die armen Schweine, können ihre Haare gar nicht genug einschäumen, um den verdammten Ölgeruch herauszuspülen, der ihre Chancen bei den Mädchen mit ihren sensiblen Näschen auf Null reduzieren würde. Welch ein Genuß, sich ausgiebig rasieren zu können! Auf dem neuen Gesicht – glatt wie ein Kinderpopo – sind mit den Stoppeln auch alle grauen Spuren der ständigen Übermüdung abgeschabt. Und welch ein herrliches Gefühl, sauberes Unterzeug anzuhaben! Man ist ein anderer Mensch, der Krieg ist für heute vergessen. Selbstverständlich verkürze ich den Mützenbügel und ziehe einen verwegenen Kniff in die Mütze. Die Ausbilder in Roosendaal würden Tobsuchtsanfälle bekommen. Ich setze sie mit etwas Schlagseite auf. Ein Blick in den Spiegel: Achtung, ihr Süßen, paßt auf euch auf! Einige Kameraden kramen in ihren Portemonnaies herum und vergewissern sich, ob sie neben dem Geld auch einen genügenden Vorrat an Präservativen haben, beides notwendige Accessoires für den

Landgang. Im Raum wabern Wolken von Parfüm. „Kinder",
sagt der Deckälteste, „hier stinkt das wie im Puff." Man lernt
nie aus, auch wenn man schon 18 ist. Jetzt weiß ich wenigstens,
welches Aroma solche Etablissements auszeichnet. Die Feststellung des Deckältesten gibt den Anstoß für den Austausch
von Erfahrungen über die unwahrscheinlichen Fähigkeiten der
aktiven Vertreterinnen dieses Gewerbes. Ich kann schon lächelnd den Ausführungen zuhören, ohne darüber in Empörung
zu geraten. Vielleicht habe ich ja auch den Spruch von Walter
Flex über das Reinbleiben falsch verstanden, vielleicht meint er
ja mehr das Ehrlichsein.
Nun noch die Urlaubskarte und dann an Land. Ich begleite
Gerhard über die Geleise der Hafenanlage zur Bushaltestelle.
Zum ersten Mal sehe ich an seiner Uniform das Minensuchabzeichen, den „Blumenkohl", wie es genannt wird, weil es eine
stilisierte Minenexplosion darstellt, die diesem geschmackvol-
len Gemüse ähnelt. Auch ihn umgibt der angenehme Duft von
Veilchenpomade. „Kommscht mit innen Puff?" Mein Gott, soll
ich? Ich bin einem Mädchenkörper noch nie näher als beim
Tanzen gekommen. Niemand ahnt, wie sehr ich mich danach
sehne. Aber eine Hure? Vielleicht kommt sie ja gerade von
einem anderen, hat soeben gelangweilt das Geld von ihm einge-
steckt und schätzt mich prüfend als neuen Kunden ab. Und ich
hungere ja nicht nur animalisch nach einem weichen Körper,
sondern auch nach Liebe und Zärtlichkeit. – Annemarie fällt mir
ein. Annemarie aus dem Arbeitsdienst. „Kein schöner Land in
dieser Zeit" haben wir gesungen. „Ach nein, Gerhard, ich denke, ich gehe lieber ins Kino." „Auch gut, bis später." Und als sei
es die selbstverständlichste Sache der Welt, macht er sich pfei-
fend auf den Weg zu seinen animalischen Unternehmungen. Auf
der Suche nach einem Kino stoße ich auf ein Restaurant, und in
Erinnerung an die Rekrutenzeit kehre ich ein, verspeise behag-
lich in vornehmster Atmosphäre eine knusprige Entenkeule und
trinke ein Glas Rotwein. Prost, Annemarie, ich danke dir. Der
Wein macht mich müde. Eigentlich wollte ich ja den Landgang
voll ausnutzen, aber ich verhole mich doch lieber in die Koje.

Morgens laufen wir in Vlissingen ein. An der Hafeneinfahrt hat man schwere Flakbatterien der Marineartillerie postiert, im Hafen selber liegen einige Schnellboote, Minensucher und Vorpostenboote. Gegen 10 Uhr melde ich mich ab ins Lazarett, denn seit zwei Wochen leide ich an einer unangenehmen Furunkulose. Zwar hat mir Gerhard einen Besuch in seinem Stammpuff als Therapie vorgeschlagen, doch ich ziehe einen Stabsarzt vor, der mir auch Erleichterung verschafft. Ich wandere im Sonnenschein zum Hafen zurück und denke an meine Eltern, die sich vielleicht Sorgen machen. Ich muß ihnen unbedingt mal wieder schreiben. Ah, dort liegt ja schon mein Boot. Der Fischdampfer sieht richtig wie ein Kriegsschiff aus mit seinen Geschützen. Fast fühle ich mich darauf schon zu Hause, obwohl ich noch nicht alle Winkel erforscht habe, jede freie Minute wird zum Schlafen genutzt. Da krachen jäh die schweren Geschütze los; das helle, wütende „Tack, Tack" zahlloser Maschinenwaffen der Boote fällt ein, ein infernalisches Krachen und Hämmern. Mit einem Hechtsprung habe ich mich an die Mauer eines Lagerschuppens geworfen und beobachte nun fasziniert, wie das Wasser im Hafen in hohen Säulen hoch aufspritzt, wie ein Minensucher getroffen wird, wie ein Stück der Kaimauer vor mir in die Luft fliegt, wie zwei Jabos kurz hintereinander in grellen Blitzen zu tausend Teilen zerplatzen. Plötzlich wieder Totenstille. Ich renne zum Boot, Gott sei Dank, alles in Ordnung, wir sind nicht getroffen. – „Das war'n Ding", grinst mich Gerhard an. „Schau mal den da!" Der Bootsmann steht mit dem Rücken an das Kombüsenschott gelehnt. Er ist kreidebleich, hat die Augen geschlossen, und seine Hosenbeine zittern. Wieder geschah alles so blitzschnell, wieder mein teilnahmsloses Beobachten und Registrieren, und wieder bin ich mir nicht nähergekommen.

Im Dunkeln verlassen wir Vlissingen und bringen nachts das Gerät aus. Jetzt spiele ich schon routiniert meine alte Rolle als Befehlsübermittler, brülle gekonnt den Text, den mir der Bootsmann mit heiserer Stimme soufflliert: „Fier weg", „Stopp", „Langsam hieven." Wüßte ich es nicht besser, ich könnte glauben, ich wäre unentbehrlich. Doch diesmal haben wir mehr Glück und räumen zwei Magnetminen, die schräg hinter uns mit einer dumpf wummernden Unterwassereruption einen Gischtpilz hochstoßen und das Boot erzittern lassen. Die armen Heizer unten müssen wohl jedes Mal einen schönen Schreck bekommen.

Auf unserer gemeinsamen Wache fängt Gerhard wieder mit seiner Zarah an. „Eine Frau wird erst schön durch die Liebe..." Wenn diese Feststellung wahr ist, dann müssen Gerhards Rotterdamer Gespielinnen die reinsten Mona Lisas sein. In einer Kunstpause frage ich ihn: „Nun sag mir mal, wie ist der Bootsmann an sein Eisernes Kreuz gekommen?" „Ganz einfach. Er ischt schon längere Zeit dabei, und wenn das Boot soundsoviel Tonnen Schiffsraum geleitet hat oder soundsoviele Minen geräumt, dann werden von oben nach unten Auszeichnungen verteilt." „Ach, so geht das. Das fängt beim Kommandanten an und tröpfelt dann nach unten?" „So ischt es." „Gibt es", frage ich, „Orden denn nicht für besondere Taten?" „Das natürlich auch. Wenn du z. B. speziell mit deiner 2 cm einen Jabo abschießt oder gar zwei, kriegst du selbstverständlich was. Es ischt bloß nicht so einfach nachzuweisen, welche Kanone geschossen hat. Denk mal an den Tommy, der den Heinz verwundet hat, da hielten wir doch alle drauf, beide Boote." „Du kannst also einem EK nicht ansehen, ob es jemand, sagen wir mal pauschal oder für besondere Tapferkeit bekommen hat?" „Nee, das kannst du nicht, jedenfalls nicht bei der Marine." Na ja, das kann ich verstehen, aber ein bißchen enttäuscht bin ich doch. Ich wollte so gerne mal jemanden wegen besonderer Heldentaten verehren und nicht wegen einer Mannschaftsleistung.

Weitere Tage vergehen, nächtliche Minensuchaufgaben und Vorpostendienst. Endlich wieder einmal Landgang, und dazu noch von Sonntagvormittag an. Morgen, das wissen wir schon, werden wir einen Geleitzug nach Wesermünde eskortieren und am Freitag wieder zurück sein. Die „Männer der Kriegsmarine," so nennt uns der Führer immer in seinen Ansprachen,

bereiten sich wie üblich durch rituelle Waschungen und andere
Kulthandlungen auf die ersehnte Begegnung mit dem anderen
Geschlecht vor. Öffnet jemand das Schott, um das Wohndeck zu
betreten, quellen ihm Parfümwolken entgegen.
„Na, gehscht wieder ins Kino?" „Na klaro, Mensch." Der Bursche scheint mir meine lobenswerte Keuschheit nicht abzunehmen, vermutet wohl gar, ich hätte einen ihm unbekannten Puff
ausfindig gemacht, in dem ich mich amüsiere. Zunächst wandere ich ziellos durch die Innenstadt. Mir fallen große Lücken in
den Häuserzeilen der Straßen auf, und ich erinnere mich, daß zu
Beginn des Krieges deutsche Bomben gefallen sind. Aber auch
die Engländer unternehmen gelegentlich Luftangriffe auf die
Stadt. Ich bestaune die Auslagen in den Schaufenstern. Es gibt
hier Waren zu kaufen, die man in Königsberg nicht mehr erhält.
Ich lasse mich durch die Straßen treiben wie ein Tourist auf
Urlaub.
Nach dem exquisiten Dinner in dem schon bekannten Restaurant gehe ich in ein großes Kino. Was wird denn heute gegeben?
Oh, wie schön: „Die goldene Stadt" mit Kristina Söderbaum. –
Junge, Junge, ist das aber ein Luxus hier, mein lieber Scholli!
Der riesige Saal besteht aus vielen Séparées, die durch schulter-
hohe Brüstungen aus Edelholz abgeteilt sind. Darin befinden
sich zwei, vier oder sechs Polstersessel hinter einem Tisch. Hier
ist der Zuschauer wirklich König. Während der Vorstellung
werden Getränke gereicht. Und siehe da, einen Aschenbecher
gibt es auch, hier darf geraucht werden. An der Decke Kristall-
leuchter wie beim Opernball in Wien. Ich muß unwillkürlich an
den Saal in unserem Dorfkrug denken, in dem die Leute dicht-
gedrängt auf harten Holzbänken hockten, wenn alle zwei Monate ein mobiler Filmvorführer die etwas abgestandenen Produkte der Kulturschaffenden dem ostpreußischen Landvolk
nahebrachte. Die Vorstellungen wurden häufig unterbrochen,
weil der Operateur die Spulen wechseln mußte. Dem ersten
Augenschein nach zu urteilen, ist auch das Rotterdamer Publikum anders als das Schwansfelder. Perlen, Kettchen, Ringe und
anderes Glitzerzeug auf nackter Damenhaut erfreuen das See-

mannsauge und -herz. Lässige Eleganz herrscht vor. Bei uns zu Hause nahmen zu meiner Kinderzeit die Zuschauer lebhaften Anteil an dem Geschehen auf der Leinwand. Näherte sich Willy Fritsch unter schmalziger Musikbegleitung der erwartungsvollen Lilian Harvey, feuerten die vitalen Männer den Liebhaber an: „Na, nu nemm se doch!" Diese Zurufe, so gerechtfertigt sie auch waren, machten mich wütend, rissen sie mich doch abrupt aus meiner sentimentalen, fast weihevollen Stimmung. Nicht besser erging es mir, wenn Willy seiner Lilian einen zarten Kuß auf ihre weichen Lippen hauchte. Von seiten der einheimischen Herren begleitete lautes Schmatzen, wie man es beim Füttern der Schweine hören kann, die rührende Szene. Bei diesem Publikum hier werde ich wohl solche vollblütigen Lebensäußerungen nicht zu befürchten haben.

Nachdenklich und noch etwas ergriffen von dem Inhalt des Films treibe ich mit dem Strom der Menschen dem Ausgang zu. Da fällt mein Blick auf ein Mädchen schräge vor mir. Schlank, ein rassiger Kopf, kastanienbraunes Haar, ein langer Hals, graziöse Haltung. Ein Magnet beginnt mich zu ziehen. Nun will ich noch das Wichtigste: die Augen, sehen. Ich drängele mich also vor, bis sie querab von mir ist, und schaue sie an. Im selben Augenblick wendet sie das Gesicht zu mir herüber, und ein erstaunter Blick aus dunklen, großen Augen trifft mich. Bis zum Ausgang sind es noch zehn Schritte, jetzt heißt es aber mutig sein. Was kann mir schon groß passieren? Höchstens ein verächtlicher Blick aus den Augenwinkeln, ein Naserümpfen, ein Achselzucken oder totale Mißachtung. Alles sehr peinlich, aber ich werde es überstehen. Ich frage leise: „Hat Ihnen der Film auch so gut gefallen wie mir?" „Ja, sehr", antwortet sie ebenso leise auf deutsch. Oh, mein Gott, sie hat mich akzeptiert. Das Eis ist gebrochen, Freude durchströmt mich. Nur weiter so. „Ich würde Sie gerne nach Hause begleiten." „Das ist aber ein weiter Weg." „Um so besser." Mein liebes Kind, wenn du wüßtest, wie weit ich mit dir gehen könnte!

Sie heißt Addi van Lien und wohnt im Mattenesserdijk 15. Schülerin. Schon nach einigen Sätzen haben wir Gesprächsstoff

in Hülle und Fülle, unsere Gedanken überschlagen sich. Ihr holländischer Akzent fasziniert meine Ohren. Sie kennt einige deutsche Dichter. (Ich kenne keinen einzigen holländischen.) Natürlich versuche ich, ihr meinen Rilke nahezubringen, aber schließlich landen wir doch bei der aktuellen Politik. Ich bemühe mich, ihr klarzumachen, daß wir eigentlich zu ihrem Schutz hier sind, gegen den barbarischen Bolschewismus, der ganz Europa fressen will, Lenin hat es selber gesagt. Die Marine hat es mit den Engländern nur deshalb zu tun, weil sie die Sowjetunion unterstützen und ungeheure Mengen an Waffen und Munition liefern. Wäre das nicht der Fall, wären wir gar nicht in Holland. „Und wir hätten uns nicht kennengelernt", füge ich schelmisch hinzu. „Ja", sagt sie, „das wäre schade." Ich bleibe stehen. „Haben Sie eben schade gesagt?" Sie lächelt und nickt. Und ehe ich mich versehe, habe ich sie im Arm und küsse ihren weichen Mund. Wie ich es bei Willy Fritsch gelernt habe. Und sie wendet sich nicht ab, sondern küßt zurück, kann, wie ich, nicht genug davon haben. Ein Wunder. Schließlich reißt sie sich los: „Ich muß mich jetzt von dir verabschieden, es ist nicht mehr weit nach Hause." „Ich habe erst am Freitag, also in fünf Tagen, die Möglichkeit, an Land zu kommen. Darf ich dich wiedersehen?" „Ja, Lieber, gerne. Am Freitag um 8 Uhr, hier an dieser Stelle." Und fort ist sie. Ich gehe zurück an Bord. Ich gehe nicht, ich schwebe. „Lieber" hat sie gesagt, und „gerne". Addi van Lien, Mattenesserdijk 15. – Und Annemarie? Das mußt du doch verstehen, Annemarie, ich kann mich diesem unwiderstehlichen Magnetismus nicht entziehen. Das ist wie die Gravitationskraft der Erde. „Treue ist das Mark der Ehre", habe ich gelernt, aber das gilt wohl mehr für die Treue zum Führer und Vaterland. Und außerdem sind wir ja nicht verheiratet, noch nicht einmal verlobt, von Treue war niemals die Rede. Ich lebe jetzt hier, Annemarie, und wer weiß wie lange noch.
Der Zeitplan des Auslaufens ist so gelegt, daß wir zu Beginn der Dunkelheit vor Hoek von Holland stehen und das Räumgerät ausbringen können. Die alte Leier: „Langsam fieren, stopp, etwas hieven." Danach warten wir und vier andere Boote mit

langsamer Fahrt auf die Frachter, die wir nach Wesermünde geleiten sollen. Gerhard und ich schieben unsere Wache. „Na, wie war's gestern?" will er wissen. „Ach, nicht schlecht, ich habe ein holländisches Meisjchen kennengelernt." Ich spiele mein Erlebnis herunter. „Los, erzähl, hascht sie gehabt?" Gehabt, sagt er taktvoll, glaubt wohl, ich kenne nicht die volkstümlichen Vokabeln. „Mein lieber Mann, ein Kenner genießt langsam und bedächtig die verschiedenen Vorspeisen und schiebt sie nicht beiseite, bevor er sich an das Hauptgericht macht, auch wenn er noch so hungrig ist", gebe ich ihm ein wertvolles Stück aus dem reichhaltigen Schatz meiner Romanerfahrungen zur Antwort. Er ist still, scheint meine angelesene Weisheit zu schlucken. Seine Partnerin wird sich nicht wenig wundern, wenn er beim nächsten Treffen Vorspeisen verlangt.

Die Nacht ist nicht sehr dunkel, vorbeiziehende Wolken blenden hin und wieder den tiefstehenden Halbmond auf, der auf dem Wasser einen schmalen glitzernden Goldstreifen malt. Durch das Glas kann ich die dunklen Umrisse zweier aufkommender Frachter ausmachen. Sieben sollen es sein, hat der allwissende Signäler gesagt. Unsere Maschinen laufen schneller; aha, die Reise geht los. Wir fahren als Führerboot vorneweg.

Über die Hälfte der Wachzeit ist um, da hören wir beide gleichzeitig an Backbord voraus in der Luft ein schwaches, tiefes Brummen. Ohne zu zögern grölt Gerhard zur Brücke hinauf: „Flugzeuggeräusch backbord voraus", und gleich darauf dröhnt die gräßliche Hupe: „Alarm, Alarm, Alarm!" Innerhalb von Sekunden sind die vollständigen Geschützbedienungen auf ihren Stationen. Die Munitionskästen werden geöffnet, die Geschützarretierungen gelöst, so daß die Waffen geschwenkt werden können. Das Brummen schwillt an, wird zum bedrohlichen Dröhnen, zieht langsam von links nach rechts, klingt ab. Wir starren gen Himmel – nichts zu sehen. Klarer Fall: Bomber von England, Richtung Deutschland. Irgendwo schlafen jetzt Frauen und Kinder, die heute nacht noch sterben werden. Von Backbord grollt eine zweite Armada heran, nähert sich und donnert endlos lange über uns hinweg. Und wir können nichts sehen,

können sie nicht aufhalten oder wenigstens Teile von ihr ver-
nichten!! Herrgott, wo bleiben denn Görings Jäger? Auch von
den anderen Booten wird kein Feuer eröffnet. Wir verharren in
ohnmächtiger Wut. Plötzlich ein kurzes, schrilles Pfeifen, und
mit einem Knall springt eine silberne Wassersäule steuerbord
querab aus der See und ist auch schon wieder verschwunden.
Einer der Bomber muß uns bemerkt und eine Bombe fallenge-
lassen haben, vielleicht nur so zum Spaß oder aus Übung. Aber
es hat ihm nichts eingebracht, das Boot ist nicht beschädigt. Als
die englischen Todesengel mit ihrer schrecklichen Fracht verstummt sind, wird der Alarm beendet. Die Leute der neuen
Wache bleiben gleich oben auf ihren Posten, denn es ist gerade
24 Uhr, Wachwechsel. Wir anderen verholen uns in die Kojen.
Aufgedreht bequatschen wir noch die Bombe, bis einer laut
„Schnauze" ruft. Recht hat er, denn um 10 vor 4 wird wieder ein
Seemann erscheinen, mich wachrütteln und daran erinnern, daß
ich „pissen schall". Mit dem Gedanken an Addis dunkle Augen
schlafe ich ein. „Lieber" hat sie gesagt.
Ein ungeheuerlicher Knall – ein Urknall – ein Knall mit dem
Gott die Welt erschuf, ein Knall, den noch nie ein Mensch
gehört hat! Es stinkt schwefelig nach verbranntem Pulver. Das
Wohndeck ist stockdunkel. „Raus!!" brüllt einer und drückt
damit den einzigen Gedanken aus, der mich beherrscht. Wir
tasten uns zum Schott. Es klemmt. Ich habe immer noch keine
Angst. Sie scheint sich wohl durch Denken aufzubauen. Jemand
zündet ein Streichholz an, ein anderer schlägt mit einem harten
Gegenstand auf den Riegel. Das Schott springt auf, wir sind
draußen. Ich hab's ja gleich gefühlt: Hier kommst du nicht um.
Das Boot macht keine Fahrt mehr, wälzt sich träge hin und her.
Im Mondschein sehe ich deutlich querab den schwarzen Schatten eines Vorpostenbootes. Unser Kommandant ruft mit seiner
„Flüstertüte" hinüber: „Habe Minentreffer, versuche das Boot
zu halten!" „Ich bleibe in der Nähe", kommt die Antwort. Na,
dann ist ja alles gut. Maschinenleute hasten mit Balken nach
vorne, verschwinden im Heizerdeck, wollen vermutlich das
Leck abdichten.

„Gerät einnehmen!" befiehlt jemand. Ich begebe mich zu meiner Station, um wie üblich den Männern an der Winsch die Befehle zu übermitteln. Aber die Winsch ist nicht besetzt. Zögernd gehe ich nach achtern. Da hantieren gebückt drei Seeleute an den Leinen, unter ihnen tanzt schreiend der Bootsmann. Was soll ich machen? Ich verstehe ja nichts von den Geräten, weiß nicht, wo ich anfassen soll, kann nur Gewehrgriffe mit dem Karabiner 98 kloppen, war sogar einer der Besten. Wo sind die anderen? Der Bootsmann hat mich noch gar nicht bemerkt. Ich gehe also zum Wohndeck. Das Boot macht ungewohnt schwerfällige Bewegungen, kommt nur langsam wieder hoch, wenn es sich nach Backbord gelegt hat; dann taucht es wieder zur anderen Seite ein, taumelt unbeholfen wie ein Betrunkener. Da muß aber eine Menge Wasser im Schiff sein, denke ich. Ich schaue in den Wohnraum. Du lieber Himmel, was ist denn hier los? Im müden Schein von Taschenlampen ziehen sich die Kameraden um. „Erste Garnitur", sagt Gerhard zu mir. „Wenn man aussteigt, zieht man sich vorher Erste Garnitur an, das ist so üblich, kannscht gleich an Land gehen." Na, wenn er das sagt, denn man los. Beim Umziehen stecke ich meine Papiere ein, das Portemonnaie, Fotos – was brauche ich noch? Nichts weiter. Mütze auf, die mit dem Kniff – der hat mir wohl bei Addi geholfen. Was ist mit dem Suchgerät? Scheiß auf das Gerät. Ein alter Obergefreiter kommt herein. „Hier", lacht er, „seht mal, was euch der gute Onkel mitgebracht hat", und verteilt Schnapsflaschen. „Eine Menge Buddels in der Kantine sind im Eimer, aber ein paar sind noch für die lieben Kinder heil geblieben." „Der denkt aber auch an alles", sagt Gerhard, öffnet eine Flasche Steinhäger und gießt einen gewaltigen Schluck in sein Inneres. „Hier, nimm! Na, nun mach schon!" Ich muß mich schütteln, als ich die Flasche wieder absetze. Scheußlich. Das ist ja wirklich Feuerwasser.

„Rettungsmittel klarmachen, Schwimmwesten anlegen!" tönt es von der Brücke. Wir saufen ab. Die Rettungsmittel bestehen aus Booten, Flößen und Schlauchbooten. Es sind genügend für alle da. Die Schwimmwesten sind aufblasbar und haben einen

Gummikragen, an dem eine Trillerpfeife befestigt ist. Zwei Leute, bei denen der Steinhäger bereits Wirkung zeigt, fangen schon an, damit zu pfeifen, was sie eigentlich erst im Wasser tun sollen, damit die guten Retter sie besser finden können. Die Befestigungsriemen der Schlauchboote und Flöße werden gelöst, einige Männer machen sich an den Davits, den Halterungen der Rettungsboote, zu schaffen. Ich helfe, wo ich kann. Wo ist der Bootsmann? Scheiß auf den Bootsmann. Unser Boot sinkt immer tiefer, mit einer Neigung nach vorne. Ganz in der Nähe liegt schwarz und stumm unser Nachbarboot; deshalb habe ich noch immer keine Angst, bin fast heiter, kann sein, das liegt am feurigen Steinhäger. Jetzt sind wir alle an Deck versammelt. Ein Maat, der so etwas schon einmal mitgemacht hat, tut kund: „Wenn ein Boot abgesoffen ist, kriegen alle Mann erst mal Urlaub!" Na, wenn das nicht die Stimmung hebt!

„Alle Mann von Bord, aussteigen", ruft der Kommandant von der Brücke. „Verheiratete in die Boote!" Gilt also nicht für mich. „Komm her", sagt Gerhard, „wir nehmen dies Schlauchboot." Es gibt keine Panik, unser barmherziger Samariter dümpelt ja gleich nebenan und wartet. Drei Heizer gesellen sich zu uns. Wir heben das Boot über die Reling, gleiten hinein, ergreifen die darinliegenden Paddel, stoßen ab und paddeln eilig, ohne uns umzublicken in Richtung schwarzer Schatten. 50 Meter vor unserem Ziel hören wir hinter uns ein lautes Zischen, eine dumpfe Explosion, unser Dampfer ist verschwunden. Es ist wie im Film. Daß ich jetzt an Addi denken muß! Sie wird am Freitag auf mich warten. So also sind die deutschen Männer, wird sie denken. Es tut mir ja so leid, Addi. Aber ich werde dir schreiben. – Wir stoßen an die Bordwand, schaukeln neben dem wartenden Boot auf und ab. Arme strecken sich uns entgegen, wir klettern an Deck, gerettet!

Fremde Kameraden bieten uns Zigaretten an, lachen über unsere Erste Garnitur und klopfen uns auf die Schultern. Einer schenkt aus der großen Marineblechkanne heißen Kaffee ein. Gerhard und ich verholen uns ins Seemannsdeck, setzen uns an den Tisch, rauchen und trinken unseren Kaffee, den Gerhard mit Steinhäger verdünnt. Hat doch der Kerl tatsächlich eine Flasche in seiner Jackentasche gerettet! – Wir nehmen die Geschehnisse um uns herum kaum wahr. Die Heizer setzen sich zu uns, und einer erzählt, daß die Mine ein Loch in die Steuerbordseite gerissen hat. „Wo genau?" will ich wissen. „Vorne in dem Raum unter dem Seemannsdeck, der Piek, wo die Reservefender und Leinen aufbewahrt werden." „Mensch, das ist ja genau unter meiner Koje!" „Auf dich haben's die Engländer abgesehen", sagt Gerhard.

Es stellt sich heraus, daß alle Mann gerettet sind; ein Heizer ist verletzt worden, befindet sich aber auch hier an Bord. Und der Bootsmann? Wird wohl das EK I kriegen. Noch einen Steinhäger und ab in die unbelegten Kojen der Wachgänger oder in die Hängematten. In fünf Minuten bin ich eingeschlafen.

Am nächsten Tag liefen wir in Wesermünde ein. Die Dienststellen im Stützpunkt arbeiteten schnell und unbürokratisch. Wir Schiffbrüchigen bekamen eine neue Ausrüstung und einen URLAUBSSCHEIN.

„Mach's gut, Gerhard, vielleicht sehen wir uns wieder, die Marine ist klein. Viel Urlaubsspaß in deinem Schwabenländle." – „Jochen, du hascht den Fender ausgezeichnet gehalte."

Ach, Gerhard, du weißt nicht, daß gerade diese Tätigkeit mich so oft deprimiert hat. Ich wollte doch etwas leisten, wollte an dem Kampf auf See aktiv teilnehmen, und nicht bloß durch meine bloße Anwesenheit die Besatzungsliste um einen nutzlosen Kopf verstärken und zum Verpflegungsempfänger degradiert werden. Da hätte ich eigentlich für Deutschland mehr leisten können, wenn ich in einer Fabrik, wie so viele Frauen, Granaten gedreht hätte. Und ob ich ein Führer bin, so wie ich ihn mir in Stuhm vorgestellt habe: Entschlossen, verantwortungsbewußt, tapfer, weiß ich immer noch nicht; es gab keine Gelegenheit dazu. Ich war passiv wie ein Ball, den die Kinder ohne feste Spielregeln hin und her stoßen. Hätte ich irgend etwas anders machen sollen? Was ich brauche, ist mehr Wissen und Können; das wird man mir hoffentlich bald beibringen. Aber möglichst bald, denn der Krieg wird immer schwerer und verlustreicher.

Epilog

Wir sind langsam Schritt für Schritt durch mein Heimatdorf gewandert, vom verwahrlosten Schloß bis zum fast zugewachsenen Teich, der meinem Vater im Winter das Eis für den Kühlraum lieferte. Die Zeiten, in denen ich glaubte, der Jugschat könne durch wundersame Fähigkeiten unter Wasser die Eissäge betätigen, sind schon lange vorbei; trotzdem hoffte ich noch jahrelang, ein anderer Wundermann wäre imstande, ein besseres Deutschland vor unseren Augen aus dem Hut zu zaubern. „Gott allein die Ehr" steht immer noch in gotischen, steinernen Lettern über dem Eingang des Groebenschen Schlosses als Mahnung an alle zukünftigen Generationen, sich nicht selber zum Maßstab zu machen. Doch an Sprüche, die Bescheidenheit und Demut fordern, hat sich noch kaum jemand gehalten, weil sie keine Begeisterungsstürme erwecken. Sie sind keine Kampfansagen.

Ich sitze auf der Kirchenmauer, einem meiner Lieblingsplätze als kleiner Junge. 42 Jahre sind es her, daß ich als Pimpf mit anderen Kindern stolz in Uniform auf der staubigen Dorfstraße entlangmarschierte und das Lied von den morschen Knochen sang, die wir erzittern lassen wollten. Nun habe ich selber morsche Knochen und will meiner Frau (weder Addi noch Annemarie) und meinem Sohn das sagenhafte Kinderparadies Schwansfeld zeigen. – Rechts neben mir liegt die Schule. Ich lächele, weil ich gerade daran denken muß, wie im Sommer gelegentlich der Unterricht unterbrochen wurde, weil ein Schüler, der träumend aus dem Fenster auf des Lehrers Garten schaute, plötzlich rief: „Herr Kanter, de Bienen schwärrmen!" Er durfte dann helfen, die an einem Baum sitzende aufgeregte Rasselbande wieder einzufangen.

Im Nachbarhaus wohnte der Glöckner Ehlert, und daneben ist
der Krug, das „Gasthaus zum Schwan", mein Elternhaus, heute
von einem Bauern bewohnt. Gegenüber, auf der anderen Seite
der Straße, liegt Mäkelburgs Bauernhof, vor dessen Einfahrt ich
so manche heftige Auseinandersetzung mit den grimmigen
Gänsen hatte. Fast alle Gebäude des Dorfes stehen noch, sehr
vernachlässigt zwar, aber sie sind immer noch Heimat. Die alte
Ordenskirche wacht wie seit Jahrhunderten, einer Glucke
gleich, über die Gemeinde. Sie kam mir früher allerdings viel
größer vor. Die Luke oben am schrägen Dach, aus der ich so oft
nach dem Gottesdienst über meine schöne Welt blickte, steht
offen (ich hatte sie immer sorgfältig geschlossen), als wolle sie
mich einladen, den Storch zu begrüßen, vielleicht ein Nach-
komme von jenem, den ich laut singend bat, mir ein Brüderchen
zu bringen. Das Kopfsteinpflaster ist dasselbe, holperig wie damals, ja, sogar die gleichen Pfützen würden mich bespritzen,
führe ich jetzt schwungvoll mit einem Fahrrad hindurch, so wie
ich es mit Wonne als Junge tat.
Die Tür des Glöcknerhauses öffnet sich, eine Frau tritt heraus,
bleibt davor stehen und starrt mich an. Sie steht und starrt. Zwei
Jungen drängen sie von hinten zur Seite, laufen auf meinen
Wagen zu, umkreisen ihn langsam, schauen neugierig durch die
Seitenfenster. Aha, ein Westdeutscher. Sie kommen zu mir herüber und sprechen mich an. – Und ich kann sie nicht verstehen!!
Ich kann die Menschen aus MEINEM Dorf nicht verstehen!! –
In diesem Augenblick habe ich meine Heimat verloren. Das
Dorf ist noch da. Aber ich gehöre nicht mehr dazu. Mir wird
schlagartig klar: Wenn der letzte Ostpreuße mit seiner Sprache
gestorben ist, wird meine Heimat ganz und gar verschwunden
sein.
Ich gebe den polnischen Jungen einige Päckchen Kaugummi,
eines der unglaublich vielen Produkte, die wir damals noch
nicht kannten. Sie freuen sich sichtlich, sagen etwas Unverständliches, rennen zu der noch immer herüberstarrenden Frau
und zeigen ihre Schätze vor. Ich nehme meinen Gedanken wieder auf: Was ist aus ihnen geworden, den Menschen, die hierher

gehörten? Wo sind sie geblieben, die Freunde meiner Kindheit, die wie ein Teil meiner Person waren. Die Frauen, die mich beim Federnschleißen mit ihrem sehnsüchtigen Singen so anrührten, die Männer, die mich freundlich neckten und bei denen ich mich geborgen fühlte, die Jungen und Mädchen, mit denen ich gemeinsam im Spiel das Abenteuer Leben begann? Wo sind sie? – Im Krieg gefallen, erschlagen, erschossen, nach Sibirien verschleppt, auf dem Eis des Frischen Haffs umgekommen oder im Westen Wohlstandsbürger geworden wie ich, fast immer auf der Suche nach neuen Rezepten für Schlankheitskuren.

Vor mir die alte Linde. Hinter ihr verbargen wir uns beim Versteckenspiel. Auch sie ist dieselbe. Bin ich auch derselbe? Ich glaube, dem Wesen nach bin ich es, doch im Denken und Fühlen sitzt jemand anderer auf dieser Mauer.

Die entscheidende Veränderung vollzog sich in den Monaten nach der Kapitulation. Ich hatte bis zum chaotischen Ende am Nationalsozialismus festgehalten. Je deutlicher sich der Zusammenbruch abzeichnete, desto stärker klammerte ich mich an diesen ideologischen Halt, desto mehr war ich entschlossen, dafür zu kämpfen. Die erhabenen Lieder hatte ich gläubigen Herzens gesungen, besonders eines hatte es mir angetan: „Wenn alle untreu werden, so bleiben wir doch treu." Das war für mich ein heiliger Eid, den ich bedingungslos geleistet hatte, ohne jedes juristische Wenn und Aber. Ich hatte es ernstgemeint.

Folgerichtig meldete ich mich im September 1944, als die ersten russischen Truppen in Ostpreußen eingedrungen waren, freiwillig zum Heer, zur „Verteidigung der Heimat", wie es offiziell im Führeraufruf hieß. Wenn Ostpreußen, meine Landsleute, meine Eltern von den Russen bedroht sind, kann ich doch nicht an der norwegischen Küste die verdammten Minen fischen. Meine Familie ist doch nicht von Seeminen bedroht! Während die Parteigrößen, vor allem die mit den markigen Worten, ihre Flucht planten und gleichzeitig die Bevölkerung zum Kampf aufriefen, fuhr ich also als Leutnant an die Ostfront, nachdem ich einen dreimonatigen Infanterielehrgang absolviert hatte. „Wie das Gesetz es befahl", hieß es bei den

Spartanern. Und nicht weit von hier hatte ich das Glück, nur verwundet zu werden.

Ratlos humpelte ich in den ersten Nachkriegswochen durch Flensburg, wo ich im Lazarett gelegen hatte. Deutschland, mein stolzes Deutschland: Zerrissen, zerschlagen, in Zonen aufgeteilt, verbrannt, verleumdet. Gab es überhaupt noch Deutschland? – Wo sind meine Eltern, mein Bruder? Sind sie tot, irgendwo verscharrt, oder in Rußland? Ist meine Mutter wie Tausende von ostpreußischen Frauen und Mädchen vergewaltigt worden?

Und dann kamen die Enthüllungen über die Verbrechen, die im deutschen Namen einer – meiner – Ideologie begangen worden waren. Sie waren so grauenvoll, so unfaßbar, daß ich sie für unglaubwürdig hielt. So etwas machen deutsche Menschen nicht. Gleichzeitig zerstörten Veröffentlichungen das Bild, das ich mir von Adolf Hitler, meinem Halbgott, gemacht hatte. Leider kam es dabei häufig zu unseriösen Darstellungen der jüngeren Vergangenheit, die mich und andere davon abhielten, die Wahrheit zu erkennen.

Ich brauchte in jener Zeit einen älteren Menschen, dem ich in meiner geistigen Not vertrauen konnte. Die Gottesdienste in der Kirche gaben mir nichts, die Pastoren schlugen mit dem großen Hammer „Schuld" auf mich ein, vergaßen aber, daß sie selber den Segen Gottes auf „unseren Führer" herabgefleht hatten. – Im Spätsommer wurde in Flensburg das Gymnasium für Jungen eröffnet, das einen Abiturkursus speziell für Kriegsteilnehmer anbot. Ich entschloß mich, noch einmal Abitur zu machen. Es war der Geschichtslehrer, Dr. Groß, der mir auf behutsame Weise, ohne mich zu verletzen, die ideologischen Scheuklappen abnahm, der mich lehrte, was Demokratie ist, von der ich keine Ahnung hatte, der wußte, daß man unsere Generation nicht erreicht, sondern in den Trotz treibt, wenn man alle Werte, an die wir geglaubt hatten, lächerlich oder gar verächtlich macht. Es gibt Werte und Tugenden, die ihre Gültigkeit behalten, auch wenn sie Hitler mißbrauchte.

Doch auch nachdem ich eingesehen hatte, daß durch Deutsche

Verbrechen begangen worden waren, hörte ich nicht auf zu bohren: Wie konnte das geschehen? Wir Deutschen sind ja nicht eine Bande von Banditen, bei denen das Verbrechen angeboren ist, wie man es uns nach dem Kriege weismachen wollte. Es führe eine Blutspur direkt von Karl dem Großen über Luther und Bismarck zu Hitler, hatte man uns belehrt. – Bis heute ist überwiegend nur berichtet worden, was in jener Zeit geschah; viel zu selten jedoch wurde nach den Ursachen gesucht. Ich meine nicht die historischen Gründe, die Fakten, die zu Hitlers Herrschaft führten: Die Massenarbeitslosigkeit, deren Elend für die heutige Generation unvorstellbar ist; die irrsinnige Inflation; die Wirtschaftskrise; die Reparationen an die Sieger des Ersten Weltkrieges. Das alles meine ich nicht. Ich wollte vielmehr wissen, wie es Hitler gelang, ein Volk so zu fanatisieren, daß es in solchem Maße fähig war, Unrecht und Opfer auf sich zu nehmen. Hatte er die Deutschen hypnotisiert?

Bei der Suche nach einer Erklärung stieß ich auf das Werk des französischen Wissenschaftlers Le Bon, „Psychologie der Massen". Er beweist lückenlos aus der Geschichte, wie ein willensstarker Führer mit gefühlsbeladenen Worten, deren Sinn nur schwer zu erklären ist, mit vagen Ideen, die die Einbildungskraft der Massen erregen, wie er mit Schreien, Beteuern und ständigen Wiederholungen eine Masse in solche Begeisterung versetzen kann, daß sie sowohl zu Verbrechen als auch zu Heldentum fähig ist, wobei die Intelligenz des einzelnen keine Rolle spielt, solange er sich nur als Bestandteil der Masse fühlt. Zwei Sätze aus seinem Buch werde ich nie vergessen: „Dem Menschen einen Glauben schenken, heißt seine Kraft verzehnfachen", und: „Nie haben Massen nach Wahrheit gedürstet; von den Tatsachen, die ihnen mißfallen, wenden sie sich ab und ziehen es vor, den Irrtum zu vergöttern."

Man müßte annehmen, Le Bon hätte Hitler und Stalin gekannt oder gewalttätige Ausschreitungen auf dem Fußballplatz beobachtet. Doch er hat sein Werk schon 1895 geschrieben. Ob Hitler es gelesen hat?

Wenn es aber nun wahr ist, was er über die Massen sagt, um

wieviel leichter muß es für Hitler gewesen sein, besonders die Jugend in seinen Bann zu ziehen; denn die Jugend ist wegen ihrer natürlichen Unerfahrenheit, ihrem Unvermögen, Zusammenhänge zu begreifen und die Folgen ihres eigenen Handelns und die der politischen Führer zu übersehen, ein ideales Potential für die Durchsetzung von weltanschaulichen Zielen. Wer weiß das besser als ich? Ohne die begeisterte Hingabe der Jugend an seine Person und seine Ideologie hätte Hitler keinen Krieg führen können. Er wußte, auf Jungen wie Joachim Gronau kann er sich verlassen, bei dem spielen Vernunft, Bedenken, Zweifel, Abwägen des Für und Wider, Zögern oder gar persönliche Interessen keine Rolle. Solche Burschen („Zäh wie Leder, hart wie Kruppstahl, flink wie Windhunde") fragen nicht: „Und was springt dabei für mich raus?" Wenn Jugend also unfähig ist, so dachte ich, größere Zusammenhänge zu verstehen und Konsequenzen des Handelns zu übersehen, dann ist es notwendig, das Wahlalter und das Alter zum Eintritt in eine Partei drastisch zu erhöhen. Ich konnte die Welt nicht mehr verstehen, als das Gegenteil eintrat: Man reduzierte das Wahlalter auf 18 Jahre! Man hatte nicht zur Kenntnis genommen, daß Jugend und Parteiideologie eine hochexplosive Mischung ergeben kann.

Und so sehe ich mit Angst und Entsetzen wieder Menschenmassen, primitive, emotionsbeladene kurze Parolen brüllend, durch die Straßen ziehen (je mehr, desto besser), beobachte mit Schrecken den fanatischen Gesichtsausdruck gewisser Redner, die gläubigen Augen vieler Zuhörer, wenn mit missionarischem Eifer und verschwommenen Begriffen (unter Freiheit haben hundert verschiedene Menschen hundert verschiedene Vorstellungen) die Welt verbessert werden soll, statt sachlich um die Lösung eines Problems zu ringen. Ich erlebe kopfschüttelnd die fast göttliche Verehrung, die Politikern, Filmstars und Sängern entgegengebracht wird und verstehe nicht, wie das Fernsehen mit dem Feuer der Massenpsyche nicht nur spielt, sondern es noch durch seine bildliche Darstellung anfacht. Schon die kleine Zuhörermenge in dem Studio einer Talk-Show zeigt Sym-

ptome der Massenseele, wenn sie johlend über einen Teilneh-
mer herfällt, der eine ihr unangenehme Meinung vertritt, und
ich fühle eine fast krankhafte Abneigung gegenüber Feiern,
Kundgebungen und Großveranstaltungen, wie z. B. auch Kir-
chentagen, auf denen so viele erhabene und unehrliche Worte
gesprochen werden; ich habe mir daran den Magen verdorben.
Ist es nicht verblüffend, wie schnell die Natur die Menschen
vergessen läßt? Als der Krieg vorbei war, die Todesangst, die
Not, das Elend, da dankten sie Gott auf Knien, daß sie mit dem
Leben davongekommen waren. Heute meinen sie, er sei ihnen
auch ein leichtes, wohlhabendes Leben schuldig. So kommt es,
daß bei uns Mikroben grassieren, die die Ellenbogen wachsen
und die Köpfe schrumpfen lassen.
Mit ungläubigem Staunen muß ich auch erleben, wie nicht
wenige Größen der westdeutschen Kulturszene und der Politik
schon als Kinder und Jugendliche glasklar die Unmenschlich-
keit des Regimes erkannt hatten und nur unter Zwang der ver-
haßten Hitler-Jugend beitraten, wie sie sich zumindest weiger-
ten, „Heil Hitler" zu sagen, oder es mit Raffinesse schafften,
sich vom Fronteinsatz fernzuhalten und auf den Sieg der Alliierten hofften. Fast könnte ich glauben, ich sei der einzige An-
hängers Hitlers gewesen. – Deshalb nehme ich mir jetzt, hier in
meinem Dorf auf der Kirchenmauer sitzend, vor, eines fernen
Tages, wenn ich Zeit habe, meine Kindheits- und Jugenderinne-
rungen aufzuschreiben, damit wenigstens einige der nachfol-
genden Generation nicht nur aus den Geschichtsbüchern lernen,
was in jener Zeit geschah, sondern lesen, wie ich und unzählige
junge Menschen damals fühlten und dachten, warum wir so und
nicht anders handelten, vielleicht nicht anders handeln konnten.

Die Frau ist aus dem Türrahmen verschwunden. Eine Schar
Enten watschelt an Mäkelburgs Stall vorbei auf den fast zugewachsenen Vorderteich zu. Der Stall! – Erinnerst du dich, Vater? Die zwei Wahlplakate an diesem Stall? Eines von ihnen
erregte sehr deinen Unwillen, deshalb schicktest du mich mit
der Harke los, um es abzukratzen. Ich sehe noch dein gequältes

Gesicht, als du entdecktest, daß ich das falsche entfernt hatte. Ach, Vater, vielleicht war es doch das richtige. Wir haben den Irrtum bei der Parteienwahl teuer bezahlt. Du und Mutter, die ihr Hitler seit 1934, seit der Röhmgeschichte, haßtet, zahltet noch einen Zuschlag drauf, als ihr 1946 zusammen mit meinem kleinen Bruder Pommern nach eurer Ausweisung in die Ostzone von einem polnischen Bewacher zum Bahnhof gepeitscht wurdet, damit ihr beim Laufen auch die restlichen Habseligkeiten fallen laßt. Hattet ihr schuld? Hatten die nach Sibirien verschleppten Mädchen schuld? Hatte ich schuld? War unser Leiden Vergeltung? Es gibt eine Menge Leute, Vater, vor allem junge, die bejahen das. Sie sind sich absolut sicher, daß sie damals anders, moralisch besser und mutiger gehandelt hätten. Sie werfen den ersten Stein. Warum, fragst du? Ja, warum?

Hans Hermann Storm

So war es damals
Das Leben auf dem Lande

Band IV

Dieser vierte Bildband des erfolgreichen Autors Hans Hermann Storm schöpft überwiegend, wie schon die drei vorangegangenen Bücher, aus dem reichen Fundus des Bildmaterials seines Großvaters Jürgen Mahrt. Dieser

hatte als einer der ersten Fotografen in den zwanziger und dreißiger Jahren mit seiner Plattenkamera das Leben auf dem Lande und in der Kleinstadt akribisch genau festgehalten und im wahrsten Sinne des Wortes „auf die Platte gebannt". Zahlreiche dieser Schwarzweiß-Aufnahmen kolorierte er kunstvoll per Hand.

Band IV behandelt u. a. folgende Themen: grüne Hochzeit auf dem Lande, Kindsbekiek beim Dorfbäcker, Schulalltag, Vogelschießen, Kinderspiele, Weihnachtsbaum und Rummelpott, Jahrmarkt im Landstädtchen, Zirkus, Turnvater Jahns Truppe, Wind- und Wassermühlen, Störfang in der Eider, Sitten auf dem Lande. Mit diesem Buch hat Hans Hermann Storm ein weiteres einzigartiges Zeitdokument vorgelegt. Weiterhin sind lieferbar „Das Leben auf dem Lande", Band I–III, pro Band 29,80 DM.

Für alle, die wissen möchten, wie es damals auf den Dörfern aussah und wie die Menschen zusammen arbeiteten und lebten, sind diese Bücher eine vortreffliche Fundgrube und ein wahres Erlebnis.

Hans Hermann Storm: Das Leben auf dem Lande, Band IV
ISBN 3-87550-120-9
Mehr als 80 Abbildungen, 108 Seiten, gebunden, DM 29,80
Zu beziehen über Ihre Buchhandlung

Verlag Heinrich Möller Söhne
Bahnhofstraße 12–16
2370 Rendsburg
Telefon (0 43 31) 5 91 02